나도 하는
파이썬
데이터 분석

지은이 김규석 kyuseokkim@kopo.ac.kr

한국항공대학교와 아주대학교에서 정보통신공학 학사 및 석사 과정을 밟은 뒤 서울대학교에서 도시계획학 박사를 수료했다. 2011년부터 2020년까지 LG전자와 LG유플러스 연구소에서 근거리 무선 통신 및 홈 미디어 서비스 R&D 분야에서 근무했으며, 2020년부터는 한국폴리텍대학 데이터융합SW과의 조교수로 재직 중이다. 현재는 사랑하는 아내, 딸과 함께 살아갈 도시, 환경 등의 사회과학 분야 빅데이터를 실증 분석하고 인공지능을 통해 예측하는 연구와 강의를 진행하고 있다.

지은이 김현정 iam.urbanistar@gmail.com

한동대학교 창의융합교육원 교수. 도쿄 대학(東京大学, University of Tokyo)에서 도시공학으로 박사 학위를 취득하고 Esri Korea에서 공간정보 기반 스마트 시티를 연구했다. 이후 서울대학교에서 도시공학 전공 강의를 담당하며 공간AI, 스마트 시티 관련 여러 국책 연구를 수행했다. 주요 연구 분야는 공간정보 기반 스마트 시티, 도시 빅데이터 분석, 데이터 기반 도시 계획 등이다. 현재 도시해석연구실(Urban Analysis Lab)을 운영하고 있다.

나도 하는 파이썬 데이터 분석

도시 생활 데이터를 활용한 데이터 분석 방법

초판 1쇄 발행 2023년 3월 10일

지은이 김규석, 김현정 / **펴낸이** 김태헌
펴낸곳 한빛미디어(주) / **주소** 서울시 서대문구 연희로2길 62 한빛미디어(주) IT출판2부
전화 02-325-5544 / **팩스** 02-336-7124
등록 1999년 6월 24일 제 25100-2017-000058호 / **ISBN** 979-11-6921-077-5   93000

총괄 송경석 / **책임편집** 홍성신 / **기획 · 편집** 박용규
디자인 표지 윤혜원 내지 박정화 / **전산편집** 다인
영업 김형진, 장경환, 조유미 / **마케팅** 박상용, 한종진, 이행은, 고광일, 성화정 / **제작** 박성우, 김정우

이 책에 대한 의견이나 오탈자 및 잘못된 내용에 대한 수정 정보는 한빛미디어(주)의 홈페이지나 아래 이메일로 알려주십시오. 잘못된 책은 구입하신 서점에서 교환해드립니다. 책값은 뒤표지에 표시되어 있습니다.
한빛미디어 홈페이지 www.hanbit.co.kr / 이메일 ask@hanbit.co.kr

지금 하지 않으면 할 수 없는 일이 있습니다.
책으로 펴내고 싶은 아이디어나 원고를 메일(writer@hanbit.co.kr)로 보내주세요.
한빛미디어(주)는 여러분의 소중한 경험과 지식을 기다리고 있습니다.

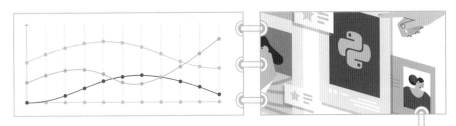

나도 하는
파이썬
데이터
분석

김규석, 김현정 지음

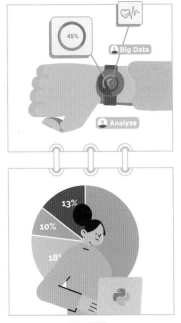

IB 한빛미디어
Hanbit Media, Inc.

베타리더의 말

이 책을 통해 어렵게만 느껴졌던 파이썬으로 자료를 손쉽게 분석할 수 있게 되었습니다. 프로그래밍 언어를 처음 접하는 사람들을 위해 기본적인 용어 설명과 파이썬 기초 문법을 차근차근 가르쳐주고 있어 프로그래밍을 잘 모르더라도 쉽게 따라 할 수 있습니다. 또한, 각 예제마다 자료 수집과 전처리 과정(데이터 가공), 분석, 실행까지 꼼꼼히 설명하여 큰 어려움이 없이 이해할 수 있습니다.

김동희_ 한동대학교, 공간환경시스템공학부

이 책은 파이썬을 활용한 데이터 분석을 처음 접하는 사람을 대상으로 합니다. 데이터 분석에 필요한 파이썬 기초 문법, 공공데이터 수집을 위한 크롤링, 상관관계 분석, 회귀 분석, 시계열 분석과 같은 다양한 머신러닝, 인공지능 분석 기법을 자세하게 설명합니다. 실습과 이론이 균형 있게 구성되어 있어 선수 지식이 없어도 충분히 따라 할 수 있습니다. 연습문제를 직접 실습해보며 배웠던 내용을 정리할 수 있도록 구성되어 있어서 전공자에게도 데이터 분석 실력자가 되기 위한 첫걸음을 도와줍니다. 이 책을 통해 더 깊이 있는 데이터 분석을 할 수 있습니다.

김진봉_ KT 보안솔루션개발팀 리더

가장 핫 이슈가 되는 언어는 단연코 파이썬입니다. 대학에서도 파이썬을 배우지만 요즘은 중고등학교에서도 파이썬을 배웁니다. 한국에서는 아직 파이썬으로 웹 프로그래밍을 하는 레퍼런스는 많지 않습니다. 아마도 대부분 데이터 분석을 위한 파이썬, AI나 머신러닝을 위한 파이썬으로 훨씬 더 많이 사용하기 때문일 것입니다. 이 책은 파이썬 프로그래밍 언어로 데이터 분석의 가장 기초적인 상관관계 분석, 회귀 분석, 시계열 분석까지 꼼꼼하게 다룹니다. 저자는 구석구석 실습할 수 있는 문제를 아낌없이 넣어서 독자로 하여금 책을 읽는 동안 긴장의 끈을 놓치지 않게 합니다. 책에 나와 있는 예제나 다루는 연습문제의 내용은 개인의 상황에 맞게 활용할 수 있어서 좋습니다. 문제를 하나씩 해결하다보면 자신의 실력이 향상되는 것을 깨닫게 됩니다. 조금만 집중해서 따라 하면 통계학을 전공하지 않아도 데이터 분석의 기본을 제대로 배울 수 있습니다. 책 제목처럼 '나도' 할 수 있습니다.

복종순_ 프리랜서 개발자

지은이의 말

'빅데이터'는 이제 우리 생활 속에서 자주 접하게 되는 용어입니다. 다양한 데이터를 활용하면 일상 생활이나 업무에서 발생하는 여러 문제를 쉽고, 더 정확하게 해결할 수 있습니다. 하지만 막상 데이터를 분석하려고 하면 어떻게 시작해야 할지 막막해집니다. 우리에게 빅데이터는 친숙한 용어이지만, 이를 분석하는 일은 생각보다 쉽지 않습니다. 오직 프로그래밍을 할 수 있는 데이터 관련 전공자만이 빅데이터를 다룰 수 있는 걸까요? 만약 비전공자도 생활 속에 있는 많은 데이터를 각자의 삶에서 활용할 수 있다면 얼마나 좋을까요?

이러한 갈증을 조금이나마 해소하고자 이 책을 집필하게 되었습니다. 이 책을 통해 진입 장벽이 낮은 파이썬 프로그래밍 기초 문법을 학습한 후 도시 생활 데이터를 이용한 데이터 분석 방법을 자연스럽게 배울 수 있습니다. 특히 본문에서 사용한 데이터는 가상의 데이터가 아니라 현실에 존재하는 공공데이터를 다운받아 활용했습니다. 파이썬 프로그래밍 언어와 데이터 분석의 기본을 학습하고, 생활 속에서 얻을 수 있는 현장감 있는 데이터를 직접 다루고 분석해보세요. 그리고 이를 여러분의 삶과 업무에 활용하는 데 도움이 되기를 소망합니다.

끝으로 이 책이 완성되기까지 많은 도움을 주신 한빛미디어 직원 여러분과 적극적으로 검토를 도와준 도시해석연구실Urban Analysis Lab 학생들에게 깊은 감사의 마음을 전합니다.

김규석, 김현정

이 책에 대하여

사람과 사람이 대화를 하기 위해서 언어가 필요하듯이 컴퓨터와 사람이 대화하기 위해서는 '프로그래밍 언어'가 필요합니다. 이 책에서는 프로그래밍 언어 중 비전공자도 쉽게 배울 수 있고, 데이터 분석에 특화된 파이썬 언어를 학습합니다. 개발 환경을 설정한 후 파이썬 기본 문법을 익히고 데이터 수집, 분석, 해석을 다양한 예제와 함께 다룹니다. 모든 실습은 가상의 데이터가 아닌 실제 생활 속 데이터를 이용했습니다. 따라서 여러분의 관심사에 맞추어 이를 응용하고 확장할 수 있습니다. 실습 데이터의 원본을 웹에서 직접 찾아 다운받을 수도 있고, 준비된 데이터를 깃허브에서 쉽게 다운받을 수도 있습니다. 큰 부담 없이 배울 수 있는 파이썬 언어로 컴퓨터와 자유롭게 대화하고, 여러분의 목적에 맞게 이를 활용해보세요.

대상 독자

이 책은 데이터 분석에 관심이 있으나 프로그래밍 언어에 대한 기초가 없는 비전공자를 대상으로 합니다. 따로 시간을 내기 어려운 직장인도 출퇴근 시간을 활용해서 파이썬을 이용한 데이터 분석을 해볼 수 있도록 안내합니다.

이 책의 구성

1부에서는 파이썬 기초 문법을 다룹니다. 구글 콜랩을 이용하면 스마트 기기에서도 개발 환경을 쉽게 준비할 수 있습니다. 파이썬 기반 데이터 분석에서 많이 사용하는 연산자와 튜플, 조건문과 반복문, 함수와 클래스에 대해 학습합니다. 2부에서는 데이터 수집과 분석을 합니다. 정형 데이터 분석, 데이터 크롤링과 비정형 데이터 분석, 상관관계 분석, 회귀 분석, 시계열 분석 등 우리의 삶 속에 있는 도시 생활 데이터를 수집과 분석, 해석까지 전 단계에 걸쳐 학습합니다. 각 장에서 주요 개념을 배운 후 도시 생활 데이터와 관련된 예제를 실습할 수 있으며, 각 장 마지막에는 스마트 기기에서도 예제를 실습해볼 수 있도록 안내합니다. 데이터 분석에 필요한 굵직한 개념을 익히고, 실습을 따라 하며, 파이썬을 이용한 데이터 분석에 흥미를 가져보세요.

1장_ 4차 산업혁명과 빅데이터

4차 산업혁명으로 빅데이터와 인공지능 그리고 데이터 분석이 우리의 삶과 얼마나 가까워졌는지 알아봅니다.

2장_ 연필 없이 복잡한 수학 문제를 풀어보자_연산자, 변수, 자료형

파이썬 프로그래밍의 여러 가지 연산자를 살펴봅니다(산술 연산자, 할당 연산자, 비교 연산자, 논리 연산자, 항등 연산자, 멤버 연산자, 비트 연산자). 또한 변수와 상수, 자료형에 대해서 학습하고 예제를 통해 수학 문제를 풀어봅니다.

3장_ 갖고 싶은 위시 리스트 아이템 있어?_튜플, 리스트, 딕셔너리

튜플과 리스트, 딕셔너리 등의 데이터 타입을 살펴보고 예제를 통해 직접 산출 프로그램을 만들어 봅니다.

4장_ 철수야, 맨날 학원 가고 독서실만 가니?_조건문, 반복문

조건문과 반복문의 기본 사용법을 학습하고, 예제를 통해 if 문, for 문, while 문을 상세히 익힙니다.

5장_ 업무는 효율이 핵심이야!_함수, 클래스

평균, 표준편차, 최솟값, 최댓값 등의 기술통계학 관련 함수를 학습한 후, 반복적인 수행을 효율적으로 하기 위한 자기만의 함수 만드는 법을 익힙니다. 그리고 함수의 집합 '클래스'를 어떻게 다루는지 알아봅니다

6장_ 코로나 시기에 한적한 곳으로 여행 가고 싶다면?_정형 데이터 분석

일정한 포맷에 담긴 정형 데이터(유동인구 데이터, 코로나 확진자 수)를 직접 공공데이터포털에서 다운받아 분석합니다. 다운받은 데이터를 전처리하고, 기술통계를 산출하며, 코로나 확진자 수를 예측해보고, 이 데이터를 지도로 시각화합니다.

7장_ 우표 수집하니? 난 데이터 수집한다!_ 비정형 데이터 분석, 크롤링

구조화되어 있지 않고 특정 포맷에 담기지 않은 비정형 데이터를 수집하기 위해 뉴스 기사를 웹 크롤링합니다. 그리고 수집한 데이터를 이용하여 자연어 처리를 실습합니다.

8장_ 너와 나의 연결고리_상관관계 분석

M세대와 Z세대 취업률의 상관관계를 분석합니다. 상관관계 분석을 위해 피어슨, 스피어만, 켄달 기법을 살펴봅니다. 또한 예제를 통해 기준금리와 부동산 매매지수의 상관관계 분석, 범죄율과 빈집의 상관관계를 분석합니다.

9장_ 아니 땐 굴뚝에 연기 날까_회귀 분석

선형 회귀 분석, 로지스틱 회귀 분석 모델에 대해 살펴보고 서울시 교통정보 시스템(TOPIS) 데이터를 다운받아 평균 통행속도에 대해 회귀 분석을 해보고, 집값에 영향을 미치는 요인에 대한 회귀 분석도 합니다. 또한 로지스틱 회귀 분석을 통해 취업률을 구해봅니다. 마지막으로 전통적인 회귀 분석과 인공지능 모델의 예측은 어떤 차이가 있는지 알아봅니다.

10장_ 앞만 보는 것이 아니라 뒤도 살펴봐야 한다_시계열 분석

원/달러 환율 시계열 데이터를 다운받아 ARIMA 분석을 통해 미래의 환율을 예측해봅니다. 또한, ARIMA와 인공지능 기반 시계열 예측은 어떤 차이가 있는지도 살펴봅니다.

개발 환경과 예제 파일

개발 환경

이 책을 위해 필요한 개발 도구는 PC, 스마트폰, 태블릿 등의 스마트 기기입니다. 모든 실습은 PC와 스마트 기기에서 사용할 수 있는 구글 콜랩Google Colab에서 진행합니다. 구글 콜랩 (https://colab.research.google.com)에 접속하면 다음 화면을 만날 수 있습니다. 구글 콜랩은 구글 계정만 있으면 누구나 사용할 수 있는 간편한 개발 환경입니다.

예제 파일

장별 소스 코드나 실습 데이터는 모두 깃허브에 있습니다. 그림의 코드와 예제 파일은 '소스 코드'에서, 실습에 필요한 CSV나 엑셀 파일은 '실습 데이터' 링크를 참고해주세요. CSV 파일은 깃허브 해당 데이터에서 [Raw] 버튼을 클릭한 후 'Ctrl + s'를 통해 다운받을 수 있습니다.

- 소스 코드: https://github.com/kopokyuseokkim/hanbitBooks/tree/main/sourceFiles
- 실습 데이터: https://github.com/kopokyuseokkim/hanbitBooks/tree/main/dataFiles

CONTENTS

PART 1　생활 데이터로 배우는 파이썬 기초 문법

CONTENTS

CONTENTS

PART 2 데이터 수집 및 분석하기

6장

코로나 시기에
한적한 곳으로
여행 가고 싶다면?
_정형 데이터 분석

CONTENTS

9장

아니 땐 굴뚝에 연기 날까

_회귀 분석

들어가며

0.1 1부 소개

1부에서는 4차 산업혁명 시대의 빅데이터 개념과 사례를 소개하고 빅데이터 분석을 위한 파이썬^{Python} 기초 문법을 학습합니다. 빅데이터의 기본 개념 학습과 일상에서 접할 수 있는 친숙한 사례로 우리도 모르게 직간접적으로 활용하고 있는 빅데이터를 여러 가지 방법으로 분석할 수 있습니다. 기본 내용을 학습하고, 브라우저에서 파이썬 스크립트를 작성할 수 있는 클라우드 서비스인 구글 콜랩으로 빅데이터 수집 및 분석을 위한 파이썬 프로그래밍 기본 스킬을 익힐 수 있습니다.

0.1.1 다양하게 사용되는 프로그래밍 언어

C, C++, 자바, 파이썬 등의 프로그래밍 언어는 서로 문법과 특성이 비슷하지만 사용되는 영역이 다르고 속도 차이도 큽니다. [그림 0-1]과 같이 하드웨어^{hardware}(H/W)를 담당하는 추상화 계층^{abstraction layer}에서는 연산 속도가 다른 언어에 비해 빠른 C, C++ 등의 프로그래밍 언어를 사용합니다. 최종적으로 사용자가 접하는 애플리케이션과 하드웨어를 연결해주는 역할을 하는 애플리케이션 프레임워크 계층에서는 자바를 사용합니다.

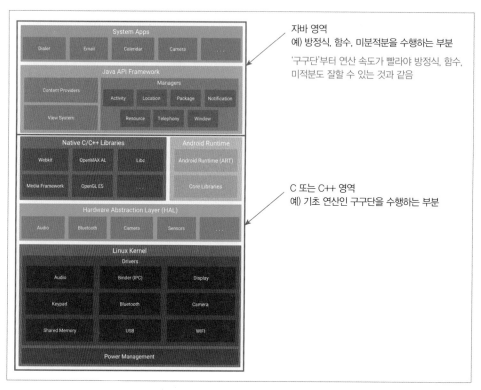

그림 0-1 안드로이드(Android)의 계층 구조[1]

안드로이드 기반 스마트폰의 칩셋(화면 LCD, 터치 센서, GPS, Wi-Fi 등) H/W를 구동시킬 때는 C, C++ 프로그래밍 언어를 사용합니다. 이때 H/W를 구동시키는 소프트웨어를 펌웨어 firmware라고 합니다. 그리고 자바와 같은 언어는 최종적으로 눈에 보이는 음악, 메신저, SNS, 웹 브라우저, 갤러리, 카메라 등 애플리케이션을 개발하는 데 사용됩니다.

0.1.2 프로그래밍 언어와 파이썬

프로그래밍 언어를 사용하여 프로그램을 작성하는 것을 **코딩**coding이라고 합니다. 코딩은 사람이 이해할 수 있는 if, for, while 등과 같은 언어와 기호의 조합입니다. 그러나 컴퓨터는 이러한 키워드나 단어를 이해하지 못하고 '0'과 '1'만 인식합니다. 그래서 코딩을 하면 C, C++,

---

1 출처: https://developer.android.com/guide/platform?hl=ko

자바와 같은 기존 프로그래밍 언어는 컴파일러^{compiler}를 통해 컴퓨터가 이해할 수 있는 기계어로 변환하여 실행합니다. 이를 컴파일된 프로그래밍 언어^{compiled programming language}라고 합니다. 그러나 파이썬은 해석형 프로그래밍 언어^{interpreted programming language}로 컴파일 과정을 거치지 않고 소스 코드를 한 줄씩 해석하며 실행합니다. 그래서 컴파일된 프로그래밍 언어에 비해 수행 속도는 느리지만 컴파일 과정이 없기 때문에 코드가 완벽하지 않아도 작성된 부분까지 실행할 수 있습니다.

티오베^{TIOBE}에 따르면 2021년 10월 파이썬은 C와 자바를 제치고 프로그래밍 언어 인기 지수 1위를 차지했습니다. 파이썬의 인기 상승 비결은 무엇보다 쉬운 문법과 다양한 라이브러리를 갖췄기 때문입니다. 물론 연산 속도가 느리다는 단점이 있으나 C, C++, 자바 등의 언어보다 문법이 간결하여 배우기 쉽습니다. 또한 빅데이터 분석, 인공지능 예측 등과 관련된 라이브러리도 다른 언어보다 쉽게 적용하여 활용할 수 있습니다.

각 프로그래밍 언어는 장점이 있습니다. 그렇다면 모든 언어를 매번 새로 학습해야 할까요? 걱정하지 마세요. 한 개의 프로그래밍 언어만 제대로 사용할 수 있다면 다른 언어는 쉽게 배울 수 있습니다. 이는 표준어를 사용하는 사람이 방언을 쓰는 사람과 의사소통에 큰 어려움이 없다는 것과 일맥상통합니다. 다시 말해 프로그래밍 언어들의 관계는 '표준어와 방언'의 관계이지 한국어와 영어, 한국어와 스페인어 같은 다른 외국어의 관계가 아닙니다. 프로그래머는 대학 때 배운 C와 같은 프로그래밍 언어 말고도 새롭게 접한 언어를 사용하기도 합니다. 가령 자바는 1995년에 처음 출시되었고, 21세기에 확산되기 시작하여, 자바를 기본 언어로 하는 안드로이드 스마트폰의 등장과 함께 필수 언어가 되었습니다. 대학에서 자바를 접하지 않았던 2000년대 이전의 ICT 계열 학생들이 현재 현업에서는 자바 등 다양한 프로그래밍 언어를 사용하고 있습니다. 이 책에서는 일반인에게 가장 진입 장벽이 낮은 파이썬을 배우고, 생활 속 빅데이터를 수집, 분석, 해석하는 능력을 키울 수 있습니다.

앞서 설명한 파이썬 프로그래밍 언어를 배워야 하는 이유와 파이썬으로 활용할 수 있는 것은 [그림 0-2]에서 확인할 수 있습니다. 파이썬의 코딩 문법은 C, C++, 자바 등 다른 언어에 비해 쉽고 빠르게 배울 수 있습니다. 또한 빅데이터 수집, 분석, 인공지능 예측 등을 위한 공개된 라이브러리가 많습니다. 이러한 특징으로 학계나 산업계에서도 파이썬의 활용 범위가 계속 넓어지고 있습니다.

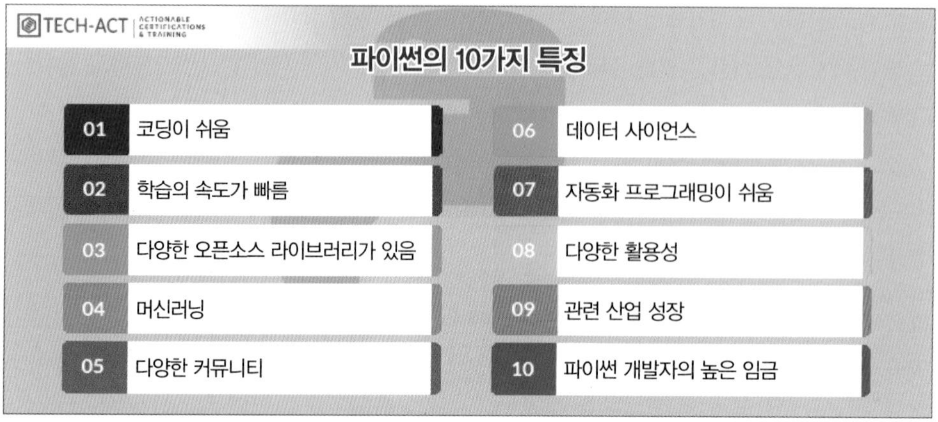

그림 0-2 파이썬의 10가지 특징[2]

- 코딩 교육은 2018년 중학교 1학년부터 의무화되어 2019년에는 초등학교 5~6학년으로 확대됨. 더 나아가 2021년 3월 교육부는 2025년부터 AI 부분도 의무 교육을 진행할 것이라고 발표
- 파이썬은 프로그래밍 언어 중 비전공자도 쉽게 접해볼 수 있고, 계속 성장해가는 인기 지수 1위
- 데이터 분석, 인공지능 예측, 빅데이터 시각화 등 풍부한 라이브러리를 갖춤

0.2 2부 소개

빅데이터를 분석하기 위해서는 '어떻게 수집하고', '어떻게 분석할지' 두 가지를 생각해야 합니다.

0.2.1 빅데이터 수집 방법

빅데이터 수집 방법에 대해 알아봅시다. 데이터는 이미 확보가 되어 있을 수 있고, 직접 수집해야 할 수도 있습니다. 이미 확보된 데이터는 주로 **정형 데이터**structured data로 엑셀, CSV 등과 같은 일정한 포맷에 담긴 데이터입니다. 그러나 직접 수집해야 하는 **비정형 데이터**unstructured data[3]는 미리 정의된 방식으로 정리되지 않은 데이터입니다.

....

2 출처: https://www.tech-act.com/blog/data-science/top-10-features-of-python-you-need-to-know
3 엑셀이나 CSV 등과 다르게 미리 정해진 형식이 없는 데이터를 의미합니다.

공공데이터포털과 같은 웹사이트에서는 공공자전거 이용자 수, 교통량, 교통속도, 기준금리 등 생활과 밀접한 다양한 수치가 담긴 데이터가 엑셀이나 CSV 포맷의 정형화된 형태로 저장되어 있습니다. 그리고 이렇게 데이터베이스화되어 있지 않은 것은 직접 수집하고 일정한 포맷에 넣어 정형화한 상태로 저장할 수도 있습니다.

0.2.2 빅데이터 분석 방법

그렇다면 빅데이터는 어떻게 분석해야 할까요? 간단한 방법부터 수식을 이용한 복잡한 방법까지 수많은 분석 방법이 있습니다. 여러분이 기본적으로 알고 있는 기술통계인 최솟값, 최댓값, 평균값, 표준편차는 간단하며 모든 데이터 분석의 기초로 사용됩니다.

예를 들어 [표 0-1]과 같이 A 학원에 다니는 학생들을 8명씩 A 그룹, B 그룹으로 나누어 수학 점수의 최솟값, 최댓값, 평균값, 표준편차를 구해봤습니다. 네 가지 기술통계량을 통해 몇 가지 특징을 비교할 수 있습니다. 첫째, A 그룹의 평균값은 75, B 그룹은 56.5로 A 그룹이 평균적으로 더 우수한 집단임을 알 수 있습니다. 둘째, A 그룹과 B 그룹의 최댓값은 모두 100이지만, 최솟값은 각 22, 25입니다. A 그룹이 B 그룹보다 편차가 더 클 것으로 예상되지만, 표준편차를 계산한 결과는 B 그룹이 28.3으로 A 그룹의 25.3보다 큽니다. 이렇게 기술통계량을 통해 간단히 데이터를 분석할 수 있습니다.

표 0-1 그룹별 수학 점수

	A 그룹(8명)	B 그룹(8명)
최솟값	22	25
최댓값	100	100
평균값	75	56.5
표준편차	25.3	28.3

앞선 기술통계량 외에도 다양한 분석 방법론이 있습니다. 기존의 사실 관계를 요인별로 구분할 수 있는 회귀 분석이나 미래를 예측해볼 수 있는 인공지능 방법론 등이 있습니다. 데이터 분석의 정확도와 속도 측면에서 성능이 우수한 다양한 방법론이 꾸준히 연구, 개발되고 있습니다.

데이터를 수집하고 분석하려면 저장된 데이터를 읽어들일 수 있어야 합니다. 다음 [표 0-2]는 판다스^{Pandas} 라이브러리에서 자주 사용하는 함수입니다. 판다스의 read_csv() 함수를 사용하면 CSV 파일을 읽고 데이터프레임^{DataFrame} 형태의 2차원 배열로 반환합니다. 그 외의 5가지 함수도 데이터를 다룰 때 많이 사용하는 함수이니 참고하길 바랍니다.

표 0-2 판다스 관련 함수

함수명	설명
read_csv(filepath)	filepath의 CSV 파일 읽어 데이터프레임으로 반환
read_excel(filepath)	filepath의 엑셀 파일 읽기 데이터프레임으로 반환
DataFrame.to_csv()	데이터프레임 객체를 CSV 포맷으로 변환
DataFrame.head()	정수형 n 인수를 넣으면 처음 n행을 출력
DataFrame.info()	해당 데이터프레임의 정보를 출력
DataFrame.shape	해당 데이터프레임의 모양을 출력(행 개수, 열 개수)

이렇게 1부와 2부의 내용을 간단히 살펴봤습니다. 1부에서는 파이썬 기본 개념과 문법을 익히고, 2부에서는 흥미로운 생활 밀착형 예제를 통해 다양한 빅데이터 분석을 진행합니다. 이 책은 총 10장으로 하루에 한 장씩 마무리하여 10일 정도면 간단한 데이터 분석을 해볼 수 있도록 구성했습니다. 다음 절에서 안내하는 가이드에 따라 구글 콜랩을 기반으로 데이터 분석 개발 환경을 준비해봅시다. 구글 콜랩을 통해 PC든 스마트폰이든 인터넷이 연결된 곳이라면 지하철, 버스, 취침 전, 휴게실 등 언제 어디서나 프로그래밍을 쉽게 해볼 수 있습니다.

0.3 데이터 분석을 위한 개발 환경 준비

파이썬은 프로그램을 설치해서 코딩할 수도 있고, 원격 클라우드상에서도 코딩할 수도 있습니다. 예를 들어 파이참^{PyCharm}, 주피터 노트북^{Jupyter Notebook}과 같은 프로그램을 설치하면 로컬에서 코딩할 수 있습니다. 이 책은 PC, 스마트폰, 태블릿 등 인터넷이 연결된 다양한 환경에서 파이썬 코딩을 사용할 수 있도록 구글 콜랩을 사용합니다.

0.3.1 구글 콜랩과 구글 드라이브 구조

여러분의 구글 계정을 통해 클라우드 서비스 기반의 파이썬 개발 툴 '구글 콜랩'을 사용할 수 있고, '구글 드라이브'도 사용할 수 있습니다. 그리고 '구글 클라우드'에서 사용할 파일은 로컬 PC에서 업로드할 수도 있고, 구글 드라이브의 파일을 활용할 수도 있습니다.

KEY POINT_

용량이 크거나 자주 사용하는 파일이라면 구글 드라이브에 업로드하고 연동해서 사용하면 됩니다.

0.3.2 PC에서 "Hello world" 출력하기

구글 콜랩^{Google Colab}은 구글에서 제공하는 클라우드 서비스 기반의 파이썬 개발 환경입니다. 구글 콜랩을 사용하지 않으면 개발용 파이썬 라이브러리를 갖춘 개발 키트, 통합 개발 환경 integrated development environment (IDE), 각종 라이브러리를 설치해야 하는 불편함이 있습니다. 또한, 개발 환경을 설정할 때 PC 환경에 따라 다양한 오류가 발생하기도 합니다. 하지만 구글 콜랩은 원격 클라우드에서 작동합니다. 구글 계정만 있다면 PC나 스마트폰, 태블릿 등 다양한 기기에서 접속하여 코딩할 수 있습니다. 이 책은 PC, 스마트폰, 태블릿 등 다양한 기기에서 장소나 시간에 구애받지 않고 코딩하기 위해 구글 콜랩을 개발 환경으로 사용합니다.

구글 콜랩을 사용하기 위한 절차는 다음과 같습니다. 첫째, 구글 계정에 로그인합니다. 둘째, PC든 스마트 기기든 웹 브라우저에서 해당 URL[4]에 접속합니다. 완료되면 다음과 같은 화면을 볼 수 있습니다.

---

4 https://colab.research.google.com

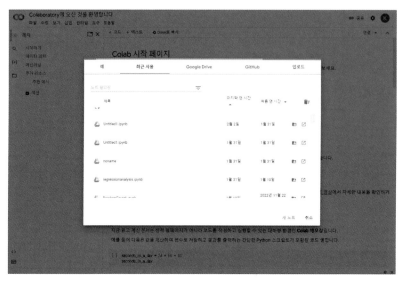

그림 0-3 구글 콜랩 접속 화면

해당 URL에 접속하면 팝업창 하단의 [새 노트]를 클릭하여 새로운 파이썬 작업을 시작합니다. 그러면 다음과 같이 새 프로젝트 화면을 볼 수 있습니다(그림 0-4).

그림 0-4 새 프로젝트 화면

[그림 0-4]의 빨간 박스 안에 다음의 코드를 입력한 후 파란 아이콘을 클릭합니다. 파란 아이콘은 해당 코드를 실행하라는 '명령' 버튼입니다.

```
print('hello world')
```

해당 코드를 실행하면 다음과 같이 결과물이 하단에 출력됩니다. 코딩에서 명령 실행은 함수를 통해 이루어집니다. 이 코드는 print() 함수를 사용한 것이며, 함수 이름에서 알 수 있듯이 화면에 출력하라는 명령을 내리는 것입니다. print() 함수 내에는 문자열을 넣고, 해당 문자열은 항상 작은따옴표(')나 큰따옴표(")로 묶습니다.

그림 0-5 코드 실행 결과

0.3.3 스마트폰에서 "Hello world" 출력하기

PC를 통해 구글 콜랩에 접속했던 것처럼 크롬^{Chrome}, 파이어폭스^{Firefox} 등 모바일용 웹 브라우저를 통해 구글 콜랩에 접속합니다. [그림 0-6]과 같이 PC에서 접속했을 때와 비교하면 화면만 작아졌을 뿐 기능이나 메뉴의 변화는 없습니다.

스마트폰에서 구글 콜랩을 사용하기 위한 절차는 PC에서 하는 것과 동일합니다. 첫째, 구글 계정에 로그인합니다. 둘째, 보유한 스마트폰 웹 브라우저상에서 다음 URL[5]에 접속합니다. URL에 접속하면 다음과 같은 시작 화면을 볼 수 있습니다.

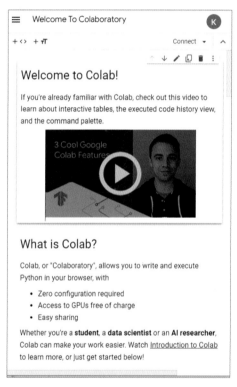

그림 0-6 구글 콜랩 접속 화면

해당 URL에 접속하면 팝업창 하단 [새 노트]를 클릭하여 새로운 파이썬 작업을 시작합니다. 그러면 다음과 같이 새 프로젝트 화면을 볼 수 있습니다.

---

5 https://colab.research.google.com

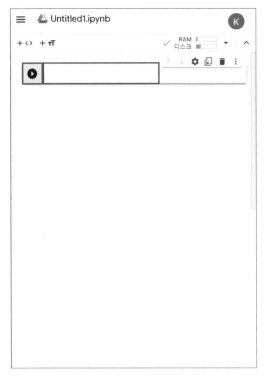

그림 0-7 새 프로젝트 화면

[그림 0-7]의 빨간 박스 안에 다음의 코드를 입력하고 파란 아이콘을 클릭합니다. 앞서 PC 환경과 동일하게 이 버튼은 해당 코드를 실행하는 '명령' 버튼입니다.

```
print('hello world')
```

[그림 0-8]과 같이 해당 코드를 실행하면 결과물이 하단에 출력됩니다. PC에서 진행한 결괏값과 동일합니다.

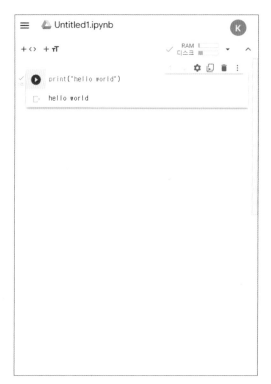

그림 0-8 코드 실행 결과

축하합니다. 이제 여러분은 스마트폰에도 파이썬 코딩을 할 수 있게 되었습니다! PC에서 작업했던 코딩을 스마트폰이나 태블릿에서 이어서 할 수 있고, 역으로도 진행할 수도 있습니다.

1부

생활 데이터로 배우는 파이썬 기초 문법

## CHAPTER 1

4차 산업혁명과 빅데이터

1장에서는 4차 산업혁명 시대인 현재 우리 주변에서 일어나고 있는 일에 대해서 이야기합니다. 4차 산업혁명 시대의 ICT 관련 핵심 기술과 산업 트렌드를 살펴보고, 빅데이터와 관련된 기술 및 사례를 소개합니다.

1.1 4차 산업혁명과 기술의 변화

1.1.1 산업혁명의 역사

18세기 말 영국에서 증기기관이 발명되고 산업혁명이 시작되면서 기술 혁신에 따른 새로운 제조 공정이 탄생했고, 이로 인해 급격한 도시화가 이뤄지는 등 사회, 경제적으로 많은 변화가 일어났습니다. 이후 전기의 발전, 디지털 혁명 등을 거쳐 2차, 3차 산업혁명을 지나 우리는 **4차 산업혁명**4th Industrial Revolution(4IR) 시대에 살고 있습니다. 학계마다 조금씩 다르게 이야기하지만 최근에는 생명공학기술biotechnology 기반의 5차 산업혁명도 거론되고 있습니다. 각 차수별로 산업혁명이 어떻게 진행됐는지 살펴봅시다.

[그림 1-1]과 같이 앞서 말한 18세기 말 증기기관의 발명으로 영국에서 시작된 산업혁명을 1차 산업혁명이라고 하면, 2차 산업혁명은 전기의 발명과 함께 시작됐습니다. 전기의 발명으로 공장에서는 컨베이어 벨트로 분업화된 작업을 했고, 이는 대량 생산의 시발점이 되었습니다. 3차 산업혁명은 21세기 초반까지도 자주 접했던 키워드인 정보화시대를 말합니다. 그 후 2010

년, 손안의 컴퓨터 '스마트폰'이 등장하면서 ICBM(IoT, Cloud, Bigdata, Mobile) + 인공
지능^{artificial intelligence}(AI)으로 대표되는 4차 산업혁명 시대가 도래했습니다. 4차 산업혁명 시대
는 ICT 기술이 타 공학기술이나 산업뿐 아니라 사회과학, 인문, 예체능 등 모든 산업과 융합되
는 시대입니다.

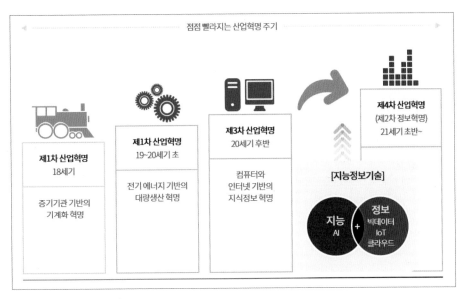

그림 1-1 산업혁명의 발전[1]

이 책으로 파이썬을 학습하는 여러분은 전공이나 직무 분야를 ICT 기술과 융합하여 업무 효율
성을 높이고자 할 것입니다. 앞으로 다가올 5차 산업혁명은 생명공학기술과 ICT 기술 융합으
로 거론되고 있습니다. 미래 N차 산업혁명 시대를 위해서라도 프로그래밍 언어 한 가지는 익
혀두는 것이 좋습니다. 1990년대까지만 하더라도 컴퓨터 조작을 어려워하는 사람이 많았으나,
현재는 컴퓨터를 못하는 직장인이 없다는 점을 생각해보면 쉽게 이해가 될 겁니다. 이미 기성
세대가 된 나에게는 어렵다고 생각하거나, 나와는 전혀 다른 분야라고 생각하는 모든 이에게도
머지않아 프로그래밍이 일상에서 필요한 중요 요소가 될 겁니다. 노인에게 스마트폰은 중년 이
후 뒤늦게 접한 신기술이지만 지금은 일상생활에서 손쉽게 활용하고 있고, 스마트폰 없이 사는
세상을 상상하기 어려운 것처럼 말이죠.

---

1 출처: https://brunch.co.kr/@moduhistory/20

1.1.2 ICBM + AI 소개

4차 산업혁명 시대의 핵심 기술은 'ICBM(IoT, Cloud, Bigdata, Mobile) + AI'의 다섯 가지 기술로 요약됩니다. 각 기술은 단독으로 사용되기도 하지만 다른 학문이나 서비스와 함께 융합되어 사용되고 있습니다(그림 1-2).

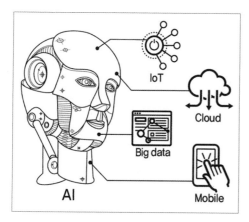

그림 1-2 ICBM과 AI

[그림 1-3]의 **사물 인터넷**^{Internet of Things}(IoT)은 각종 사물에 센서와 통신 기능을 내장하여 인터넷으로 연결되어 있습니다. 서로 데이터를 주고받아 학습하고, 분석한 정보를 사용자에게 제공하기도 하며, 원격으로 사용자가 조작할 수도 있는 기술입니다. **스마트 홈**^{smart home}은 세탁기, 냉장고, 로봇 청소기, 에어컨 등의 가전 제품이 연결되어 있을 때 집 밖에서도 집 안의 기기를 조작할 수 있는 기술입니다. 더운 여름날 사용자가 집에 도착하기 전에 에어컨을 미리 켤 수도 있고, 세탁기도 미리 돌려서 집에 도착했을 때 빨래를 널기만 하면 되는 것을 상상할 수 있습니다. 또한 **스마트 팩토리**^{smart factory}는 공장 내 설비와 기계에 센서가 설치되어 실시간 데이터를 수집, 분석하고 상황에 따라 스스로 제어하기도 하며 시각화도 시키는 기술입니다. 이렇듯 오늘날의 스마트 홈, 스마트 팩토리, **스마트 팜**^{smart farm}, **스마트 시티**^{smart city} 등 '스마트'라는 단어와 명사가 결합된 다양한 용어는 IoT를 기반으로 한 기술입니다.

그림 1-3 IoT의 활용 분야[2]

[그림 1-4]와 같이 클라우드 컴퓨팅cloud computing은 사용자가 물리적인 기기를 가지고 있지 않아도 원격으로 처리할 수 있는 스토리지, 프로그램, 시스템입니다. 스마트폰으로 이메일 계정을 생성하여 연락처를 해당 계정 클라우드 스토리지cloud storage에 저장하는 것도 하나의 예입니다. 노트북, PC에 워드 프로세서와 같은 응용 프로그램이 설치되어 있지 않아도 온라인 계정으로 로그인하여 웹상에서 사용할 수 있습니다. 최근에는 사무실의 로컬 PC는 클라우드 데스크톱을 접속하는 용도로만 사용하고, 모든 작업은 클라우드상에서 수행하기도 합니다. 클라우드 데스크톱에 접속할 수만 있다면 어디서든 업무를 할 수 있게 되었습니다.

그림 1-4 클라우드 컴퓨팅의 활용 분야[3]

---

2 출처: https://www.ieiworld.com.cn/en/about/con_show.php?op=showone&cid=8
3 출처: https://www.penews.co.kr/news/articleView.html?idxno=16772

빅데이터[big data]는 단순히 데이터가 크다는 것만을 의미하지 않습니다. 물론 빅데이터의 특징 5V(Volume, Velocity, Variety, Veracity, Value)에 크기[volume]도 포함되어 있습니다. 하지만 빅데이터는 이러한 특징을 가진 데이터를 추출하고, 결과를 분석하는 과정을 포함한 전부를 의미합니다.

빅데이터의 특징 5V를 설명하면 다음과 같습니다. **크기**[volume]는 기존 데이터보다 확실히 커지고 있는 오늘날 데이터 크기를 의미합니다. 과거에는 메가바이트급의 플로피 디스크[floppy disk] 한 장에 프로그램을 담거나, 기가바이트급의 CD-ROM이면 충분했습니다. 하지만 지금은 가정에서도 기가바이트나 테라바이트급의 데이터 스토리지를 사용하고 있습니다. (2013년에 발표되어 이미 약 10년도 더 된 이야기이지만) IBM은 '전 세계의 데이터 중 90% 이상은 최근 2년 내에 생성된 것'이라고 발표했습니다. 이는 2년마다 기하급수적으로 데이터 양이 증가한다는 뜻입니다. **속도**[velocity]는 사용자가 문자를 보내고, SNS를 확인하는 등의 행위가 처리되는 즉시 데이터가 만들어진다는 것을 의미합니다. **다양성**[variety]은 데이터가 꼭 정형적인 형태가 아니고 비정형적, 반정형적 등 다양한 형태로 구성될 수 있음을 의미합니다. **정확성**[veracity]은 데이터 자체 신뢰성을 의미합니다. 해당 데이터가 얼마나 정확하고, 품질이 좋은지를 뜻합니다. 마지막으로 **가치**[value]는 이러한 빅데이터를 '가치' 있는 데이터로 만든다는 의미입니다. 세상에 있는 실제 데이터를 잘 모으고, 분석하여, 이를 정보[information]로 만들어내야 합니다.

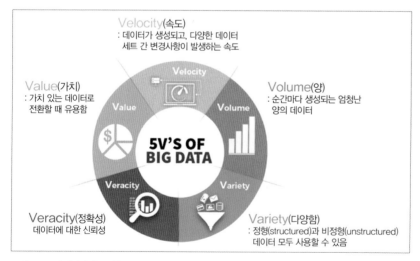

그림 1-5 빅데이터의 특징[4]

---

4 출처: https://dapperdatadig.wordpress.com/2020/06/11/big-data

모바일^{mobile}은 '움직이기 쉬운' 또는 '움직일 수 있는 장치'라는 뜻입니다. 이는 1990년대 무선 통신 기기의 비약적인 발전으로 휴대폰과 같이 '이동식 무선 기기 장치'를 통칭하는 단어로 사용되기 시작했습니다. 특히 2010년 전후로 스마트폰이 확산되기 시작하여 기존 휴대 전화기 사용량은 거의 없어졌습니다. 한국갤럽조사연구소에 따르면 만 18세 이상 자국민 스마트폰 보급률은 2016년 하반기에 90%를 돌파하여 100%에 가까워지고 있습니다. 현재는 남녀노소 모두 스마트폰으로 인터넷, SNS, 음악 감상, TV 시청 등을 합니다. 스마트폰은 다양한 센서가 내장되어 있고 인터넷 연결이 쉽습니다. 이에 따라 IoT, 클라우드 컴퓨팅, 빅데이터 관련 서비스가 더욱 확산될 수 있었습니다.

인공지능^{artificial intelligence}(AI)은 인간의 학습 능력, 추론 능력 등을 인공적으로 구현하는 기술입니다. 예를 들어 수학 문제를 해결하기 위해 구구단을 먼저 학습해야 합니다. 구구단을 학습해야 함수에 접근할 수 있고, 함수와 극한을 다룰 수 있어야 미분과 적분도 할 수 있습니다. 이처럼 인공지능도 데이터 학습을 통해 인간처럼 특정 상황을 예측할 수 있습니다. 이러한 데이터는 양이 많을수록 예측 정확도가 향상됩니다. 현재 우리가 사용하는 스마트폰에는 다양한 인공지능 기반 서비스가 내장되어 있습니다. 예를 들어 음성 인식이나 번역기도 기존에 학습된 데이터를 기반으로 인공지능 학습을 하여 더 높은 정확도의 결과물을 만듭니다. 또한 인공지능은 X-ray, CT, MRI 등과 같은 의료 영상 이미지를 학습하고 판독하여 질병을 예측, 진단하는 데도 사용됩니다. 이러한 사례는 인공지능 적용과 관련된 일부이며 그 활용 범위는 계속 확장되고 있습니다.

1.2 빅데이터란?

1.2.1 빅데이터의 정의

빅데이터를 언급하기에 앞서 자료^{data}와 정보^{information}의 차이를 구분해봅시다. [그림 1-6]과 같이 **자료**는 정리되어 있지 않은 단순히 수집된 원시적인 자료를 의미하며, **정보**는 특정 목적이나 의미를 이끌어낼 수 있는 유용한 자료의 집합입니다. 예를 들어 시험 문제와 관련된 내용을 수집하기 위해 기출 문제나 중요한 내용을 친구에게 요청한다고 가정해봅시다. 일반적으로 "친구야 정보 좀 줘!"라고 말합니다. 그러면 친구는 기출 문제나 예상 문제 또는 선생님께서 강조하신 부분에 대한 내용을 알려줍니다. 그러나 "친구야 자료 좀 줘!"라고 하면 그 친구는 기출 문제나 예상 문제와 같은 축약되고 정리된 것을 줄 필요가 없고, 해당 교과목의 교과서를 통째로 주면 되는 것입니다. 또 다른 예로는 도서관에 가면 책이 많이 있습니다. 그런 경우 '정보가 많다'라고 하기보다는 '자료가 많다'라고 하는 것이 더욱 적절한 표현입니다.

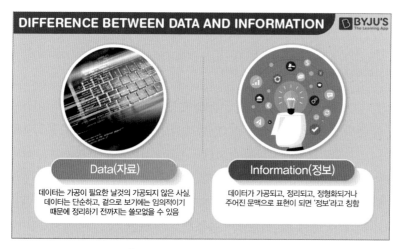

그림 1-6 자료와 정보의 차이[5]

빅데이터는 전통적인 데이터 처리 방법으로는 다룰 수 없는 대규모의 양을 가진 데이터를 의미합니다. 데이터의 크기가 얼마 이상일 때부터 빅데이터라고 부르는지에 대한 합의된 정의는 없지만, 빅데이터는 앞서 언급한 5V의 성격을 띠고 있습니다. 그리고 빅데이터는 단순히 엑셀이나 텍스트 파일 형태로 정형화된structured 데이터만을 의미하는 것이 아니라 비정형화된unstructured 것도 포함하고 있습니다. 비정형화 데이터는 지금 이 순간에도 스마트폰을 통해 남겨지는 웹 페이지 접속 기록, 구매 기록, 반응 기록뿐 아니라 다양한 장치의 사용 기록 등 일상의 모든 데이터입니다. 또한, 빅데이터는 단순히 데이터의 규모가 크다는 것만을 의미하지 않고 해당 데이터를 목적에 맞게 가공하고 분석하는 작업도 포함합니다. 그래서 빅데이터는 자료와 정보의 의미뿐 아니라 이를 처리하는 일련의 기술도 포함합니다.

---

5 출처: https://byjus.com/biology/difference-between-data-and-information

1.2.2 빅데이터의 활용

4차 산업혁명 시대에 사람들은 카메라, 터치, 블루투스, 와이파이, 마이크, 스피커 등 다양한 센서가 기본으로 내장된 스마트폰을 사용하게 되었고, 이를 통해 실시간으로 사용 기록이 남겨지면서 빅데이터 기술을 사용하는 사례가 급격히 증가하게 되었습니다. 지금 이 순간에도 빅데이터 자료는 실시간으로 쌓이고 있고 이를 활용한 분석 결과물도 다양한 분야에서 사용되고 있습니다.

[그림 1-7]은 빅데이터를 활용하는 대표 분야를 정리한 것입니다. 금융, 보건 의료, 교육, 공공 부문, 유통, 교통, 보험 등이 있으며 지금 이 순간에도 빅데이터는 더 많은 분야에 적용되고 있습니다.

첫째, 금융 분야에서는 고객의 신용이나 체크카드 등을 활용하여 결제된 내역을 기반으로 구입 품목, 시점, 결제 위치 등을 실시간으로 파악할 수 있습니다. 이렇게 파악된 고객의 구매 이력 및 성향을 고려해 인근 가맹점의 할인쿠폰 등을 제공하여 추가 결제를 유도하기도 하며, 이용 패턴과 어긋나는 부정 사용을 사전에 차단하는 기술도 개발하여 운영하고 있습니다.

둘째, 병원에서 환자를 진료하며 생성된 환자의 진단 정보, 의료 차트, 간호 기록, 유전체 등의 의료 데이터를 활용하여 질병의 원인을 분석할 수 있고 예측할 수 있습니다. 웰빙$^{well-being}$을 추구하는 현시대 상황에 맞게 치료뿐 아니라 건강 관리 및 질병 예방에 역점을 둔 분석도 진행하고 있습니다.

셋째, 교육 콘텐츠를 제공하는 업체의 경우 학습자의 문항별 정답/오답 통계 분석을 통해 'A번 문항을 틀리는 학생은 B번 문항을 틀리는 확률이 높다'는 결과를 도출할 수도 있습니다. 이러한 데이터 활용으로 학습자별 최적화된 맞춤형 서비스를 통해 실력을 향상시킬 수도 있습니다. 실제로 이러한 빅데이터 분석 기술을 적용하여 상용화된 교육 서비스가 성행하고 있습니다.

넷째, 공공 부문의 다양한 분야에서도 빅데이터가 활용되고 있습니다. 예를 들면 건강보험심사평가원에 축적된 자동차 보험 진료비 관련 자료를 통해 이상 데이터를 분석하여 보험금의 누수를 탐지하고 있습니다.

다섯째, 유통 부문에서는 빅데이터를 마케팅에 활용하고 있습니다. 'A 제품을 구매하는 고객은 B 제품도 구매할 가능성이 높다'는 빅데이터 분석 결과가 도출되면 이를 마케팅에 활용하고 매출을 극대화시키기도 합니다. 이러한 분석은 수요를 예측할 수 있어 재고를 관리할 때도 활용합니다.

여섯째, 교통 데이터는 실시간으로 생성됩니다. 교통의 흐름뿐 아니라 사건, 사고 등의 데이터도 꾸준히 발생합니다. 이렇게 모인 빅데이터를 통해 구급차, 소방차 등 긴급 차량의 출동 최적화를 위한 시점별 동선을 분석하여 활용할 수 있습니다.

일곱째, 보험 분야에 있어서도 빅데이터를 활용하는 사례가 있습니다. 보험사는 고객으로부터 정기적으로 받는 수입 형태의 보험료와 질병, 사건, 사고 등으로 발생하는 지출 형태의 보험금 균형을 맞추는 것이 관건입니다. 그래서 보험사는 고객별 위험도를 분석하여 수입을 늘리고 지출을 줄이는 형태의 효과를 거두고 있습니다.

이렇듯 빅데이터는 다양한 분야에서 활용되고 있으며 앞서 언급한 분야별 사례는 일부에 불과합니다. 실제로 데이터는 실시간으로 쌓이고 있고, 현업에 있는 관련 부서 담당자는 이를 어떻게 활용하여 긍정적인 효과를 이끌어낼지 끊임없이 고민하고 있습니다.

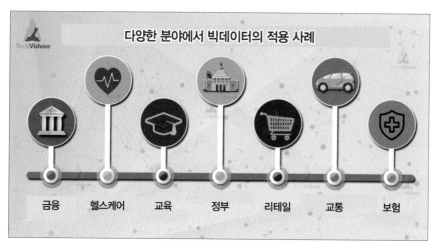

그림 1-7 빅데이터의 활용 분야[6]

1.2.3 빅데이터와 인공지능의 관계

[그림 1-8]은 빅데이터와 인공지능의 관계를 도식화한 것입니다. 빅데이터와 인공지능은 별개의 것이 아닙니다. 실생활에서 빅데이터와 인공지능이라는 용어를 많이 사용하고 있으나 세부

---

6 출처: https://techvidvan.com/tutorials/big-data-applications

적으로 어떻게 다른지 정확하게 아는 사람은 많지 않습니다. 빅데이터와 인공지능 모두 무언가를 분석하고 예측하는 데 사용되는 기술이기 때문입니다.

그러나 빅데이터와 인공지능 기술을 사용하는 데 있어 그 과정이나 결과물에 차이가 있습니다. 빅데이터는 축적된 대규모의 데이터를 분석하여 인사이트를 얻는 데 사용되며, 인공지능은 기존의 데이터를 학습하여 또 다른 것을 예측하는 데 사용됩니다. 학문적으로 기존에 발생한 사실 관계를 파악하는 데 빅데이터가 사용되고, 과거의 데이터를 사용하여 미래를 예측하는 데 인공지능이 사용됩니다.

인공지능 기술을 통해 무언가를 분석하고 예측하는 데 빅데이터는 필수입니다. 인공지능은 인간의 지능을 본떠 만든 인공의 어떤 것입니다. 마치 인간도 학습한 지식이 많을수록 새로운 것에 대한 예측과 판단을 하는 데 정확도가 높은 것처럼 인공지능도 학습 데이터가 많을수록 예측 정확도가 높아집니다. 그러나 인공지능과 관련하여 주의해야 할 점은 **과적합**overfitting 현상입니다. 학습 데이터가 지나치게 많고 특정 범위 내에 국한되어 있는 것을 과적합 현상이라고 하며, 이 현상은 해당 데이터에 대해 과도하게 높은 예측 정확도를 보이는 특징이 있습니다.

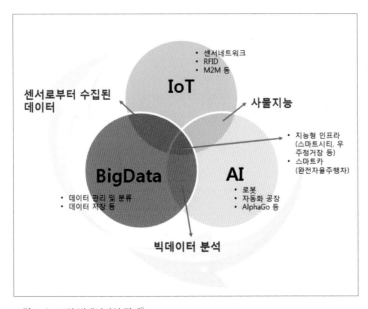

그림 1-8 AI와 빅데이터의 관계[7]

---

7 출처: http://www.itdaily.kr/news/articleView.html?idxno=82425

## CHAPTER 2

연필 없이 복잡한 수학 문제를 풀어보자
_연산자, 변수, 자료형

오늘날 대학 강의나 유튜브 등 다양한 매체에서 각종 빅데이터 관련 콘텐츠가 많이 생기고 있습니다. 일상에서도 엑셀로 하던 작업을 R, SPSS, SAS 등과 같은 통계 프로그램을 사용하여 결과를 도출합니다. 예를 들어 기존에는 엑셀로 기본적인 통계량인 최솟값, 최댓값, 평균값, 표준편차 등을 구했다면 이제는 규모가 커진 데이터를 다룰 수 있는 R, SPSS, SAS 등 같은 프로그램을 사용합니다. 파이썬은 이러한 통계 프로그램에서 사용하는 도구 외에도 인공지능 관련 각종 라이브러리가 지속 업데이트되고 있는 강력한 프로그래밍 언어입니다.

2장에서는 간단한 파이썬 기본 문법과 파이썬으로 기본 통계량을 산출하는 방법에 대해 알아봅니다. 2장에서 다루는 내용은 추후 코드를 이용한 데이터 수집, 전처리 등의 작업을 하는 데 기초가 됩니다.

2.1 1 더하기 1은?

파이썬이나 C, C++, 자바 등의 기본 문법은 크게 다르지 않습니다. 우리말에 비유하면 표준어를 사용하는 사람이 극히 일부 표현을 제외하면 특정 지역의 방언을 대략적으로 이해할 수 있는 것과 같습니다.

파이썬을 잘 숙지하면 C, C++, 자바 등의 코드 작성을 바로 하진 못하더라도, 금방 익힐 수 있거나 코드를 읽는 데 큰 어려움이 없을 겁니다. 그 이유는 기본적인 구조와 연산자, 문법이 비슷하기 때문입니다.

2.1.1 연산자 소개

보통 연산자로 피연산자의 값을 조작합니다. 예를 들면 1 + 1을 연산할 때 값에 해당하는 숫자 1은 피연산자이며, +는 연산자입니다. 더하기, 빼기, 곱하기, 나누기 등의 기호가 기본 연산자입니다.

코딩할 때도 값을 조작하는 연산자가 있고 그 종류는 다양합니다. 그리고 이러한 연산자는 대부분 C, C++, 자바, 파이썬 등의 언어에서 공통적으로 사용되고 있습니다.

파이썬 연산자는 [표 2-1]과 같이 총 일곱 가지가 있습니다. 복잡하고 암기해야 할 것처럼 보이지만 그럴 필요는 없습니다. 예제를 통해서 하나씩 실습하면 쉽게 체득할 수 있습니다. 각 연산자의 정의를 간단히 확인하고 예제를 통해 실습해봅시다.

표 2-1 연산자의 종류

구분	기호	역할
산술 연산자 (Arithmetic Operator)	+	더하기
	-	빼기
	*	곱하기
	/	나누기
	%	나머지
	**	제곱
	//	나눈 후 몫이 소수점이면 내림
할당 연산자 (Assignment Operator)	=	오른쪽의 값을 왼쪽 변수에 할당함
	+=	기존 왼쪽 변수 값과 오른쪽 변수를 더한 후 재할당
	-=	기존 왼쪽 변수 값과 오른쪽 변수를 뺀 후 재할당

할당 연산자 (Assignment Operator)	*=	기존 왼쪽 변수 값과 오른쪽 변수를 곱한 후 재할당
	/=	기존 왼쪽 변수 값과 오른쪽 변수를 나눈 후 재할당
	%=	기존 왼쪽 변수 값과 오른쪽 변수로 나눈 나머지를 재할당
	//=	기존 왼쪽 변수 값과 오른쪽 변수로 나눈 후 내림한 값을 재할당
	**=	기존 왼쪽 변수 값에 오른쪽 변수만큼 제곱을 한 후 재할당
비교 연산자 (Comparison Operator)	==	같다면
	!=	같지 않다면
	>	왼쪽 값이 더 크다면
	<	오른쪽 값이 더 크다면
	>=	왼쪽 값이 크거나 같다면
	<=	오른쪽 값이 크거나 같다면
논리 연산자 (Logical Operator)	and	and를 기준으로 좌우 조건문이 모두 참이면
	or	or를 기준으로 좌우 조건문 중 하나라도 참이면
	not	조건문 자체가 거짓이라면
항등 연산자 (Identity Operator)	is	같은 메모리에 존재하는가
	is not	같은 메모리에 존재하지 않는가
멤버 연산자 (Membership Operator)	in	왼쪽의 값이 오른쪽에 존재하는가
	not in	왼쪽의 값이 오른쪽에 존재하지 않는가
비트 연산자 (Bitwise Operator)	&	and의 연산을 비트 단위로 합니다.
	¦	or의 연산을 비트 단위로 합니다.
	^	xor의 연산을 비트 단위로 합니다.
	~	not의 연산을 비트 단위로 합니다.
	<<	비트 단위로 '왼쪽으로 비트 단위 밀기' 연산합니다.
	>>	비트 단위로 '오른쪽으로 비트 단위 밀기' 연산합니다.

┃ 산술 연산자 ┃

더하기와 빼기에 해당하는 기호는 각 +와 -입니다. 곱하기에 해당하는 기호는 *이며, 알파벳
'X'나 'x'와 혼동해서는 안 됩니다. 나누기에 해당하는 연산자는 슬래시(/)입니다. 그리고 나
머지를 구할 수 있는 mod 연산자 %가 있습니다. 예를 들어 3 % 3은 3을 2로 나눈 나머지를 구
합니다. 따라서 결괏값은 1이 됩니다. 또한 제곱을 구할 수 있는 연산자가 있습니다. 엑셀에서
는 제곱에 해당하는 연산자가 ^입니다. 따라서 3^3을 수행하면 3의 세제곱인 27이라는 결과가
나오지만, 파이썬에서는 제곱에 해당하는 연산자는 곱하기 연산자인 *을 두 번 연달아서 **와

같이 씁니다. 따라서 파이썬에서 3의 세제곱을 구하고자 한다면 3 ** 3이라고 입력합니다. 나눈 후 몫이 소수점이면 버리는 연산자 //가 있습니다. 이는 나누기 연산자로 언급된 /와는 다릅니다. / 연산자는 몫을 소수점까지 구하지만, // 연산자는 몫의 정수만 구합니다.

| 할당 연산자 |

[표 2-1]과 같이 여덟 가지의 할당 연산자가 있습니다. 가장 많이 사용되는 연산자는 =입니다. = 연산자는 '동등하다'는 의미의 'equal to'로 생각하면 안 됩니다. 예를 들어 x = 3은 'x와 3은 같다'라는 의미가 아니라 **변수 x에 3을 할당하라**는 의미입니다. 컴퓨터 과학 관점으로 이해하면 x라는 변수를 선언했을 때 메모리에는 x에 값을 보관할 메모리가 생기고 그 안에 3을 넣게 됩니다. [표 2-1] 할당 연산자에서 = 앞에 산술 연산자가 붙는 일곱 가지를 살펴봅시다. 이 연산자들은 왼쪽에 위치한 변수에 해당 산술 연산을 한 값을 대입하라는 것입니다. 예를 들어 x += 3은 기존 x 값에 3을 더한 값을 대입합니다. 그 외 -=나 *=와 같은 연산자도 기존 변숫값에 해당 산술 연산을 한 결과를 대입하라는 의미입니다.

| 비교 연산자 |

비교 연산자는 연산자를 기준으로 좌측과 우측을 비교합니다. 그 결과는 'True' 또는 'False'가 됩니다. 앞서 설명한 할당 연산자 =와 비교 연산자 ==를 혼동해서는 안 됩니다. 이는 C, 자바와 같은 기초 프로그래밍 과목을 처음 수강하는 학생들이 흔히 범하는 오류입니다. 할당 연산자 ==는 왼쪽과 오른쪽의 값이 같은지 비교하는 'equal to'의 의미를 가지며, 그 결과를 True 또는 False로 반환합니다. 예를 들어 3 == 4의 결과는 False이며, 5 == 5는 True입니다. 일반적으로는 x == 3과 같이 변수와 값을 비교하는 데 사용합니다. 두 번째 비교 연산자는 !=가 있습니다. 여기서 !는 'not'에 해당하는 기호이며 !=는 'not equal to'의 의미로 왼쪽과 오른쪽의 값이 다르면 True이고 같으면 False입니다. 따라서 ==와 !=는 서로 상반된 의미입니다. 그 밖에 >, <, >=, <=는 초과, 미만, 이상, 이하를 의미합니다.

| 논리 연산자 |

논리 연산자로 and, or, not이 있습니다. and 연산자는 왼쪽과 오른쪽의 조건이 모두 참이어야 True이며, or 연산자는 왼쪽과 오른쪽의 조건 중 하나 이상 참이면 True입니다. 연산자 not은 해당 조건을 반전시킵니다. True를 False로 반전시키고, False를 True로 반전시킵니다. 예를 들어 and 연산자는 둘 다 참이어야 합니다. 3 < 4 and 4 >= 5 구문에서 and의 좌측은 참이고, 우측은 거짓이므로 결괏값은 False입니다. 그러나 3 < 4 or 4 >= 5 구문에서는 or 연산자가 사용됐고, or의 좌측이나 우측 둘 중 하나만 참이면 결과도 참이므로 결괏값은 True입니다.

| 항등 연산자 |

항등 연산자는 is와 is not 두 가지이며, 같은 메모리에 있는지의 여부를 확인합니다. 예를 들어 다음과 같이 a와 b 두 변수가 있고 각각 3을 대입했을 때, a is b의 결괏값은 False입니다. 이는 컴퓨터 과학적으로 보았을 때 첫 라인에서는 a라는 메모리 공간이 생긴 후 3이 대입됐고, 다음 라인에는 b 메모리 공간이 생긴 후 3이 대입되었습니다. 그래서 a와 b 메모리가 같은 공간인지 확인하면 False라는 결과가 나옵니다. 반대로 a is not b 결괏값은 True입니다. 만약 비교 연산자를 사용하여 값 자체가 같은지 확인하는 구문 a == b를 실행하면 결괏값은 True

입니다. 비교 연산자는 값을 비교하는 것이고 항등 연산자는 메모리를 비교하는 것이기 때문입니다.

```
a = 3
b = 3
```

| 멤버 연산자 |

왼쪽의 값이 오른쪽의 컨테이너에 포함되는지 여부를 묻습니다. 예를 들어 a 변수에 1, 2, 3이 있다고 가정하면 3 in a의 결괏값은 True이고, 4 in a는 False입니다. 반대로 0 not in a의 결괏값은 True이며, 2 not in a는 False입니다. 비교 연산자를 사용하면 오른쪽의 변수를 하나씩 비교하지 않아도 어떤 변수를 포함하는지 간단히 확인할 수 있습니다.

| 비트 연산자 |

비트 연산자는 메모리 낭비를 줄이는 연산이 필요한 C언어에서 더 많이 사용합니다. 비트 연산자는 정수형, 문자 등의 자료형을 비트로 미리 변경해서 연산 속도를 높입니다. 일반적으로 비트 연산자는 속도를 중요시하는 C, C++과 같은 언어에서 자주 사용합니다. 하지만 코드의 가독성이 떨어져 프로그램 개발, 수정 등에 영향을 주기 때문에 그 외 언어에서는 잘 사용하지 않습니다. 그래도 비트 연산자를 알아야 코드를 읽거나 수정할 수 있으니 개념을 살펴보겠습니다. 비트 연산자는 값을 비트 단위로 쪼개서 연산합니다. & 연산자는 and이며, | 연산자는 or입니다. 또한 ^는 xor이며, ~는 not입니다. 예를 들어 정수 '5'를 비트로 바꾸면 '101'이 되고, 정수 '7'을 비트로 바꾸면 '111'이 됩니다. 그래서 5 & 7을 연산하면 '101'과 '111'를 각 비트 자

리별로 and 연산을 하고 그 결괏값은 101이 됩니다. << 연산자는 비트를 왼쪽으로 밀고, >> 연산자는 오른쪽으로 비트를 밉니다. 예를 들어 1010 << 1은 왼쪽으로 비트 한 칸을 밀어 10100이 되며, 1010 >> 2는 오른쪽으로 비트 두 칸을 밀어 10이 됩니다.

KEY POINT_
자바나 파이썬 등에서 비트 연산자는 잘 사용하지 않으나 다양한 프로그래밍 언어에서 사용하므로 개념을 익혀두길 추천합니다.

파이썬의 일곱 가지 연산자에 대해 간단히 알아보았습니다. 일곱 가지 연산자는 실습을 통해 연습해보면서 자연스럽게 익힐 수 있으니 굳이 암기하지 않아도 됩니다.

연습문제를 풀어보기에 앞서 가장 간단한 함수 print()를 알아보겠습니다. print() 함수는 출력을 목적으로 하며 print('1234')를 수행하면 1234가 출력됩니다. 참고로 함수는 이름을 통해 그 기능을 가늠할 수 있도록 명시해야 합니다. 예를 들어 input() 함수는 특정 값을 받는 것이고, print()는 출력하는 함수입니다. 파이썬에 기본적으로 내장된 함수는 셀 수 없이 많습니다. 먼저 기본적인 함수를 익힌 후 추가로 필요한 함수는 필요할 때마다 매뉴얼을 확인하며 사용하면 됩니다. 화면에 print('Hello world')를 입력하고 실행해보세요! Hello world 결괏값이 출력됩니다. 지금부터는 파이썬 코딩에 필수로 알아야 할 연산자를 주요 연습문제를 통해 실습해보겠습니다.

2.1.2 **연습문제**

예제 2-1

3과 12를 더한 값을 출력해보세요.

HINT_
출력 함수 print()를 사용하세요.

단순 덧셈 연산을 수행하면 됩니다. print ( ) 함수 안에 인수로 3과 12의 덧셈 연산을 그대로 넣고 실행해보세요.

예제 2-2

32를 5로 나눈 정수 몫과 나머지를 구해서 출력해보세요.

풀이 2-2

정수 몫을 구하는 연산자는 //, 나머지를 구하는 연산자는 %입니다. print ( ) 함수 안에 인수로 32 // 5, 32 % 5를 넣고 각각 출력해보세요.

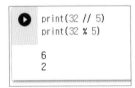

예제 2-3

22가 19보다 큰 지 출력해보세요.

HINT_

결괏값은 True 또는 False입니다.

풀이 2-3

부등호 >나 <를 써서 실행해보면 됩니다. print ( ) 함수 안에 인수로 22 > 19를 넣고 실행해보세요.

5^3이 3^5보다 큰 지 출력해보세요.

풀이 2-4

제곱의 연산자는 **입니다. print() 함수 안에 인수로 5 ** 3 > 3 ** 5를 넣고 실행해보세요.

```
print(5**3 > 3**5)
False
```

예제 2-5

254는 3의 배수인지 연산을 통해 알아보세요.

풀이 2-5

% 연산자를 써서 뒤의 숫자로 나눴을 때의 나머지가 0이면 해당 수의 배수라는 뜻입니다. 254 % 3을 연산했을 때, 나머지는 2가 나왔으므로 3의 배수는 아닙니다.

```
print(254 % 3)
2
```

2.2 a 더하기 b는?

계산기의 연산은 숫자만을 사용합니다. 그러나 컴퓨터를 통해 연산하면 x, y, z와 같은 미지수를 사용하여 훨씬 더 복잡한 계산을 수행할 수 있습니다. 이번 절에서는 앞서 수행한 단순 숫자 연산이 아닌 미지수를 기반으로 더 복잡한 연산을 수행해보도록 하겠습니다.

미지수를 이용하면 다양한 상황에 맞게 연산할 수 있습니다. 앞으로는 단순 고정된 숫자 연산은 지양하고 미지수를 기반으로 연산해봅시다.[1]

----

1 고정된 값들의 코딩을 하드코딩(hard coding)한다고 말합니다.

2.2.1 변수와 상수 소개

변수variable는 말 그대로 '변하는 수'입니다. 변수는 앞서 설명한 '미지수'와 비슷한 개념입니다. 예를 들어 변수 a를 선언하면 컴퓨터는 [그림 2-1]과 같이 메모리 상에 a라는 이름의 공간을 생성합니다. 그리고 대입 연산자를 통해 a 메모리 공간에 200, 300 등의 값이 대입되는 것입니다.

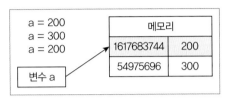

그림 2-1 변수의 선언과 메모리 할당

변수의 이름을 정할 때는 다음 [표 2-2]와 같은 몇 가지 규칙이 있습니다. **첫째**, 예약어(키워드)를 사용해서는 안 됩니다. 예약어란 파이썬 자체에서 기본적으로 통용되는 언어라고 생각하면 됩니다. 예를 들어 앞서 언급한 print() 함수의 'print'라는 단어는 사용할 수 없습니다. 그 외에도 앞으로 알게 될 기본 함수명은 사용할 수 없습니다. **둘째**, 변수 이름에는 언더바(_)를 제외한 특수문자는 사용할 수 없습니다. **셋째**, 첫 문자가 숫자로 시작할 수 없습니다. **넷째**, 변수명에 공백이 있어서는 안 됩니다.

표 2-2 변수 명명 불가 규칙

No.	내용
1	예약어(키워드)를 사용해서는 안 됩니다.
2	'_'를 제외한 특수문자는 허용되지 않습니다.
3	첫 문자는 숫자가 될 수 없습니다.
4	공백이 있어서는 안 됩니다.

예를 들어 3acde라는 변수명은 첫 문자가 숫자이기 때문에 변수로 사용할 수 없으며, alpha%7은 %라는 특수문자가 포함되어 있어서 변수 사용이 불가능합니다. 이러한 변수 명명 규칙은 코딩을 계속 해보면 습관이 생기고 익숙해집니다. 따라서 따로 변수 명명 규칙을 외울 필요는 없습니다.

변수는 코드의 가독성을 위해 의미 있게 명명하는 것이 좋습니다. 예를 들어 첫 번째 날짜와 두 번째 날짜를 위한 변수를 명명할 때 단순히 x, y라고 명명하기보다는 firstDate, secondDate 등과 같이 가독성을 높이는 것이 좋습니다. 단어가 두 개 이상 합쳐진 경우에는 단어의 구분을 위해 앞서 명명한 firstDate나 secondDate와 같이 두 번째 단어의 시작은 대문자로 하거나 언더바를 통해 first_date나 second_date로 구분하는 것이 좋습니다.[2] 가독성을 위한 코딩 변수 명칭에는 규칙이 없습니다. 따라서 속한 조직이나 본인의 취향에 따라 선택하면 됩니다.

변수를 선언하는 방법은 매우 간단합니다. 변수 명명 규칙에 맞게 이름을 정하고 = 연산자를 통해 값을 대입합니다. 변수는 명명하면 굳이 값을 대입하지 않아도 메모리를 할당받습니다. 따라서 변수를 선언하는 방법은 firstScore = 75 또는 firstScore와 같이 선언할 수 있습니다.

> **KEY POINT_**
>
> 변수의 명명 규칙에 따라 변수의 이름을 쓰고 메모리에 할당하는 작업을 '변수를 선언한다'고 합니다.

상수constant는 변수와 반대되는 개념으로 변경되지 않는 값입니다. C, C++, 자바에서는 상수를 정의할 수 있는 구문이 있으나 파이썬에는 정의할 수 있는 구문이 없습니다. 하지만 파이썬은 다른 방식으로 상수를 정의할 수 있습니다. 예를 들어 '원주율' 3.14라는 값이 있다고 합시다. 이럴 때는 가독성을 위해 변수 원주율을 Pi라고 명명하고, 변수 Pi에 3.14 값을 대입하면 됩니다. 다시 말해서 Pi = 3.14라고 선언하고 그 뒤의 코드에서는 Pi를 호출해서 사용합니다.

---

2 **카멜(Camel) 표기법**
낙타 표기법이라고 하며, 낙타의 등을 닮아 생긴 이름입니다. 첫 단어의 문자는 소문자로 쓰고, 두 번째 단어의 첫 문자부터는 대문자로 씁니다. 예를 들어 단어가 하나면 number, 두 단어의 합성어이면 numberOfPeople과 같이 두 번째 단어부터는 첫 문자를 대문자로 씁니다.

스네이크(Snake) 표기법
스네이크 표기법은 단어를 모두 소문자로 쓰고 언더바(_)로 구분합니다. 예를 들어 number_of_people과 같이 표기합니다.

파스칼(Pascal) 표기법
파스칼 표기법은 카멜 표기법과 대비되는 방법으로 첫 단어의 첫 문자도 대문자로 표기합니다. 예를 들어 Number, NumberOfPeople로 표기합니다.

헝가리안(Hungarian) 표기법
헝가리안 표기법은 변수의 자료형을 표기하는 방법입니다. 예를 들어 변수가 정수형이라면 iNumber, iNumberOfPeople과 같이 'i'를 표기하여 정수형을 알리는 것입니다.

2.2.2 연습문제

예제 2-6

3과 12를 더한 값을 출력해보세요. 변수는 하나만 선언하고 print() 함수의 인수로 해당 변수만 사용하여 출력하세요.

풀이 2-6

변수를 하나 선언하고 단순 덧셈 연산을 수행한 값을 대입합니다. 그리고 print() 함수의 인수로 해당 변수를 넣고 실행하세요.

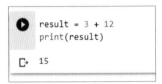

```
result = 3 + 12
print(result)
```
```
15
```

예제 2-7

두 변수에 3과 12를 각각 대입하고, 두 변수를 더한 값을 출력해보세요. 변수는 두 개만 선언하고 print() 함수의 인수로 해당 변수만 사용하여 출력하세요.

풀이 2-7

첫 번째 변수에는 3을 대입하고, 두 번째 변수에는 12를 대입합니다. 그리고 print() 함수의 인수로 두 변수를 더하는 수식을 넣고 실행하세요.

```
num1 = 3
num2 = 12
print(num1 + num2)

15
```

두 변수에 3과 12를 각각 대입하고, 두 변수를 더한 값을 세 번째 변수에 대입하여 출력해보세요.
변수를 세 개 선언하고 print() 함수의 인수로 세 번째 변수만 사용하여 출력하세요.

풀이 2-8

첫 번째 변수에는 3을 대입하고, 두 번째 변수에는 12를 대입합니다. 세 번째 변수에는 앞의 두
변수를 더하여 대입하고, print() 함수의 인수로 세 번째 변수를 넣고 실행하세요.

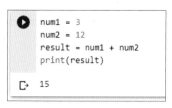

```
num1 = 3
num2 = 12
result = num1 + num2
print(result)
```

```
15
```

2.3 1+1=2는 True or False?

앞서 변수와 상수에 대해서 살펴봤고, 숫자를 사용해서 연산한 후 결괏값을 출력했습니다. 이
번 절에서는 숫자 외에도 연산에 사용할 수 있는 **자료형**^{data type}을 설명합니다. 숫자뿐 아니라 문
자 등의 다양한 자료형과 이를 서로 변환하는 방법을 살펴봅시다.

2.3.1 자료형 소개

파이썬에서 사용하는 자료형은 [표 2-3]과 같이 여덟 가지가 있습니다. 자료형은 약간의 차이
가 있지만 C, C++, 자바 등의 프로그래밍 언어에서도 사용합니다. 이와 같이 프로그래밍 언어
에서는 변수를 선언할 때 자료형을 항상 선언해야 합니다. 예를 들어 숫자형 중에서 소수점이
없는 정수형을 쓸 때는 int num = 10;과 같이 자료형을 선언해야 합니다. 그러나 파이썬은
자료형을 선언하지 않고 num = 10과 같이 변수명만 선언하면 됩니다. 파이썬은 변수명을 선언
하고 해당 변수에 대입되는 값이 무엇이냐에 따라 자동으로 자료형이 결정됩니다.

파이썬은 C, C++, 자바 등과는 다르게 변수에 값이 대입될 때 자료형이 결정됩니다.

표 2-3 파이썬의 자료형

자료형	설명	비고
숫자형	일상에서 사용하고 있는 숫자	–
문자형	작은따옴표나 큰따옴표로 둘러싸여 있는 문자의 집합	–
리스트	대괄호([ ])로 둘러싸여 있는 요소의 집합	중복 가능, 순서 있음, 수정 및 삭제 가능
튜플	소괄호(( ))로 둘러싸여 있는 요소의 집합	중복 불가, 순서 있음, 수정 및 삭제 불가
집합	set()으로 둘러싸여 있는 요소의 집합	중복 불가, 순서 없음, 수정 및 삭제 가능
딕셔너리	키(key)와 값(value)으로 대응되는 요소의 집합	–
불	참(True) 또는 거짓(False)으로 판별되는 자료형	–

숫자형, 문자형, 리스트, 불은 파이썬뿐 아니라 C, C++, 자바 등에서도 사용되는 자료형입니다.

숫자형은 크게 정수형, 실수형, N진수형으로 나뉩니다. [그림 2-2]와 같이 정수형은 127, -321과 같이 소수점이 없는 형태이며, 실수형은 12.376, -2.22과 같이 소수점이 존재합니다. 그리고 N진수형은 8진수로 나타낸다면 값의 어두에 0o를 붙여 0o23, 0o35처럼 표현하고, 16진수는 0x3A, 0xFE와 같이 표현합니다. 이러한 N진수형의 값을 print() 함수의 인수로 넣으면 10진수로 변환하여 출력합니다.

```
a = 127
b = -321
print(a)
print(b)

c = 12.376
d = -2.22
print(c)
print(d)

e = 0o23
f = 0o35
print(e)
print(f)

g = 0x3A
h = 0xFe
print(g)
print(h)
```
```
127
-321
12.376
-2.22
19
29
58
254
```

그림 2-2 숫자형 변수의 활용

[그림 2-3]은 [그림 2-2]에서 숫자형 변수를 8진수나 16진수로 변환하여 출력하는 예시입니다. 8진수로 변환하여 출력할 때는 oct( ), 16진수로 변환하여 출력할 때는 hex( ) 함수를 사용합니다. 10진수를 8진수나 16진수로 변환할 수도 있고, 그 반대로 변환할 수도 있으며, 8진수와 16진수 간의 상호 변환도 가능합니다. 2진수로의 변환은 bin( )을 사용합니다.

```
a = 127
b = -321
print(hex(a))
print(oct(b))

e = 0o23
f = 0o35
print(oct(e))
print(hex(f))

g = 0x3A
h = 0xFe
print(hex(g))
print(oct(h))
```
```
0x7f
-0o501
0o23
0x1d
0x3a
0o376
```

그림 2-3 숫자형 변수의 변환 출력

C, C++, 자바 등에서는 문사 자료형을 문자^{character}와 문자열^{string}로 구분합니다. 보통 문자는 작은따옴표('), 문자열은 큰따옴표(")로 묶습니다. 그러나 파이썬에서는 문자든 문자열이든 작은따옴표와 큰따옴표 모두 사용할 수 있습니다. 다음 [그림 2-4]는 파이썬에서 문자열 변수의 사용 예제입니다. 문자열은 작은따옴표, 큰따옴표 상관없이 묶을 수 있습니다.

```
title1 = 'hello world'
title2 = "hello world"
print(title1)
print(title2)

hello world
hello world
```

그림 2-4 문자형 변수의 활용

[그림 2-5]는 문자형 변수를 덧셈 연산자(+)로 연산한 결과를 출력한 것입니다. 숫자형 변수의 덧셈은 연산된 결과를 출력하며, 문자형 변수의 덧셈 연산은 두 문자열을 잇습니다.

```
str1 = "1"
str2 = " is one"
print(str1 + str2)

1 is one
```

그림 2-5 문자형 변수의 덧셈 출력

[그림 2-6]은 숫자형 변수와 문자형 변수를 덧셈 연산자(+)로 연산한 결과를 실행한 것입니다. 서로 다른 자료형인 숫자형 변수와 문자형 변수의 덧셈 연산은 다음 그림과 같이 에러가 발생하고 수행되지 않습니다. 서로 다른 자료형의 연산은 **형 변환**이 필요합니다. 형 변환 함수는 [표 2-4]와 같습니다.

```
str1 = 1
str2 = " is one"
print(str1 + str2)

-------------------------------------------------------------
TypeError                                 Traceback (most recent call last)
<ipython-input-15-f70950947d1b> in <module>()
      1 str1 = 1
      2 str2 = " is one"
----> 3 print(str1 + str2)

TypeError: unsupported operand type(s) for +: 'int' and 'str'
```

그림 2-6 숫자형 변수와 문자형 변수의 덧셈 출력 1

표 2-4 자료형 변환 함수

구분	함수
정수 변환	int()
실수 변환	float()
문자열 변환	str()
문자 변환	chr()
불 변환	bool()

[그림 2-7]은 [표 2-4]의 형 변환 함수를 사용하여 서로 다른 자료형의 연산을 보여주는 예입니다. str1은 정수형 변수이므로 이를 str() 함수의 인수로 하여 문자열로 형 변환하면 정상적으로 출력됩니다.

```
str1 = 1
str2 = " is one"
print(str(str1) + str2)

1 is one
```

그림 2-7 숫자형 변수와 문자형 변수의 덧셈 출력 2

KEY POINT_

서로 다른 자료형을 연산할 때는 형 변환을 해야 합니다.

[표 2-5]는 파이썬에서 사용하는 **이스케이프 시퀀스**$^{escape\ sequence}$를 정리했습니다. 이스케이프 시퀀스는 역슬래시(\) 뒤에 문자나 숫자와 함께 사용하여 특정 문자를 출력할 수 있게 합니다. 예를 들어 문자열 안에 따옴표를 출력하려고 할 때, 파이썬 코드에서는 문자열의 시작과 끝에 따옴표가 와야 하기에 문자열의 시작과 끝을 알리는 따옴표와 문자열 안에 포함되는 따옴표는 구분되지 않습니다. 그래서 [그림 2-8]과 같이 문자 w의 앞뒤에 큰따옴표를 출력하기 위하여 역슬래시를 포함한 이스케이프 시퀀스를 앞뒤로 붙입니다.

```
print("Hello \"w\"orld")
Hello "w"orld
```

그림 2-8 이스케이프 시퀀스 활용의 예

[표 2-5]의 이스케이프 시퀀스를 모두 암기할 필요는 없습니다. 실제로 자주 사용할 이스케이프 시퀀스는 1, 3, 5, 8번 등과 같은 일부에 불과합니다. 따라서 자주 사용하는 것만 확실히 기억해두면 됩니다. 대부분의 이스케이프 문자는 C, C++, 자바 등의 언어에서도 동일하게 사용됩니다.

표 2-5 이스케이프 시퀀스

번호	문자	설명
1	\	신규 라인
2	\\	역슬래시(\) 출력
3	\'	작은따옴표(') 출력
4	\"	큰따옴표(") 출력
5	\a	경고음alert
6	\b	백스페이스backspace
7	\f	폼피드formfeed
8	\n	개행 문자linefeed
9	\r	캐리지 리턴carriage return
10	\t	수평 탭horizontal tab
11	\v	수직 탭vertical tab
12	\ooo	8진수 출력
13	\xhh	16진수 출력

KEY POINT_

이스케이프 시퀀스는 자주 사용하는 몇 가지만 기억해두면 됩니다.

2.3.2 연습문제

예제 2-9

첫 번째 변수에 문자열 37을 대입하고, 두 번째 변수에 정수형 5를 대입하여 두 값을 더한 연산의 결과를 출력하세요.

풀이 2-9

첫 번째 변수에는 문자열 37을 대입하고, 두 번째 변수에는 정수형 5를 대입합니다. 이 두 변수는 자료형이 다르므로 단순 덧셈 연산은 불가능합니다. 그래서 첫 번째 변수를 정수형으로 변환하는 함수 int()에 인수로 넣어 연산을 수행한 후 출력합니다.

```
num1 = "37"
num2 = 5
print(int(num1) + num2)

42
```

KEY POINT

자료형이 서로 다른 변수는 형 변환 함수를 통해 자료형을 통일해야 한다는 점을 잊지마세요!

예제 2-10

문자열 변수 하나를 인수로 하여 print() 함수를 호출한 후 다음 그림과 같이 Hello와 World를 한 줄씩 출력해보세요.

```
Hello
World
```

풀이 2-10

출력 시 두 줄로 표현하기 위해서는 개행 문자의 이스케이프 시퀀스 \n을 넣고 출력하면 됩니다.

```
line = "Hello\nWorld"
print(line)

Hello
World
```

예제 2-11

변수 선언 없이 이스케이프 시퀀스와 print() 함수만 사용하여 다음과 같이 출력해보세요.

```
"What" is your name?
```

풀이 2-11

문자열에 따옴표를 표현하기 위하여 이스케이프 시퀀스(\")를 사용하면 됩니다.

```
print("\"What\" is your name?")
"What" is your name?
```

Google Colab on Smartphone

여러분은 앞서 파이썬의 기본 개념을 익히고 PC를 통해 프로그래밍했습니다. 이 책은 각 장 끝에 'Google Colab on Smartphone' 절을 구성했습니다. 구글 콜랩을 사용하여 출퇴근 시간, 여가 시간, 취침 전 등 다양한 상황에서 PC에 제약받지 않고 스마트폰을 통해 간단히 코딩해볼 수 있습니다.

예제 2-12

다음 그림과 같이 선언된 age 변수를 사용하여 Mike is 10 years old.를 출력할 수 있도록 print() 함수의 인수를 채워보세요.

풀이 2-12

문자열과 정수형 age 변수를 같이 출력하기 위해서는 age 변수를 str( ) 함수에 넣어 문자형 변수로 변환한 후 출력해야 합니다.

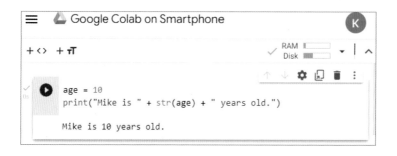

KEY POINT_

서로 다른 자료형은 형 변환을 통해 하나로 통일해야 한다는 점을 잊지마세요.

## CHAPTER 3

갖고 싶은 위시 리스트 아이템 있어?
_튜플, 리스트, 딕셔너리

2장에서는 변수 하나에 값을 하나만 대입했습니다. 그러나 변수의 개수가 많을 때 매번 변수를 선언하여 값을 대입한다고 하면 어떨까요? 코드를 짜기도 불편하고, 길이도 길어져서 가독성이 좋지 않습니다. 3장에서는 값을 여러 개 담을 수 있는 자료형에 대해 알아보겠습니다.

3.1 내가 갖고 싶은 물건은 확실하다!

위시 리스트는 갖고 싶은 것을 적어두는 목록입니다. 이번 절에서는 새로 배울 자료형을 사용하여 코드로 위시 리스트를 정의해보겠습니다.

3.1.1 튜플 소개

[그림 3-1]과 같이 **튜플**^{tuple}은 소괄호로 둘러싸인 원소의 집합입니다. 2장에서 공부한 자료형과 같이 변수명을 선언하고 소괄호 안에는 원소를 넣습니다.

```
names = ("kim", "lee", "park", "choi", "jung")
print(names)

('kim', 'lee', 'park', 'choi', 'jung')
```

그림 3-1 튜플의 활용 1

튜플에 대입된 값의 자료형은 일치하지 않아도 됩니다. [그림 3-2]와 같이 names의 첫 번째 원소는 문자형, 두 번째 원소는 정수형, 세 번째 원소는 실수형, 네 번째 원소는 불형임에도 하나의 튜플 원소로 묶일 수 있습니다.

해당 원소 전체를 출력할 때는 names 튜플 그대로 print() 함수에 넣으면 되고, 특정 위치의 원소를 출력하고 싶다면 대괄호에 원소 번호를 넣으면 됩니다. 튜플이나 앞으로 살펴보게 될 리스트, 딕셔너리 등에서도 첫 번째 원소의 번호는 '0'이며 마지막 원소의 위치는 전체 원소의 개수 N−1입니다. 이는 C, C++, 자바 등 다른 프로그래밍 언어에서도 동일합니다. 컴퓨터는 0과 1로 연산하기 때문에 첫 시작은 항상 0입니다.

```
names = ("kim", 3000, 23.22, True)
print(names)
print(names[0])
print(names[1])
print(names[2])
print(names[3])

('kim', 3000, 23.22, True)
kim
3000
23.22
True
```

그림 3-2 튜플의 활용 2

KEY POINT_

튜플, 리스트, 딕셔너리 등의 집합형 자료형의 원소는 0부터 N−1까지입니다.

[그림 3-3]은 튜플의 원소를 문자형이나 숫자형과 같은 일반적인 자료형이 아닌 '튜플'로 선언한 것입니다. 이는 튜플 안에 튜플이 원소로 포함되는 경우로 '2차원 튜플'이라고 합니다. 한 차원 더 들어가서 튜플 원소의 원소가 또 튜플이 되면 3차원 튜플이 됩니다. 코드를 작성할 때 N차원 튜플이 되면 복잡해지기 때문에 주로 2차원까지 사용합니다.

다음 그림과 같이 첫 번째 원소의 첫 번째 원소(kim)에 접근하기 위해서는 people[0][0]으로 호출하면 됩니다. 첫 번째 원소의 두 번째 원소(23)에 접근하기 위해서는 people[0][1]으로 호출하면 됩니다.

```
people = (("kim", 23), ("lee", 33))
print(people[0][0])
print(people[0][1])
print(people[1][0])
print(people[1][1])

kim
23
lee
33
```

그림 3-3 2차원 튜플의 활용

KEY POINT_

튜플의 원소가 튜플이 되면 이를 N차원 튜플이라 부릅니다.

[그림 3-4]의 len()는 튜플 people의 길이를 파악할 수 있는 함수입니다. 파이썬에서는 자료형의 길이를 파악하기 위해 일반적으로 len() 함수를 사용합니다. 다음 그림과 같이 len() 함수의 인수로 people 튜플 변수를 넣으면 이 튜플의 원소 개수를 파악할 수 있으며, people[0]과 같이 첫 번째 원소를 넣으면 첫 번째 원소의 길이를 알 수 있습니다. 그래서 len(people[0])은 3, len(people[1])은 2의 결괏값을 나타냅니다.

```
people = (("kim", 23, 0), ("lee", 3))
print(len(people))
print(len(people[0]))
print(len(people[1]))

2
3
2
```

그림 3-4 튜플의 길이 산출

KEY POINT_

len()은 파이썬에서 자료형의 길이를 알기 위해 자주 사용하는 함수입니다.

[표 3-1]은 튜플 관련 두 개의 함수에 대한 설명입니다. 튜플에 속한 원소 개수는 count() 함수를 통해 확인할 수 있으며, 해당 원소의 첫 번째 인덱스를 파악하기 위해 index() 함수를 사용합니다.

표 3-1 튜플 관련 함수

함수명	설명
count()	튜플에 포함된 해당 원소 개수
index()	튜플에 포함된 해당 원소의 첫 번째 인덱스

[그림 3-5]는 [표 3-1]에서 튜플 관련 함수를 사용한 예입니다. kim이라는 원소의 개수를 확인하기 위해 count()를 사용하고, park이라는 원소의 첫 인덱스를 파악하기 위해 index() 함수를 사용합니다.

```
names = ("kim", "lee", "kim", "park")
print(names.count("kim"))
print(names.index("park"))

2
3
```

그림 3-5 튜플의 길이 산출

3.1.2 연습문제

예제 3-1

다음과 같이 튜플 자료형이 선언됐을 때 두 번째 원소와 세 번째 원소의 합을 출력하세요.

```
prices = (1000, 2000, 3000, 4000, 5000)
```

풀이 3-1

여러분은 다음 첫 번째 또는 두 번째 코드로 작성했을 겁니다. 두 코드의 결과는 모두 동일합니다. 다만 두 코드의 코드양이 다릅니다. 두 번째는 코드양이 많지만 수행 과정이 상세히 표현되어 있어 하나씩 이해하기 쉽습니다. 또한, 추후 새롭게 선언한 변수를 재사용할 수 있다는 장점도 있습니다. 그래서 지금부터는 가독성^{readability}과 재사용성^{reusability}을 고려하여 코드를 작성하는 스킬을 천천히 익혀보도록 하겠습니다.

```
prices = (1000, 2000, 3000, 4000, 5000)
print(prices[1] + prices[2])  ①

price1 = prices[1]
price2 = prices[2]
sum = price1 + price2
print(sum)  ②

5000
5000
```

예제 3-2

다음과 같이 튜플 자료형이 있을 때 두 번째 원소와 두 번째 원소의 가격을 출력해보세요.

```
fruits = (("apple", 1500), ("grape", 2000), ("pineapple", 3000))
```

풀이 3-2

다음 그림과 같이 두 번째 원소를 출력하기 위해서는 fruits[1]을 print() 함수의 인수로 넣으면 되며, 두 번째 원소의 가격을 출력하기 위해서는 두 번째 원소의 두 번째 원소인 fruits[1][1]을 출력하면 됩니다.

```
fruits = (("apple", 1500), ("grape", 2000), ("pineapple", 3000))
print(fruits[1])
print(fruits[1][1])

('grape', 2000)
2000
```

3.2 내가 갖고 싶은 물건은 변할 수 있다!

앞서 튜플을 정의하고 이를 활용한 예제를 살펴봤습니다. 이 예제는 튜플에 속한 원소를 호출하여 연산을 하는 '읽기^{read}'의 기능으로 볼 수 있습니다. 그렇다면 원소를 추가, 수정, 삭제하는 것도 가능할까요? 튜플은 처음에 변수를 선언하여 원소를 대입하면 그 후 추가, 수정, 삭제는 불가능하고 오직 읽기만 가능합니다. 하지만 앞으로 배우게 될 리스트는 추가, 수정, 삭제가 가능합니다. 이번 절에서는 리스트에 대해 살펴봅시다.

3.2.1 리스트 소개

리스트^{list}는 튜플과 같이 한 변수에 여러 개의 원소를 포함시킬 수 있습니다(그림 3-6). 또한 리스트도 원소의 자료형이 동일하지 않아도 됩니다. 리스트는 선언할 때 소괄호가 아닌 대괄호 ([])를 사용합니다.

```
names = ["kim", "lee", "park", "choi", "jung"]
print(names)

['kim', 'lee', 'park', 'choi', 'jung']
```

그림 3-6 리스트의 활용

[표 3-2]은 리스트 관련된 11개의 함수입니다. 앞서 설명한 것처럼 리스트는 튜플과 다르게 원소의 추가, 수정, 삭제가 가능합니다. 따라서 이와 관련된 기본 함수가 다양합니다. **첫째**, 추가와 관련된 함수는 append(object)와 insert(index, object)가 있습니다. append(object) 함수는 object를 원소의 맨 마지막에 추가하며, insert(index, object) 함수는 object를 index 위치에 추가합니다. **둘째**, 원소를 수정하기 위해서는 [그림 3-7]과 같이 특별한 함수를 사용하는 것이 아니라 해당 인덱스의 값을 덮어쓰면^{overwrite}됩니다. [그림 3-7]은 names[] 리스트의 2번 index 값을 'Kim'에서 'Choi'로 수정한 결과입니다. **셋째**, clear() 함수를 사용하면 리스트의 모든 원소를 삭제할 수 있으며, pop(index) 함수는 원소를 지운다는 점에서 remove(), clear() 함수와 같습니다. 다만 pop(index) 함수는 index의 값을 반환받은 후 지우는 것으로, 지운 원소가 무엇인지 확인할 수 있습니다. **마지막으로** 내림차순이나 오름차순으로 원소를 정렬할 수 있는 sort(key, reverse) 함수, 해당 원소의 출현 빈도를 알 수 있는 count(value) 함수 등이 있습니다.

```
names = ["Kim", "Lee", "Kim", "Park"]

print(names[2])
names[2] = "Choi"
print(names[2])

Kim
Choi
```

그림 3-7 리스트 원소 수정

표 3-2 리스트 관련 함수

함수명	설명
append(object)	맨 마지막 원소로 object 추가
extend(iterable)	현재 리스트의 모든 원소를 다른 리스트에 추가
insert(index, object)	index 위치에 object를 삽입
remove(value)	가장 첫 번째로 등장하는 value 값과 동일한 원소 제거
pop(index)	해당 index의 원소를 제거 후 반환
clear()	리스트의 모든 원소를 삭제
index(value)	value 값과 일치하는 첫 번째 원소의 index를 반환
count(value)	value와 같은 원소가 등장하는 횟수 반환
sort(key, reverse)	내림차순 또는 오름차순 정렬
reverse()	원소를 역순으로 정렬
copy()	리스트의 사본을 반환

KEY POINT_

튜플과 같이 리스트의 기본 함수도 외울 필요는 없습니다. 필요한 기능을 빠르게 검색하여 사용하면 됩니다.

| 이중 리스트 |

이중 리스트란 리스트 안에 리스트가 포함된 2차원 리스트입니다. 다시 말해 2차원 리스트는 리스트의 각 요소가 리스트의 형태를 가지는 리스트입니다. [그림 3-8]과 같이 하나의 2차원 리스트 안에 여러 개의 1차원 리스트가 들어간 형태를 이중 리스트라고 합니다.

그림 3-8 이중 리스트의 구조

파이썬의 2차원 리스트는 리스트 간의 **길이**가 달라도 되고 **자료형**(숫자, 문자, 문자열 등)이 달라도 됩니다. 한 리스트 안에 다양한 자료형이 들어갈 수 있습니다. 파이썬의 2차원 리스트는 extend( ), insert( ), append( ) 함수를 통해 각 배열의 길이를 늘리거나 pop( ), delete( ), remove( ) 등으로 길이를 줄일 수 있고, append( )로 리스트 안에 리스트를 추가할 수도 있습니다.

3.2.2 **연습문제**

예제 3-3

다음과 같이 리스트 자료형이 선언되었을 때 두 번째 원소와 세 번째 원소의 합을 출력하세요.

```
prices = [1000, 2000, 3000, 4000, 5000]
```

풀이 3-3

여러분은 다음 첫 번째 또는 두 번째 코드로 작성했을 겁니다. 두 코드의 결과는 모두 동일하여 어떤 방식으로 진행해도 상관없습니다. 하지만 [예제 3-1]에서 진행했던 것처럼 코드의 가독성과 재사용성을 고려하여 코드를 작성하는 연습을 해봅시다.

```
prices = [1000, 2000, 3000, 4000, 5000]
print(prices[1] + prices[2])  ①

price1 = prices[1]
price2 = prices[2]               ②
sum = price1 + price2
print(sum)
```
```
5000
5000
```

3.3 내가 갖고 싶은 물건이 얼만지 알고 싶어?

앞서 학습한 리스트와 함께 많이 사용되는 데이터 타입으로 **딕셔너리**dictionary가 있습니다. 딕셔너리는 단어 그대로 '사전'을 생각하면 쉽게 이해할 수 있습니다. 사전에는 찾으려는 단어가 있고 그 단어의 뜻이나 설명이 함께 나열되어 있습니다. 딕셔너리도 사전과 동일하게 키와 값의 형태로 나열되어 있습니다. 이번 절에서는 딕셔너리에 대해 학습해보도록 합시다.

3.3.1 딕셔너리 소개

[그림 3-9]와 같이 딕셔너리는 키key와 값value의 쌍으로 이루어진 여러 개의 원소를 한 변수에 담습니다(값은 원소들이며, 키는 이 원소들을 대표하는 값입니다). 딕셔너리도 리스트나 튜플과 같이 원소의 키와 값의 자료형이 동일하지 않아도 됩니다. 딕셔너리를 선언할 때는 중괄호 ({})를 사용합니다.

```
dictionary = {"list": [1, 2, 3], 1: "ONE", "name": "Choi", "age": 30}
print(dictionary)

{'list': [1, 2, 3], 1: 'ONE', 'name': 'Choi', 'age': 30}
```

그림 3-9 딕셔너리의 활용 1

딕셔너리도 리스트와 같이 원소의 추가, 삭제, 수정이 가능합니다. [그림 3-10]을 보면 **age**라는 키를 통해 '30'이라는 값을 대응하여 한 쌍으로 원소를 추가합니다. 딕셔너리에서 원소를 삭제하기 위해서는 [그림 3-11]처럼 `del()` 함수를 사용하여 삭제하면 됩니다. `del()` 함수로 키를 불러와 키와 대응된 값을 쌍으로 삭제합니다. 딕셔너리는 키가 중복되지 않는 고유한 값을 갖습니다. 키가 중복되면 하나를 제외한 중복된 키는 모두 덮어씁니다. 이 점을 이용하면 딕셔너리의 원소를 수정할 수 있습니다(그림 3-12).

```
users = {"name": "Choi", "height": 180, "weight": 75}
users["age"] = 30
print(users)

{'name': 'Choi', 'height': 180, 'weight': 75, 'age': 30}
```

그림 3-10 딕셔너리의 활용 2 – 추가

```
users = {"name": "Choi", "height": 180, "weight": 75, "age": 30}
del users["weight"]
print(users)

{'name': 'Choi', 'height': 180, 'age': 30}
```

그림 3-11 딕셔너리의 활용 3 – 삭제

```
users = {"name": "Choi", "height": 180, "age": 30}
users["height"] = 179.5
print(users)

{'name': 'Choi', 'height': 179.5, 'age': 30}
```

그림 3-12 딕셔너리의 활용 4 – 수정

[표 3-3]은 딕셔너리의 기본적인 함수와 설명입니다. get(key) 함수는 key와 쌍을 이루는 value를 반환합니다. 딕셔너리의 원소를 알기 위해서는 items() 함수를 사용하면 됩니다. 모든 키를 알기 위해서는 keys() 함수, 모든 값을 알기 위해서는 values() 함수를 사용합니다. items(), keys(), values() 함수를 사용하면 각각 dict_items(), dict_keys(), dict_values()로 반환됩니다. 반환된 값을 사용하기 위해서는 리스트로 먼저 변환한 후 사용합니다.

표 3-3 딕셔너리 관련 함수

함수명	설명
get(key)	딕셔너리 원소의 키로 값을 반환
items()	딕셔너리의 모든 원소를 반환
keys()	딕셔너리의 모든 키를 반환
values()	딕셔너리의 모든 값을 반환

3.3.2 연습문제

예제 3-4

다음과 같이 딕셔너리 자료형이 선언되었을 때, apple과 banana 가격의 합을 출력하세요.

```
fruits = {"apple": 1000, "banana": 1500, "pineapple": 2000}
```

풀이 3-4

딕셔너리에는 튜플과 리스트에 있는 인덱스가 없기 때문에 값을 찾기 위해서는 문제에서 요구하는 딕셔너리의 키를 찾아 값을 각 변수에 담은 후 합을 구합니다.

```
fruits = {"apple": 1000, "banana": 1500, "pineapple": 2000}
price1 = fruits["apple"]
price2 = fruits["banana"]
sum = price1 + price2
print(sum)

2500
```

예제 3-5

다음과 같이 딕셔너리 자료형이 선언되었을 때 pineapple의 가격을 3000으로 변경하세요.

```
fruits = {"apple": 1000, "banana": 1500, "pineapple": 2000}
```

풀이 3-5

딕셔너리에서는 같은 키를 덮어쓰기 함으로써 간단히 수정할 수 있습니다.

```
fruits = {"apple": 1000, "banana": 1500, "pineapple": 2000}
fruits["pineapple"] = 3000
print(fruits)

{'apple': 1000, 'banana': 1500, 'pineapple': 3000}
```

예제 3-6

딕셔너리 자료형 fruits가 선언되었을 때 다음을 수행해보세요.

조건 1) 가지고 있는 과일의 목록을 출력하세요.
조건 2) 모든 과일의 가격 합과 평균을 구하세요.

```
fruits = {"apple": 1000, "banana": 1500, "pineapple": 2000}
```

풀이 3-6

풀이 1) 딕셔너리에서 키를 출력하기 위해서는 keys ( ) 함수를 사용합니다.

```
fruits = {"apple": 1000, "banana" : 1500, "pineapple": 2000}
fruits_list = list(fruits.keys())
print(fruits_list)

['apple', 'banana', 'pineapple']
```

HINT_

list ( ) 함수를 사용하여 리스트 자료형으로 변환할 수 있습니다.

풀이 2) 딕셔너리에서 값을 출력하기 위해서는 values ( ) 함수를 사용합니다.

```
fruits = {"apple": 1000, "banana" : 1500, "pineapple": 2000}
fruits_list = list(fruits.values())
print(fruits_list)
print(sum(fruits_list))
print(sum(fruits_list) / len(fruits_list))

[1000, 1500, 2000]
4500
1500.0
```

HINT_

리스트의 합을 구하는 함수 sum ( )을 사용하면 전체 합을 쉽게 구할 수 있습니다.

예제 3-7

학생들의 국어, 영어, 수학 성적이 다음과 같을 때, 학생 성적 산출 프로그램을 만들어봅시다.

이름	국어 점수	영어 점수	수학 점수
가은	82	97	88
나영	92	87	82
다래	84	77	94

조건 1) 이름(키)과 과목별 점수(값)가 담긴 딕셔너리 자료형을 만드세요.
조건 2) 각 학생별 평균 점수를 구하세요.
조건 3) 국어, 영어, 수학 과목별 평균 점수를 구하세요.

풀이 3-7

풀이 1) 학생들의 점수를 담을 딕셔너리(scores)를 선언한 후 학생의 이름을 키로, 학생의 점수를 리스트에 담아 값으로 쌍을 이뤄 딕셔너리에 추가합니다.

풀이 2) 학생들의 평균 점수를 구하기 위해 먼저 전체 점수를 계산합니다. 학생의 이름(키)을 통해 점수(값)를 받습니다. 그리고 리스트의 합계를 구하는 sum( ) 함수를 사용하여 전체 점수를 계산합니다. 계산된 전체 점수를 전체 과목 수(리스트 길이를 구하는 len( ) 함수를 사용)로 나눠 평균 점수를 반환합니다.

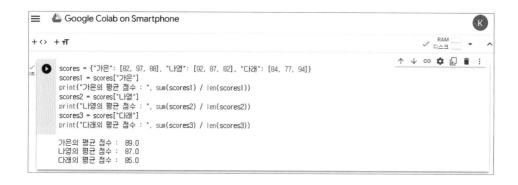

풀이 3) 딕셔너리 값에 있는 점수 리스트에서 각 원소를 하나씩 받아 과목별 전체 점수를 먼저 구합니다. values() 함수를 통해 학생들의 점수를 scores_list 리스트에 담아 2차원 리스트를 만듭니다. scores_list[0]에는 '가은의 점수 리스트', scores_list[1]에는 '나영의 점수 리스트', scores_list[2]에는 '다래의 점수 리스트'가 위치하고 각 리스트에는 [국어, 영어, 수학] 순으로 점수가 위치합니다. 그래서 전체 국어 점수를 구하기 위해서는 각 학생의 점수 리스트에서 '0번째 인덱스'를 불러와 더해주면 됩니다. 마찬가지로 영어는 첫 번째 인덱스, 수학은 두 번째 인덱스를 통해 얻을 수 있습니다. 과목별 전체 점수를 구한 후 학생의 수로 나누면 각 과목별 평균 점수를 구할 수 있습니다.

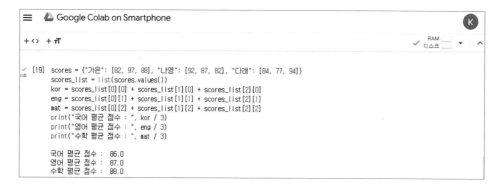

철수야, 맨날 학원 가고 독서실만 가니?
_조건문, 반복문

조건에 따라 예외적인 일상이 있거나 반복되는 일상이 있듯이, 코딩에도 '조건문'과 '반복문'이 있습니다. 이번 장에서는 특정 조건에 따라 수행하는 조건문과 특정 구문을 반복하는 반복문에 대해 알아보겠습니다.

4.1 파이썬 도서, 다 읽었어?

이 책을 끝까지 읽었나요? 다 읽었을 때 '참 잘했어요' 스티커를 드리겠습니다. 이렇게 책을 다 읽은 조건에서 특정 코드를 수행하도록 하는 방법을 살펴보겠습니다.

영어에서 '만약'이라는 가정할 때 사용하는 단어는 'if'입니다. 파이썬을 비롯한 C, C++, 자바 등 프로그래밍 언어에서도 가장 기본적인 조건문은 if로 시작합니다. 그래서 다음 문법처럼 if 키워드 뒤에 한 칸 띄우고 '조건문'을 넣습니다. 그리고 이 조건이 끝나는 곳에 콜론(:)을 넣고 한 줄을 내립니다. 해당 조건에 대해 실행할 구문을 다음 줄에 넣습니다. 그런데 여기서 주의해야 할 점은 해당 실행문은 if 조건문에 종속되어 있다는 것을 표시하기 위해 실행문 앞에 빈칸을 띄워야 합니다. 빈칸은 한 칸, 두 칸, 네 칸, 탭 등 여러 가지 방법이 있습니다. IDE에 따라 자동으로 두 칸이 들어가서 시작될 수도 있으나 그렇지 않다면 기준을 정해서 한 칸이든 두 칸이든 빈칸을 넣는 것에 익숙해지세요.

```
if 조건문:
    실행문
```

[그림 4-1]은 앞서 언급한 if 조건문의 기본 예제입니다. 그림과 같이 readPercentageOf Book이라는 변수를 선언합니다. 이 변수에 현재까지 책을 읽은 퍼센티지(수치)를 대입합니다. 그리고 조건문에는 이 변수의 값이 100인지 물어보는 조건을 넣습니다. 여기서 중요한 점은 조건문에 대입 연산자(=)를 쓰면 안 됩니다. 2장에서 학습한 비교 연산자(==)를 써야 합니다.

```
readPercentageOfBook = 30
if readPercentageOfBook == 100:
    print("참 잘했어요!")
```

그림 4-1 조건문 예제 1

[그림 4-1] 코드의 수행 결과는 어떤가요? 아무런 결괏값도 출력되지 않습니다. 그 이유는 readPercentageOfBook 변숫값이 100이 아니기 때문입니다. 그러면 이번에는 [그림 4-2]와 같이 readPercentageOfBook 변숫값을 100으로 바꾼 후 실행해보겠습니다. 이번에는 어떤가요? 예상한 것처럼 **참 잘했어요!**라는 문구가 출력되었나요?

```
readPercentageOfBook = 100
if readPercentageOfBook == 100:
    print("참 잘했어요!")
```
참 잘했어요!

그림 4-2 조건문 예제 2

조건문에 포함된 실행문은 다음 문법과 같이 여러 개를 포함할 수 있습니다(그림 4-3).

```
if 조건문:
    실행문1
    실행문2

    …

    실행문N
```

```
   readPercentageOfBook = 100
   if readPercentageOfBook == 100:
     print("참 잘했어요!")
     print("책을 한 번 더 읽어볼래요?")
     print("역시 당신은 똑똑해!")

⌐→  참 잘했어요!
    책을 한 번 더 읽어볼래요?
    역시 당신은 똑똑해!
```

그림 4-3 조건문 예제 3

이제부터는 더 다양한 조건을 추가한 좀 더 심화된 조건문을 실행해보겠습니다.

> **KEY POINT_**
>
> 특정 조건을 만족시킬 때만 수행하는 구문이 if 조건문입니다.

4.1.1 조건문 소개

앞서 하나의 조건에 대해서만 수행하는 코드를 작성했습니다. 지금부터 조건을 몇 가지 더 추가해보겠습니다. 예를 들어 시험 점수가 100점이면 Perfect, 90점이면 OK, 80점이면 **좀 더 노력하세요!**라는 문구를 출력하도록 코드를 작성하겠습니다. 여러 조건문을 추가하기 위해 다음 문법을 살펴봅시다.

```
if 조건문1:
    실행문1
elif 조건문2:
    실행문2
…
elif 조건문N:
    실행문N
```

[그림 4-4]는 여러 조건문을 사용한 예제입니다. 이 예제는 score 변숫값이 80이기 때문에 if 조건을 만족시키는 세 번째 구문이 수행됩니다. 코드를 수행하면 '**좀 더 노력하세요!**'라는 문구가 출력됩니다.

```
score = 80

if score == 100:
  print("Perfect")
elif score == 90:
  print("OK")
elif score == 80:
  print("좀 더 노력하세요!")

좀 더 노력하세요!
```

그림 4-4 조건문 예제 4

100점, 90점, 80점 등 모든 점수대별 조건을 갖추어야 할까요? 조건문에는 if와 elif 외에 else라는 구문을 추가할 수 있습니다. 다음 문법과 같이 if 조건으로 시작해서 elif를 추가하고, 그 외의 나머지 조건은 else에 추가하면 됩니다. [그림 4-4]의 예제를 다시 표현하면 [그림 4-5]와 같습니다.

```
if 조건문1:
  실행문1
elif 조건문2:
  실행문2
...
else:
  실행문N
```

```
score = 80

if score == 100:
  print("Perfect")
elif score == 90:
  print("OK")
else:
  print("좀 더 노력하세요!")

좀 더 노력하세요!
```

그림 4-5 조건문 예제 5

[그림 4-6]과 같이 score 변숫값을 60으로 변경하면 else 절에 해당하는 결괏값을 확인할 수 있습니다.

```
score = 60

if score == 100:
  print("Perfect")
elif score == 90:
  print("OK")
else:
  print("좀 더 노력하세요!")

좀 더 노력하세요!
```

그림 4-6 조건문 예제 6

여섯 가지 예제를 통해 조건문 기초를 학습했습니다. 이제부터는 연습문제를 통해 조금 더 자세하고 다양한 내용을 실습해보겠습니다.

KEY POINT_

조건별로 실행 코드를 다르게 할 때는 'if~elif~else' 조건문을 사용합니다.

4.1.2 연습문제

예제 4-1

코로나 바이러스의 일일 감염자 수를 입력받아 다음과 같은 조건으로 위험 지수를 '**보통**', '**위험**', '**매우 위험**'으로 출력하는 코드를 작성해보세요.

조건: 1000명 미만 = 보통, 1000명 이상 10만명 미만 = 위험, 10만명 이상 = 매우 위험

HINT_

사용자로부터 입력을 받는 함수는 input()이며, 반환값은 문자열의 형태입니다.

풀이 4-1

input() 함수를 통해 사용자로부터 감염자 수에 해당하는 값을 입력받으면 이 값은 문자형입니다. 이를 숫자형으로 바꾸고 싶다면 int() 함수를 통해 정수형으로 형 변환해야 합니다. 이 문제는 총 세 가지 조건으로 구분하여 수행해야 합니다. 그래서 다음 코드와 같이 if~elif~else 조건문을 사용합니다.

```
numOfPatients = int(input("감염자 수 : "))

if numOfPatients < 1000:
  print("보통")
elif numOfPatients >= 1000 and numOfPatients < 100000:
  print("위험")
else:
  print("매우 위험")

감염자 수 : 300
보통
감염자 수 : 6000
위험
감염자 수 : 12333
위험
감염자 수 : 333421
매우 위험
```

예제 4-2

여행을 위해 비행기표를 구매해야 합니다. 입력받은 금액으로 구매할 수 있는 비행기표에 해당하는 국가를 출력하는 프로그램을 작성하세요. 입력값은 만 원 단위이고, 단위 없이 숫자만 입력을 받습니다(예를 들어 20만 원 → 20).

20만 원 미만	= 국내
20만 원 이상 50만 원 미만	= 일본, 중국, 홍콩, 괌
50만 원 이상 100만 원 미만	= 베트남, 대만, 인도네시아, 말레이시아
100만 원 이상	= 미국, 유럽 등 모든 국가

풀이 4-2

input() 함수를 통해 사용자로부터 항공료를 입력받고 정수형으로 변환합니다. 이 문제에서는 조건을 네 가지로 구분해야 합니다. 다음 코드와 같이 if ~ elif ~ elif ~ else 조건문으로 작성하면 됩니다.

```
airFare = int(input("항공료(만원) : "))

if airFare < 20:
  print("국내")
elif airFare >= 20 and airFare < 50:
  print("일본, 중국, 홍콩, 괌")
elif airFare >= 50 and airFare < 100:
  print("베트남, 대만, 인도네시아, 말레이시아")
else:
  print("미국, 유럽 등 모든 국가")

항공료(만원) : 6
국내
```

```
airFare = int(input("항공료(만원) : "))

if airFare < 20:
  print("국내")
elif airFare >= 20 and airFare < 50:
  print("일본, 중국, 홍콩, 괌")
elif airFare >= 50 and airFare < 100:
  print("베트남, 대만, 인도네시아, 말레이시아")
else:
  print("미국, 유럽 등 모든 국가")

항공료(만원) : 36
일본, 중국, 홍콩, 괌
```

```
airFare = int(input("항공료(만원) : "))

if airFare < 20:
  print("국내")
elif airFare >= 20 and airFare < 50:
  print("일본, 중국, 홍콩, 괌")
elif airFare >= 50 and airFare < 100:
  print("베트남, 대만, 인도네시아, 말레이시아")
else:
  print("미국, 유럽 등 모든 국가")

항공료(만원) : 88
베트남, 대만, 인도네시아, 말레이시아
```

```
airFare = int(input("항공료(만원) : "))

if airFare < 20:
  print("국내")
elif airFare >= 20 and airFare < 50:
  print("일본, 중국, 홍콩, 괌")
elif airFare >= 50 and airFare < 100:
  print("베트남, 대만, 인도네시아, 말레이시아")
else:
  print("미국, 유럽 등 모든 국가")

항공료(만원) : 211
미국, 유럽 등 모든 국가
```

예제 4-3

어떤 학생이 국어, 영어, 수학 과목을 시험본 후 다음 조건과 같이 평균 점수에 따라 **합격, 재시험, 불합격**으로 구분하는 프로그램을 작성하세요.

조건: 80.0점 이상 = 합격, 70.0점 이상 80.0점 미만 = 재시험, 70.0점 미만 = 불합격

풀이 4-3

앞선 예제와 같이 사용자로부터 값을 입력받아야 합니다. 그래서 국어, 영어, 수학의 각 점수를 input() 함수로 입력받아 실수형으로 변환합니다. 그리고 다음 코드와 같이 세 과목 점수의 평균을 계산하고 그 점수에 따라 조건을 세 가지로 나누어 **합격, 재시험, 불합격**을 출력합니다.

```
scoreKorean = float(input('Korean score : '))
scoreEnglish = float(input('English score : '))
scoreMath = float(input('Math score : '))

scoreAverage = (scoreKorean + scoreEnglish + scoreMath) / 3

print("평균 점수 : " + str(scoreAverage))

if scoreAverage >= 80.0:
  print("합격")
elif scoreAverage >= 70.0 and scoreAverage < 80.0:
  print("재시험")
else:
  print("불합격")

Korean score : 75
English score : 56
Math score : 58
평균 점수 : 63.0
불합격
Korean score : 67
English score : 89
Math score : 91
평균 점수 : 82.33333333333333
합격
Korean score : 56
English score : 77
Math score : 81
평균 점수 : 71.33333333333333
재시험
```

4.2 오늘은? 내일은? 모레는?

같은 문자열을 여러 번 출력해야 한다면 어떻게 해야 할까요? 가령 Hello, World!를 다섯 번 출력하는 코드를 작성해봅시다. 그러면 [그림 4-7]과 같이 print() 함수에 Hello, World! 문자열을 인수로 대입하는 과정을 다섯 번 반복하면 됩니다.

```
print("Hello, World!")
print("Hello, World!")
print("Hello, World!")
print("Hello, World!")
print("Hello, World!")

Hello, World!
Hello, World!
Hello, World!
Hello, World!
Hello, World!
```

그림 4-7 반복적 함수 호출 예제

이렇게 다섯 번이나 열 번 정도 출력하는 것은 시간적으로 크게 부담되지 않습니다. 그렇다면 반복 횟수를 늘려 Hello, World!를 50000번 출력하는 코드를 작성해볼까요? 물론 복사, 붙여 넣기를 통해 실행할 수 있지만 코드의 길이가 길어지고, 원하는 횟수만큼 출력이 되었는지 확인하기도 쉽지 않습니다.

프로그래밍은 반복되는 긴 코드를 효율적으로 작성하기 위해 반복문을 사용할 수 있습니다. 이번 절에서는 반복문에 대해 살펴보겠습니다.

반복문은 크게 while 문과 for 문 두 가지로 나뉩니다. 두 반복문은 서로 대체하여 사용할 수 있습니다. 그렇다면 두 반복문을 나누는 이유는 무엇일까요? 그것은 반복문의 특징을 알면 쉽게 이해할 수 있습니다. 반복문을 작성하기 위해서는 먼저 생각해야 할 조건이 있습니다. 첫째, 한 번 반복하는 동안 일어나야 하는 일입니다. 한 번의 반복에서 얻고자 하는 결과물이 무엇인지를 생각해야 합니다. 둘째, 몇 번을 반복할지 생각해야 합니다. 두 번째 조건에 의해 while 반복문과 for 반복문의 사용이 달라집니다. for 반복문은 정해진 횟수만큼 반복하지만 while 반복문은 정해진 횟수가 아닌 조건이 유지되는 동안 반복합니다.

4.2.1 반복문 소개

for 문과 while 문을 살펴봅시다. 두 반복문은 문법이 조금 다를 뿐 C, C++, 자바 등의 언어에서도 공통적으로 사용하고 있습니다. 먼저 for 문을 살펴보겠습니다.

> **KEY POINT_**
>
> for, while 반복문은 C, C++, 자바 등에서도 (문법만 조금 다를 뿐) 공통적으로 사용합니다.

| for 반복문 |

for 문은 반복 횟수를 관리하는 방법으로 순차적 처리 방법과 컬렉션 순회 방법이 있습니다. 컬렉션에는 range(), 리스트, 튜플, 문자열 등이 있습니다. for 문은 설정한 컬렉션 길이만큼 반복합니다. 먼저 Hello, World!를 다섯 번 출력하는 코드를 작성해보겠습니다. 기본 문법은 다음과 같습니다.

```
for 변수 in 리스트(또는 튜플이나 문자열):
    수행할 코드
```

for 문을 사용하여 Hello, World!를 다섯 번 출력하는 예제는 [그림 4-8]과 같습니다. [그림 4-7] 소스 코드보다 훨씬 간결해졌습니다. 만약, 반복 횟수가 5회가 아닌 50회나 500회 이상이라면 효과는 더 큽니다.

for 반복문도 if 조건문과 같이 해당 구문에 종속되는 코드는 for 키워드의 시작점보다 두 칸 들여써야 합니다. [그림 4-8]에서 print() 함수 시작은 for 문보다 두 칸 들여쓰여졌습니다. for 문의 in range(5)는 i가 0부터 5 미만까지, 즉 0부터 4까지 총 5회 수행하라는 것입니다. 그래서 i가 0일 때 'Hello, World!'를 출력하고 1일 때, 2일 때, 3일 때, 4일 때도 동일한 값을 출력한 후 해당 조건문은 종료됩니다.

```
for i in range(5):
    print("Hello, World!")

Hello, World!
Hello, World!
Hello, World!
Hello, World!
Hello, World!
```

그림 4-8 반복 출력 예시

KEY POINT_

for 반복문은 실행 조건을 설정하여 해당 횟수만큼 반복 수행할 수 있습니다.

range(n)은 0부터 시작하여 n-1까지의 객체를 생성합니다. 이 구문은 range(n) = range(0, n)과 같습니다. [그림 4-9]와 같이 range() 함수에 원소를 두 개 넣어 시작과 끝을 정할 수도 있습니다. [그림 4-9]는 i 값이 3일 때부터 7 미만까지 1씩 증가하면서 수행하는 코드입니다.

```
for i in range(3, 7):
    print(i)

3
4
5
6
```

그림 4-9 시작과 끝의 범위를 지정한 for 반복문

[그림 4-10]은 range() 안에 포함되는 인수가 하나 더 추가되어 총 세 개입니다. 첫 번째는 시작값, 두 번째는 끝값, 세 번째는 증가량입니다. [그림 4-10]은 i가 1부터 20 미만까지 수행되는 반복문이며 한 번에 4씩 증가하므로 1, 5, 9, 13, 17까지 출력 후 종료됩니다.

```
for i in range(1, 20, 4):
    print(i)

1
5
9
13
17
```

그림 4-10 시작과 끝, 증가량을 지정한 for 반복문 1

KEY POINT_

range() 함수는 값이 1씩만 증가하지 않습니다. 마지막 인수에 증가량을 넣으면 특정 값만큼 증가시킬 수도 있습니다.

[그림 4-11]은 0부터 20 미만까지 짝수의 합을 구했습니다. 앞서 학습한 것처럼 0부터 20 미만까지 짝수만 구한다고 하면 for 문 밖에 특정 변수를 선언해둘 필요는 없습니다. 그러나 특정 값을 누적시키기 위해서는 for 문 밖에 변수를 하나 선언해서 그 값에 누적시켜야 합니다. for 문은 1회 수행될 때마다 해당 값이 초기화되기 때문입니다. 다시 말하면 for 문은 실행되는 해당 회차마다 해당 코드를 처음 수행하는 것처럼 진행합니다.

```
sum = 0
for i in range(0, 20, 2):
    sum += i
print(sum)

90
```

그림 4-11 시작과 끝, 증가량을 지정한 for 반복문 2

KEY POINT_

for 반복문 안에서 수행되는 코드는 매 회차마다 그 값이 초기화됩니다. 누적값을 구하려면 for 반복문의 외부에 변수를 선언해서 사용해야 합니다.

| for 반복문으로 컬렉션 반복하기 |

시퀀스 컬렉션은 각 요소에 번호를 붙여 순서대로 관리하는 집합입니다. 파이썬은 앞서 학습한 리스트, 튜플, 문자열 등과 같은 **시퀀스 컬렉션**이 있습니다. 그리고 순서가 존재하는 이러한 시퀀스 컬렉션을 range()의 요소로 넣는 것이 아니라 for 반복문에서 직접 사용하면 각 요소의 인덱스 0번부터 끝까지 순서대로 출력할 수 있습니다.

[그림 4-12]는 fruits 리스트가 선언되었을 때 인덱스의 범위를 정하지 않고 해당 원소를 처음부터 끝까지 출력하는 코드입니다. for 문을 사용하면 리스트에 존재하는 각 요소를 하나씩 꺼내 변수 i에 할당을 반복합니다. fruits 리스트에는 **바나나, 딸기, 사과, 망고**로 총 네 개의 원소가 있습니다. 원소 i는 0번째 인덱스부터 하나씩 할당되어 print() 함수로 하나씩 출력됩니다.

```
fruits = ['바나나', '딸기', '사과', '망고']
for i in fruits:
    print(i)

바나나
딸기
사과
망고
```

그림 4-12 시퀀스 컬렉션의 for 반복문 – 리스트

[그림 4-13]과 같이 튜플도 동일하게 실행할 수 있습니다.

```
fruits = ('오렌지', '키위', '수박', '복숭아')
for i in fruits:
    print(i)

오렌지
키위
수박
복숭아
```

그림 4-13 시퀀스 컬렉션의 for 반복문 – 튜플

문자열을 사용한 for 반복문을 살펴보겠습니다. [그림 4-14]와 같이 문자열을 대입하면 첫 번째 인덱스에 해당하는 첫 글자부터 순서대로 출력되는 것을 확인할 수 있습니다.

```
text = "Hello, World!"
for i in text:
  print(i)
```

```
H
e
l
l
o
,

W
o
r
l
d
!
```

그림 4-14 시퀀스 컬렉션의 for 반복문 – 문자열

| for 반복문에서 시퀀스 컬렉션의 인덱스 사용하기 |

컬렉션에 반복문을 사용하면 각 요소를 하나씩 꺼내옵니다. 이때 해당 요소의 인덱스를 확인하려면 어떻게 해야 할까요?

다음 [그림 4-15]와 같이 리스트 길이를 반복 횟수로 받아 실행하면 됩니다. 리스트의 길이를 알기 위해서는 len() 함수의 인수로 해당 리스트명을 넣어줍니다. print() 함수에서 첫 번째 변수는 i로써 해당 반복문의 회차이며, 그 뒤의 값은 fruits 리스트의 i번째 원소입니다. 이러한 방식은 다른 시퀀스 컬렉션에서도 동일하게 적용할 수 있습니다.

```
fruits = ['바나나', '딸기', '사과', '망고']
for i in range(len(fruits)):
  print(i, fruits[i])
```

```
0 바나나
1 딸기
2 사과
3 망고
```

그림 4-15 리스트의 길이를 반복 횟수로 받는 for 반복문

[그림 4-15]는 for 반복문에서 인덱스를 사용하기 위해 len()를 사용했고, [그림 4-16]과 [그림 4-17]은 enumerate()를 사용합니다. 앞선 예제와 같이 enumerate()의 인수로 컬렉션명을 넣으면 반복문이 원소의 처음부터 끝까지 하나씩 접근합니다.

```
fruits = ['바나나', '딸기', '사과', '망고']
for i in enumerate(fruits):
    print(i)

(0, '바나나')
(1, '딸기')
(2, '사과')
(3, '망고')
```

그림 4-16 enumerate() 함수의 활용 1

```
fruits = ['바나나', '딸기', '사과', '망고']
for i, fruit in enumerate(fruits):
    print(i, fruit)

0 바나나
1 딸기
2 사과
3 망고
```

그림 4-17 enumerate() 함수의 활용 2

KEY POINT_

시퀀스 컬렉션의 원소를 처음부터 끝까지 순차적으로 출력할 때, len() 또는 enumerate()를 사용하세요.

딕셔너리와 같이 키로 인덱싱되는 자료형도 반복문으로 출력할 수 있습니다. 시퀀스 컬렉션과 같이 for 반복문을 실행하면 딕셔너리의 키만 출력됩니다. 그래서 키와 값을 모두 출력하고자 할 때는 [그림 4-18]과 같이 for 반복문의 변수를 두 개 선언합니다. 하나는 key, 다른 하나는 value로 딕셔너리의 items()를 통해 인덱스 0번부터 끝까지 하나씩 대입하면서 key와 value에 값을 하나씩 할당합니다. 다음 그림을 참고해보세요.

```
fruits = {"바나나": 1000, "딸기": 1500, "사과": 500, "망고": 2000}
for key, value in fruits.items():
    print(key, value)

바나나 1000
딸기 1500
사과 500
망고 2000
```

그림 4-18 for 반복문을 사용하여 딕셔너리의 원소 출력

| 두 개 이상의 시퀀스 컬렉션에서 for 반복문 사용하기 |

과일의 이름과 가격이 담긴 리스트가 있다고 생각해봅시다. 각 리스트에서 과일과 가격을 매칭시키려면 두 번의 for 문을 사용해야 합니다. 그렇지 않으면 리스트의 길이만큼 for 문을 실행하여 각 인덱스의 요소를 출력해야 합니다.

[그림 4-19]와 같이 zip() 함수를 사용하면 길이가 같은 두 개 이상의 리스트를 하나로 묶어주는데, 이를 for 문에 적용할 수 있습니다. 만약 길이가 다르다면 가장 짧은 길이의 리스트만큼 반복 실행합니다. [그림 4-19]는 fruits 리스트와 prices 리스트의 첫 인덱스부터 하나씩 fruit, price 변수에 대입하여 for 문이 수행됩니다. 그래서 해당 변수를 print() 함수에 대입하여 첫 번째 원소부터 하나씩 과일 종류와 가격을 출력합니다.

```
fruits = ["바나나", "딸기", "사과", "망고"]
prices = [1000, 1500, 500, 2000]
for fruit, price in zip(fruits, prices):
    print(fruit, price)

바나나 1000
딸기 1500
사과 500
망고 2000
```

그림 4-19 zip() 함수를 활용한 for 반복문

| 중첩 for 반복문 |

for 문으로 구구단을 출력해봅시다. 구구단 출력 예제는 C, C++, 자바 등의 프로그래밍 책에서도 자주 등장합니다. 반복문을 활용하기 좋은 예제이니 잘 숙지하면 학습하는 데 많은 도움이 됩니다.

[그림 4-20]과 같이 1부터 9까지의 숫자를 1씩 증가하며 수행하므로 for 문의 시작값은 1, 종료값은 10으로 설정합니다. 그리고 print() 함수에서 출력할 때 특정 구구단을 반복문으로 완성할 수 있습니다.

```python
for i in range(1, 10):
    print("2 * ", i, " = ", 2 * i)

2 *  1  =  2
2 *  2  =  4
2 *  3  =  6
2 *  4  =  8
2 *  5  =  10
2 *  6  =  12
2 *  7  =  14
2 *  8  =  16
2 *  9  =  18
```

그림 4-20 for 반복문을 활용한 구구단 2단 출력

그렇다면 9단을 한 번에 모두 출력하려면 어떻게 해야 할까요? 구구단의 앞뒤 숫자가 모두 변해야 합니다. [그림 4-21]처럼 [그림 4-20]의 for 문을 한 번 더 for 문으로 감싸주세요. 바깥 for 문의 n이 2일 때 안쪽 for 문이 1부터 9까지 수행되고(2단), 그 다음은 바깥 for 문의 n 값이 3으로 변하면 다시 안쪽 for 문이 1부터 9까지 수행됩니다(3단). 이렇게 2단과 3단을 한 번에 출력할 수 있으며, 9단까지 출력하기 위해서는 바깥 for 문의 range() 인수를 4에서 10으로 바꾸면 됩니다.

```python
for n in range(2, 4):
  for m in range(1, 10):
    print(n, " * ", m, " = ", n * m)

2  *  1  =  2
2  *  2  =  4
2  *  3  =  6
2  *  4  =  8
2  *  5  =  10
2  *  6  =  12
2  *  7  =  14
2  *  8  =  16
2  *  9  =  18
3  *  1  =  3
3  *  2  =  6
3  *  3  =  9
3  *  4  =  12
3  *  5  =  15
3  *  6  =  18
3  *  7  =  21
3  *  8  =  24
3  *  9  =  27
```

그림 4-21 중첩 for 반복문을 활용한 구구단 코드

| while 반복문 |

while 문은 if 문과 같이 지정된 조건이 참인 경우에만 실행됩니다. 다만 if 문은 한 번 실행되는 반면에 while 문은 조건이 성립되는 동안 계속 실행을 반복합니다. while 문은 다음과 같이 반복 수행 조건을 선언하고, 그 다음 라인에 빈칸을 두 칸 넣고 수행 코드를 작성하면 됩니다.

```
while (조건문):
    수행 코드
```

[그림 4-22]는 while 문의 기초 예제입니다. 이 코드의 수행 조건은 참이므로 코드를 실행하면 무한으로 반복합니다. 만약 실행하면 끝도 없이 Hello, World!가 출력됩니다. 그래서 해당 반복문의 종료 조건을 명확히 해야 합니다. 'True'와 같은 의미는 숫자 1이고, 'False'와 같은 의미는 숫자 0으로 대체하여 사용할 수도 있습니다.

```
while (True):
    print("Hello, World!")

Hello, World!
Hello, World!
Hello, World!
Hello, World!
Hello, World!
```

그림 4-22 while 반복문의 무한 반복 예제

KEY POINT_
의도하지 않은 코드의 무한 반복 수행을 막기 위하여 while 문은 종료 조건을 명확히 해야 합니다.

앞선 코드의 무한 반복 수행을 피하기 위해 [그림 4-23]과 같이 while 문을 사용합니다. 이 코드는 n이라는 변수의 초깃값을 0으로 하여 n 값이 5 미만일 동안 반복 수행합니다. 그래서 while 문이 수행될 때 n 값에 변화를 주고 5를 넘기게 되면 반복문이 종료됩니다. 이 코드는 한 번 수행될 때마다 Hello, World!를 한 줄 출력하고 n의 값을 1씩 증가시키고, n이 0부터 4까지 1씩 증가하여 총 5회 수행하게 됩니다. 이 코드는 앞서 학습한 [그림 4-8] 예제(for 문을 활용하여 Hello, World!를 5회 출력)를 while 문으로 변경한 것입니다.

```
n = 0
while n < 5:
    print("Hello, World!")
    n = n + 1

Hello, World!
Hello, World!
Hello, World!
Hello, World!
Hello, World!
```

그림 4-23 while 반복문의 조건

KEY POINT_

while 반복문으로 for 반복문을 대체할 수 있습니다.

| 중첩 while 반복문 |

이번에는 중첩 for 문과 같이 중첩 while 문을 학습해보겠습니다. 중첩 while 문을 학습하기 위해 구구단 3단을 for 문이 아닌 while 문으로 출력해보겠습니다. [그림 4-24]와 같이 출력할 3단에 대한 변수 n과 초깃값을 1로하는 i를 선언합니다. 또한 while 문 수행 종료 조건인 i < 10을 설정합니다. 이를 통해 i가 10보다 작을 때까지 반복 수행합니다. 한 번 수행될 때마다 print()로 구구단을 출력하고, i 값을 1씩 증가시킵니다. 그래서 이 코드는 i가 1일 때부터 1씩 증가하여 9까지 총 9회 수행됩니다.

```
n = 3
i = 1
while i < 10:
    print(n, " * ", i, " = ", n * i)
    i += 1

3  *  1  =  3
3  *  2  =  6
3  *  3  =  9
3  *  4  =  12
3  *  5  =  15
3  *  6  =  18
3  *  7  =  21
3  *  8  =  24
3  *  9  =  27
```

그림 4-24 while 반복문을 활용한 구구단 3단 출력

[그림 4-21]에서의 중첩 for 문을 활용한 코드를 while 문으로 변경하면 다음 [그림 4-25]와 같습니다. 중첩 while 문을 사용하면 두 변수 n과 i의 값이 조건에 맞게 변화하면서 출력됩니다. 1부터 시작하는 i가 9까지 반복된 다음 n의 값이 1 증가하면 다시 i가 1부터 9까지 반복되고, 이렇게 n이 3이 될 때까지 이 과정을 반복합니다.

```
n = 2
while n < 4:
  i = 1
  while i < 10:
    print(n, " * ", i, " = ", n * i)
    i += 1
  n += 1

2  *  1  =  2
2  *  2  =  4
2  *  3  =  6
2  *  4  =  8
2  *  5  =  10
2  *  6  =  12
2  *  7  =  14
2  *  8  =  16
2  *  9  =  18
3  *  1  =  3
3  *  2  =  6
3  *  3  =  9
3  *  4  =  12
3  *  5  =  15
3  *  6  =  18
3  *  7  =  21
3  *  8  =  24
3  *  9  =  27
```

그림 4-25 중첩 while 반복문을 활용한 구구단 출력

KEY POINT_

while 문을 사용할 때에는 내부적으로 변수를 선언할 수 없으니 while 반복문 코드가 작성되기 전에 사용할 변수가 선언되어 있어야 합니다.

중첩 while 문을 활용한 다른 예를 살펴보도록 하겠습니다. [그림 4-26]은 이중 리스트를 출력하기 위한 중첩 while 문입니다. fruits 리스트 전체 길이만큼 반복하는 인덱스 값인 i와 내부 리스트의 인덱스 값을 반환하는 j를 반복하여 전체 리스트의 원소를 다음과 같이 출력할 수 있습니다. fruits 리스트의 첫 번째 원소는 ["바나나", 1000]입니다. 이 리스트에 속한 원소의 인덱스는 0부터 1까지입니다. 0부터 1까지의 출력이 끝나면 다시 두 번째 원소인 ["딸기", 1500]를 출력하기 위해 j는 0으로 초기화해주어야 합니다.

```
fruits = [["바나나", 1000], ["딸기", 1500], [ "사과", 500]]
i = 0
while i < len(fruits):
  j = 0
  while j < len(fruits[i]):
    print(fruits[i][j], end = ' ')
    j += 1
  print()
  i += 1


바나나 1000
딸기 1500
사과 500
```

그림 4-26 중첩 while 반복문을 활용한 이중 리스트의 출력

| 반복 횟수가 정해지지 않은 while 반복문 |

앞서 학습한 while 문은 몇 번의 반복 횟수가 필요한지 결정하고, 특정 변수를 조건으로 한 반복문 예제였습니다. 즉, 앞선 예제는 '횟수가 정해진 while 문'이었습니다.

이번에는 반복 횟수를 명시적으로 정하지 않고 반복문을 수행하다가 조건이 맞지 않으면 종료하는 예를 살펴보겠습니다. 예를 들어 '부루마블'이라는 보드 게임을 생각해봅시다. 게임을 진행하다가 무인도에 갇히게 되면 특정 주사위의 결과가 나올 때까지는 탈출할 수 없습니다. 이러한 예를 코딩을 통해 구현해보겠습니다.

[그림 4-27]은 파이썬에서 기본으로 제공하는 random 라이브러리를 사용했습니다. 이 라이브러리의 randint(A, B) 함수를 사용하면 A부터 B까지의 정수가 무작위로 출력됩니다. 주사위 숫자 6이 나올 때까지는 무인도를 탈출하지 못한다고 가정하겠습니다. 다음 코드와 같이 while 문은 6이 아닌 다른 숫자가 나오는 동안에는 반복되고, 6이 되면 종료됩니다. 다음 그림을 살펴보면 6회 만에 while 문이 종료된 것을 알 수 있습니다. [그림 4-28]을 보면 같은 코드를 재실행했을 때 결과가 다르게 나오는데, 이는 randint() 함수가 무작위로 숫자를 반환하는 특징을 가지고 있기 때문입니다.

```
import random

i = 0
while i != 6:
    i = random.randint(1, 6)
    print(i)


4
1
5
3
1
6
```

그림 4-27 반복 횟수가 정해지지 않은 while 반복문 1 – 랜덤 주사위

```
import random

i = 0
while i != 6:
    i = random.randint(1, 6)
    print(i)

4
3
3
5
2
4
4
1
2
5
5
5
4
6
```

그림 4-28 반복 횟수가 정해지지 않은 while 반복문 2 – 랜덤 주사위

| break |

수업에서 특정 학생을 찾기 위해 학생 명단을 반복문으로 한 명씩 검색한다고 생각해봅시다.
명단 앞 부분에서 그 학생을 찾아도 멈추지 않고, 명단 끝까지 검색한 후 프로세스가 종료됩니
다. 학생 이름이 명단 뒤쪽에 위치했을 때 검색하는 것과 속도 차이가 나지 않습니다. 즉, 학생
의 이름이 명단 앞쪽에 위치한다면 불필요하게 명단의 뒤까지 검색하게 되는 것입니다.

[그림 4-29]와 같이 students 리스트에서 **나래**라는 학생만 찾기 위해서는 if 조건문과 함께 해당 이름을 찾고 실행을 종료하면 됩니다. 하지만 결괏값을 살펴보면 해당 구문은 원하는 값을 찾은 후에도 전체 리스트를 탐색합니다. 이와 같은 비효율적인 반복을 줄이기 위해 break를 사용해봅시다.

```
students = ["가온", "나래", "다희"]
for student in students:
  if student == "나래":
    print(student)
  print(student)

가온
나래
나래
다희
```

그림 4-29 break가 없는 반복문

[그림 4-30]과 같이 해당 학생을 찾고 반복문을 종료하고 싶다면 해당 위치에 조건을 걸고 break를 호출하면 됩니다. 그러면 찾고자 하는 결과까지만 반복문을 실행하고 더 이상 불필요한 수행은 하지 않습니다.

```
students = ["가온", "나래", "다희"]
for student in students:
  if student == "나래":
    print(student)
    break
  print(student)

가온
나래
```

그림 4-30 break가 있는 반복문 1

또 다른 예를 들어 살펴보겠습니다. 어느 카페에서 새로 오픈한 기념으로 선착순 100명까지만 커피를 무료로 제공하는 행사를 하기로 했을 때 100번째 손님에서 (반복 횟수를 정하지 않은) while 문을 종료하는 코드를 어떻게 작성해야 할까요? for 문은 1부터 100까지 명시적으로 수행 횟수를 정해주면 됩니다. 그러나 횟수가 정해지지 않은 while 문은 무한 반복문을 사용하여 원하는 결과에 도달했을 때 종료하면 됩니다. 반복 실행을 할 때마다 1씩 증가시키며 100까지의 수를 세는 count 변수를 사용하여 count가 100번째일 때 break를 호출하면 원하는 결과를 얻을 수 있습니다.

```
count = 0
end = 100
while True:
    count += 1
    print(count, "번째 손님입니다.")
    if count == end:
        break
```

```
1 번째 손님입니다.
2 번째 손님입니다.
3 번째 손님입니다.
4 번째 손님입니다.
5 번째 손님입니다.

...

98 번째 손님입니다.
99 번째 손님입니다.
100 번째 손님입니다.
```

그림 4-31 break가 있는 반복문 2

KEY POINT_

break는 특정 시점에서 반복문을 종료하고 싶을 때 사용합니다.

| continue |

이번에는 조건에 맞는 부분은 건너뛰는 continue를 알아보도록 하겠습니다. 홀수와 짝수를 출력하는 가장 간편한 방법은 Mod(%) 연산자를 사용하는 것이었습니다. mod 연산자를 사용하여 홀수만 출력하는 코드를 작성해보겠습니다.

먼저 [그림 4-32]는 mod 연산자를 사용하여 2로 나눈 나머지가 0이 아닌 경우, 즉 홀수인 경우에만 print() 함수를 호출하는 코드입니다. 간편하게 3줄로 완성이 되었습니다. 그러나 이 코드를 continue를 통해 구현할 수도 있습니다. [그림 4-33]과 같이 mod 연산자를 사용해 2로 나눈 나머지가 0이라면(즉, 짝수라면) continue를 사용하여 해당 차수의 반복문은 건너뜁니다. 그래서 2로 나눈 나머지가 1인 경우에만(즉, 홀수인 경우에만) print() 함수까지 호출이 되어 해당 값을 출력합니다.

```
for i in range(0, 10):
  if i % 2 != 0:
    print(i)

1
3
5
7
9
```

그림 4-32 mod 연산자를 사용하여 홀수를 출력하는 반복문

```
for i in range(0, 10):
  if i % 2 == 0:
    continue
  print(i)

1
3
5
7
9
```

그림 4-33 mod 연산자와 continue를 사용하여 홀수를 출력하는 반복문

[그림 4-34]는 continue를 사용하지 않고, 홀수인 경우에는 해당 숫자를 출력하는 코드입니다. 앞서 학습한 [그림 4-33]의 코드와는 차이가 있습니다. 홀수를 출력하는 것은 동일하나 if 조건문 밖에 **홀수**라는 문구를 출력하도록 했더니 for 반복문이 수행되는 0부터 5까지 매 차수마다 **홀수**라고 출력합니다. continue를 쓰지 않아 원하는 것만 출력되지 않았고, 리소스 낭비도 발생했습니다.

```
for i in range(0, 6):
  if i % 2 != 0:
    print(i)
  print("홀수")

홀수
1
홀수
홀수
3
홀수
홀수
5
홀수
```

그림 4-34 continue가 없는 반복문

그러면 리소스 낭비를 줄이고 필요한 것만 출력하기 위해서는 어떻게 해야 할까요? 여기서는 [그림 4-35]와 같은 방법을 살펴보겠습니다. for 문 안에 있는 if 문 변숫값이 짝수면 continue 를 통해 건너뛰게 하는 것입니다. 그러면 홀수일 때만 그 다음 코드들을 수행하게 되어 원하는 내용만 출력하고 리소스 낭비를 줄일 수 있습니다.

```
for i in range(0, 6):
    if i % 2 == 0:
        continue
    print(i)
    print("홀수")


1
홀수
3
홀수
5
홀수
```

그림 4-35 continue가 있는 반복문

KEY POINT_

짧은 코드에서는 리소스 낭비를 체감하기 어려우나, 코드양이 많다면 문제가 될 수 있습니다. 따라서 코딩을 하면서 불필요한 작업으로 리소스 낭비를 하지는 않는지 검토해보는 습관이 중요합니다.

4.2.2 연습문제

예제 4-4

for 반복문을 사용하여 0부터 20 미만 짝수의 합을 구하세요.

풀이 4-4

앞서 학습한 것처럼 for 반복문은 시작과 끝의 값을 명시적으로 설정할 수 있습니다. 다음 그림과 같이 시작 값을 0, 끝 값을 20으로 지정하고 증가량을 2로 하면 0, 2, 4, 8 … 로 증가합니다. 이렇게 2씩 증가하면서 for 반복문의 밖에 선언된 sum 변수에 값을 증가시켜줍니다. 그렇게 for 반복문이 종료되면 sum 변수 값을 출력합니다.

```
sum = 0
for i in range(0, 20, 2):
    sum += i
print(sum)

90
```

예제 4-5

for 반복문을 사용하여 10부터 1까지의 자연수를 역순으로 출력하세요.

풀이 4-5

주어진 문제의 조건에 따라 for 반복문에서도 범위를 설정해주면 됩니다. 그러나 시작값을 10, 끝값을 1로만 설정하면 두 가지 문제가 생깁니다. 첫째, 값이 1씩 증가하기 때문에 시작값을 10, 끝값은 1로 지정하면 시작값이 끝값보다 크기 때문에 논리에 어긋납니다. 둘째, 끝값을 1로 설정하면 1은 포함되지 않습니다.

그래서 다음 그림과 같이 range( ) 함수에 인수를 하나 추가하여 증가량을 −1로 설정합니다. 그리고 두 번째 인수를 1이 아닌 0으로 설정합니다. 그러면 그림과 같이 i 값은 10부터 −1씩 변하면서 10, 9, 8, 7, 6, 5, 4, 3, 2, 1을 출력합니다.

```
for i in range(10, 0, -1):
    print(i)

10
9
8
7
6
5
4
3
2
1
```

예제 4-6

단일 for 반복문을 사용하여 다음 모양을 출력해보세요.

```
*
**
***
```

```
****
*****
```

풀이 4-6

C, C++, 자바 등의 프로그래밍 언어를 배우는 데 기초가 되는 예제로, 별을 이용해 직각삼각형을 출력합니다. 물론 다섯 줄밖에 되지 않아 print() 함수를 사용해서 간단히 출력해도 됩니다. 하지만 코딩의 확장성을 염두에 두고 반복문을 사용해봅시다.

다음 그림처럼 for 반복문을 0부터 4까지 수행하는 코드를 작성했습니다. 그리고 for 반복문 밖에는 star라는 문자열 변수를 선언하고, 1회 수행할 때마다 별을 하나씩 늘리면서 1개, 2개, 3개, 4개, 5개를 출력하도록 했습니다.

```
star = ""
for i in range(0, 5):
  star += "*"
  print(star)

*
**
***
****
*****
```

예제 4-7

while 반복문을 활용하여 1부터 10까지 출력하세요.

풀이 4-7

while 반복문은 무한으로 수행될 수 있기 때문에 종료 시점을 잘 설정해야 합니다. 1부터 시작하여 1씩 커지는 수를 10번 반복하면 1부터 10까지 출력할 수 있습니다.

다음 코드는 n이라는 변수를 0으로 초기화하여 n이 10 미만일 때까지 수행하는 것입니다.

```
n = 0
while (n < 10):
  n += 1
  print(n)

1
2
3
4
5
6
7
8
9
10
```

다음 코드는 n이라는 변수를 1로 초기화하여 n이 10 이하일 때까지 수행하는 것입니다. 앞선 코드와 동일한 결괏값을 보여줍니다. n의 값을 1부터 시작할지, 0부터 시작할지는 선택사항입니다.

```
n = 1
while (n <= 10):
  print(n)
  n += 1

1
2
3
4
5
6
7
8
9
10
```

KEY POINT_

반복문에서는 인덱스 시작값과 조건문, 인덱스 증가량에 따라 결과가 다르게 나타납니다.

예제 4-8

while 반복문을 사용하여 10부터 1까지 출력하세요.

풀이 4-8

앞선 [예제 4-7]과 다른 점은 변수의 값이 증가하는 것이 아니라 감소하는 것입니다. 그래서 다음 그림과 같이 변수 n의 초깃값을 10으로 하고 한 번 수행될 때마다 1씩 줄여줍니다. 10부터 1까지 1씩 작아지고, n이 1보다 작게 되면 해당 반복문은 종료됩니다.

```
n = 10
while n > 0:
  print(n)
  n = n - 1

10
9
8
7
6
5
4
3
2
1
```

예제 4-9

while 반복문을 사용하여 1부터 10까지 자연수의 합을 구하세요.

풀이 4-9

앞선 예제를 활용하여 다음과 같이 쉽게 반복문을 작성할 수 있습니다. 변수 n을 0으로 초기화하고, 이 변수가 10보다 작을 때까지 1씩 증가시키는 것입니다. 이 반복문은 총 10회 수행됩니다.

```
n = 0
sum = 0
while (n < 10):
  n += 1
  sum += n
print(sum)

55
```

예제 4-10

while 반복문을 사용하여 다음과 같은 결과를 출력하세요.

```
*
**
***
****
*****
```

[예제 4−3]에서 for 반복문을 통해 삼각형을 출력했습니다. 이번에는 while 반복문을 사용하겠습니다. 거듭 언급하지만, while 반복문은 종료 지점을 잘 설정해야 합니다.

다음 코드와 같이 별을 다섯 줄 출력하기 위하여 반복문도 5회만 수행되도록 합니다. 그래서 while 반복문 앞에 변수 n을 선언하여 0으로 초기화합니다. 그리고 총 5회 수행되도록 하기 위해 변수 n의 값이 5 미만일 때까지만 수행하도록 합니다.

```
n = 0
star = ''
while (n < 5):
    n += 1
    star += "*"
    print(star)
```

```
*
**
***
****
*****
```

예제 4-11

1부터 10 사이에 있는 임의의 두 정수의 곱을 연산하여 '20'이라는 결과가 나올 때까지 반복 실행하는 while 반복문을 작성하세요.

풀이 4-11

임의의 정수를 얻을 수 있는 함수는 random 라이브러리의 randint() 함수입니다. 1에서 10 사이의 정수를 얻기 위해 파라미터로 (1, 10)을 대입합니다.

다음 코드와 같이 두 정수를 담을 수 있는 변수 n과 m을 선언합니다. 그리고 정수형 변수 n과 m의 곱이 20이 아닌 동안은 해당 while 반복문이 무한히 수행됩니다. 반복문이 한 번 수행될 때마다 randint(1, 10) 함수로부터 1부터 10 사이의 정수를 무작위로 반환받아 변수 m과 n에 대입합니다. 그리고 그 두 변수의 곱이 20이 되면 while 반복문은 종료합니다. 앞서 언급한 것처럼 randint()로부터 반환되는 값은 항상 바뀌기에 실행할 때마다 그 결과는 바뀝니다.

```
import random

n = 0
m = 0
while n * m != 20:
    n = random.randint(1, 10)
    m = random.randint(1, 10)
    print(n, " * ", m, " = ", n * m)

10  *  1  =  10
10  *  9  =  90
5  *  3  =  15
8  *  2  =  16
5  *  5  =  25
10  *  5  =  50
10  *  9  =  90
10  *  5  =  50
10  *  9  =  90
7  *  8  =  56
2  *  4  =  8
10  *  5  =  50
1  *  1  =  1
2  *  10  =  20
```

예제 4-12

어떤 공장에서 생산품의 불량 여부를 판별하기 위한 방법으로 '무게'를 사용하고 있습니다. 생산품 무게의 범위는 8~17kg입니다. 무게가 10~15kg인 생산품은 양품이고, 10kg보다 가벼운 생산품의 경우 빠진 부품을 추가해주기 위해 물건 번호를 출력해주며, 15kg이 넘는 물건은 판별하는 기계에 부담이 될 수 있어 바로 기계를 종료하도록 합니다. 이를 수행하는 코드를 작성하세요.

풀이 4-12

randint() 함수를 사용하여 이를 해결해봅시다. 생산품 임의의 무게인 8부터 17까지의 수를 얻기 위해 randint(8, 18)로 설정합니다. 그래서 해당 생산품의 무게가 10에서 15 사이면 continue 키워드를 통해 반복문 수행을 건너뜁니다. 10 미만이면 불량품을 판단할 수 있도록 해당 인덱스를 출력하고, 15 초과이면 출력 후 종료하도록 코드를 작성합니다.

```
import random

index = 0
while 1:
  index += 1
  m = random.randint(8, 18)
  if m >= 10 and m <= 15:
    continue
  elif m < 10:
    print(index, "번째 물건의 무게가 ", m, "kg입니다.")
  else:
    print(index, "번째 물건의 무게가 ", m, "kg입니다.")
    break

2 번째 물건의 무게가   9 kg입니다.
3 번째 물건의 무게가   8 kg입니다.
4 번째 물건의 무게가  18 kg입니다.
```

예제 4-13

우리가 사용하는 구구단은 9단까지 있지만 인도에서는 19단까지 있는 구구단을 사용한다고 합니다. 앞서 작성한 구구단 코드를 19단으로 수정하여 출력해보세요.

풀이 4-13

다음 코드처럼 반복문의 범위만 조정하면 됩니다. 변수 n은 2단부터 19단까지 수행하기 위한 변수이며, 변수 m은 각 단의 1부터 19까지 곱하기를 수행합니다.

```
for n in range(2, 20):
  for m in range(1, 20):
    print(n, " * ", m, " = ", n * m)
```

```
2 * 1 = 2
2 * 2 = 4
2 * 3 = 6
2 * 4 = 8
2 * 5 = 10
2 * 6 = 12
2 * 7 = 14
2 * 8 = 16
2 * 9 = 18
2 * 10 = 20
2 * 11 = 22
2 * 12 = 24
2 * 13 = 26
2 * 14 = 28
2 * 15 = 30
2 * 16 = 32
2 * 17 = 34
2 * 18 = 36
2 * 19 = 38

(생략)

19 * 1 = 19
19 * 2 = 38
19 * 3 = 57
19 * 4 = 76
19 * 5 = 95
19 * 6 = 114
19 * 7 = 133
19 * 8 = 152
19 * 9 = 171
19 * 10 = 190
19 * 11 = 209
19 * 12 = 228
19 * 13 = 247
19 * 14 = 266
19 * 15 = 285
19 * 16 = 304
19 * 17 = 323
19 * 18 = 342
19 * 19 = 361
```

예제 4-14

강수 확률이 50% 이상이면 우산을 챙기고, 50% 미만이면 우산을 챙기지 않습니다. 입력받은 강수 확률에 따라 우산을 챙겨야 할지 말아야 할지 구분하는 프로그램을 작성하세요.

풀이 4-14

input() 함수를 통해 사용자로부터 강수 확률을 입력받습니다. 그리고 input() 함수가 반환하는 값의 자료형은 문자열이기 때문에 소수점형으로 변환 후 prob 변수에 저장합니다. 이 변수를 활용하여 조건문을 50 이상과 그 외로 나누어 메시지를 출력하면 됩니다.

```python
prob = float(input("Precipitation Probability : "))

if (prob >= 50.0):
  print("Take your umbrella")
else:
  print("No need to take an umbrella")

Precipitation Probability : 52.2
Take your umbrella
```

예제 4-15

x와 y 변수가 있습니다. 입력받은 x와 y 값이 같을 때는 x and y are the same을 출력하고, 다르면 더 큰 값을 출력하는 프로그램을 작성하세요.

풀이 4-15

x와 y에 해당하는 값을 순서대로 입력받기 위해 input() 함수를 사용하고 실수형으로 변환합니다. 그리고 두 수 중 더 큰 수를 판단하기 위해 x is greater than y, y is greater than x, x and y are the same 총 3가지로 구분합니다. 다음 코드와 같이 if~elif~else 반복문을 사용하여 구현할 수 있습니다.

```
x = float(input("Input value for X : "))
y = float(input("Input value for Y : "))

if x > y:
  print("x is greater than y, x = " + str(x))
elif y > x:
  print("y is greater than x, y = " + str(y))
else:
  print("x and y are the same")

Input value for X : 356.2
Input value for Y : 231.7
x is greater than y, x = 356.2
```

예제 4-16

다음 조건을 만족시키기 위해 반복문을 사용하여 별을 출력하는 프로그램을 작성해보세요.

조건 1) 별의 가로 좌표와 세로 좌표의 값이 같습니다.
조건 2) 한 줄에 나타나는 별과 공백의 전체 길이는 일정합니다.
조건 3) 공백은 하나씩 줄어들고 별은 두 개씩 늘어납니다.

풀이 4-16

다음 코드들과 함께 조건별로 하나씩 살펴보겠습니다.

풀이 1) 다음 그림과 같이 가로와 세로 인덱스가 같은 경우 i와 j가 같을 조건에서만 별을 출력하면 됩니다. 그렇지 않은 경우에는 공백을 이어서 출력하여 빈 공간을 만들어줍니다. break를 호출하지 않으면 별을 출력하고도 계속 반복문이 실행되어 원하는 결과를 얻을 수 없습니다.

풀이 2) 한 줄에 출력되는 별의 최대 개수는 5개입니다. 5까지의 반복문을 사용하여 공백이 들어가는 만큼, 별을 출력하는 반복 횟수를 줄여가며 반복문을 작성합니다.

```python
for i in range(5):
    for j in range(i):
        print(" ", end = "")
    for j in range(5 - i):
        print("*", end = "")
    print()
```
```
*****
 ****
  ***
   **
    *
```

풀이 3) '풀이 2)'와 방법은 같지만 한 줄씩 내려갈 때마다 별이 두 개씩 늘기 때문에 i * 2로 범위를 지정해주면 됩니다.

```python
for i in range(1, 6):
    for j in range(5 - i):
        print(" ", end = "")
    for j in range(1, i * 2):
        print("*", end = "")
    print()
```
```
    *
   ***
  *****
 *******
*********
```

## CHAPTER 5

업무는 효율이 핵심이야!
_함수, 클래스

프로그래밍을 통해 사람이 할 수 있는 일을 더 빠르고 정확하게 수행할 수 있습니다. 간단한 계산은 엑셀 함수를 이용할 수 있지만 해당 작업이 반복적이라면 '반복문'을 쓸 수 있고, 처리하는 과정에서 예외가 있다면 '조건문'으로 분기를 처리할 수 있습니다. 기본적인 평균값이나 합계를 산출하는 작업은 파이썬에 내장된 기본 함수를 사용하면 됩니다. 반복적인 작업은 인수만 바꿔서 사용할 수 있도록 모듈화시킬 수도 있습니다. 이 장에서는 업무의 효율을 높일 수 있는 기본 함수를 사용해보고, 함수를 직접 만들어보며, 그룹화시키는 작업을 해보겠습니다.

5.1 작년에 용돈 얼마 썼어?

파이썬에서 사용하는 기초 산술 함수를 사용하여 예제를 풀어봅시다. 이번 절에서 다루는 예제는 잘 익혀두면 파이썬을 공부하는 데 유용합니다.

5.1.1 평균, 표준편차, 최솟값, 최댓값 등 기본 함수 소개

파이썬을 활용하여 평균, 표준편차, 최솟값, 최댓값 등의 기술통계학$^{descriptive\ statistics}$을 다루고자 할 때는 numpy 클래스의 함수를 사용하면 결과를 쉽게 얻을 수 있습니다. 간단히 1, 2, 3의 합을 구하는 코드를 살펴봅시다.

[그림 5-1]처럼 import numpy를 선언합니다. 이는 numpy라는 클래스를 작업하는 곳으로 들여오겠다는 뜻입니다. 만약 이를 선언하지 않으면 선언한 다음 라인에서 numpy가 무엇인지 알지 못하여 오류가 발생합니다. [그림 5-1]은 numpy 클래스의 sum() 함수를 사용하여 number 리스트에 포함된 원소의 합을 구했습니다. sum() 함수의 인수로 해당 리스트 변수를 넣어주기만 하면 간단히 합계를 구할 수 있습니다.

```python
import numpy

number = [1, 2, 3]
sum = numpy.sum(number)

print(sum)

6
```

그림 5-1 넘파이 활용 예제 1

KEY POINT_

외부에 선언된 특정 모듈이나 클래스를 활용하기 위해서는 import 키워드를 사용합니다.

다음 [표 5-1]은 numpy 클래스에 포함된 함수입니다. 기본적으로 합계, 최솟값, 최댓값, 평균값, 표준편차 등의 기술통계뿐 아니라 최솟값이나 최댓값 인덱스, 원소들의 곱을 결과로 얻을 수 있습니다.

표 5-1 튜플 관련 함수

함수 이름	설 명
numpy.sum()	원소들의 총합을 반환
numpy.prod()	원소들의 곱을 반환
numpy.max()	원소들의 최댓값을 반환
numpy.min()	원소들의 최솟값을 반환
numpy.argmax()	원소들 중 최댓값의 인덱스를 반환
numpy.argmin()	원소들 중 최솟값의 인덱스를 반환
numpy.std()	원소들의 표준편차 값을 반환
numpy.var()	원소들의 분산값을 반환

| numpy.mean() | 원소들의 평균값을 반환 |
| numpy.median() | 원소들의 중앙값을 반환 |

다음 [그림 5-2]는 배열에 포함된 원소의 평균을 산출하는 예제입니다. score 배열에 5개의 원소가 포함되어 있습니다. 이때 numpy 클래스에 포함된 average() 함수의 인수로 score 변수를 포함시키면 평균값이 반환되어 average에 저장됩니다. numpy 클래스를 활용하면 평균도 쉽게 구할 수 있습니다.

```python
import numpy

score = [88, 76, 56, 45, 24]
average = numpy.average(score)

print(average)
```
```
57.8
```

그림 5-2 넘파이 활용 예제 2

다음 [그림 5-3]은 평균을 제외한 기술통계의 기본 항목인 최소, 최대, 표준편차를 구하는 예제입니다. numpy 클래스의 min(), max(), std() 함수만 사용하면 쉽게 구할 수 있습니다.

```python
import numpy

score = [20, 23, 45, 33, 77, 66, 26, 64]

number_min = numpy.min(score)
number_max = numpy.max(score)
number_stddev = numpy.std(score)

print("최소값 : " + str(number_min))
print("최대값 : " + str(number_max))
print("표준편차 : " + str(number_stddev))
```
```
최소값 : 20
최대값 : 77
표준편차 : 20.722873835450525
```

그림 5-3 넘파이 활용 예제 3

5.1.2 연습문제

예제 5-1

random 클래스를 사용하여 0부터 100 사이의 정수 20개를 반환받아 리스트를 구성하고, 이 리스트에 포함된 원소의 합계, 평균, 최소, 최대, 표준편차 등의 기술통계량을 구해보세요.

HINT_

random 클래스의 sample(sequence, k) 함수를 사용하면 sequence 범위까지 k개의 랜덤 숫자를 반환받을 수 있습니다.

풀이 5-1

다음 그림과 같이 앞서 학습한 numpy의 함수를 활용해봅시다. 문제의 힌트로 언급된 random 클래스의 sample() 함수를 사용하면 더 편리하게 코드를 작성할 수 있습니다. 코드 작성은 정답이 하나만 있는 것이 아니기에 randint() 등의 다른 함수를 사용해서 구현할 수도 있으니 코드가 다르다고 걱정하지 마세요.

다음 코드와 같이 random 클래스 sample() 함수의 첫 번째 인수로 100을 넣으면 0부터 100까지의 임의 숫자가 출력됩니다. 그리고 두 번째 인수로 20을 넣으면 해당 범위의 숫자 20개를 해당 변수의 리스트 형태로 반환합니다.

```
import numpy
import random

values = random.sample(range(100), 20)

sum = numpy.sum(values)
average = numpy.average(values)
min = numpy.min(values)
max = numpy.max(values)
stddev = numpy.std(values)

print("리스트 원소 : " + str(values))
print("리스트 합계 : " + str(sum))
print("리스트 평균 : " + str(average))
print("리스트 최소 : " + str(min))
print("리스트 최대 : " + str(max))
print("리스트 표준편차 : " + str(stddev))
```

```
리스트 원소 : [28, 70, 60, 50, 83, 1, 61, 68, 24, 14, 23, 2, 35, 6, 36, 41, 82, 43, 11, 34]
리스트 합계 : 772
리스트 평균 : 38.6
리스트 최소 : 1
리스트 최대 : 83
리스트 표준편차 : 25.11254666496411
```

철수의 1월부터 6월까지 수입액과 지출액은 다음과 같다. 철수는 수입액 중 지출액을 제외한 나머지 금액은 저축합니다. 1년 간 철수의 수입액, 지출액, 저축액의 기술통계(합계, 평균, 최솟값, 최댓값, 표준편차)를 산출해보세요.

	수입액(원)	지출액(원)
1월	2323000	1230000
2월	2702000	1402530
3월	2234000	904000
4월	3001000	1123300
5월	3023000	1007000
6월	2623100	1805000

풀이 5-2

이 문제는 numpy 클래스의 함수를 사용합니다. 먼저 1월부터 6월까지의 수입액과 지출액을 저장해두고, 수입액에서 지출액을 뺀 금액을 저축액으로 저장해둘 변수를 마련해야 합니다.

다음 그림과 같이 수입액에 해당하는 금액은 모두 income 리스트에 저장하고, 지출액에 해당하는 금액은 spending에 저장해둡니다. 그리고 저축액은 각 월별 수입액에서 지출액을 제외한 금액을 saving 변수에 넣으면 됩니다.

```python
import numpy

income = [2323000, 2702000, 2234000, 3001000, 3023000, 2623100]
spending = [1230000, 1402530, 904000, 1123300, 1007000, 1805000]

saving = []
for i in range(0, len(income)):
  saving.append(income[i]-spending[i])

print("월별 수입액 : " + str(income))
print("수입액 합계/최소/최대/평균/표준편차 : " + str(numpy.sum(income)) + "/" + str(numpy.min(income)) +
      "/" + str(numpy.max(income)) + "/" + str(numpy.average(income)) + "/" + str(numpy.std(income)))

print("월별 지출액 : " + str(spending))
print("지출액 합계/최소/최대/평균/표준편차 : " + str(numpy.sum(spending)) + "/" + str(numpy.min(spending)) +
      "/" + str(numpy.max(spending)) + "/" + str(numpy.average(spending)) + "/" + str(numpy.std(spending)))

print("월별 저축액 : " + str(saving))
print("저축액 합계/최소/최대/평균/표준편차 : " + str(numpy.sum(saving)) + "/" + str(numpy.min(saving)) +
      "/" + str(numpy.max(saving)) + "/" + str(numpy.average(saving)) + "/" + str(numpy.std(saving)))
```

```
월별 수입액 : [2323000, 2702000, 2234000, 3001000, 3023000, 2623100]
수입액 합계/최소/최대/평균/표준편차 : 15906100/2234000/3023000/2651016.6666666665/301589.2373005966
월별 지출액 : [1230000, 1402530, 904000, 1123300, 1007000, 1805000]
지출액 합계/최소/최대/평균/표준편차 : 7471830/904000/1805000/1245305.0/296191.38878716016
월별 저축액 : [1093000, 1299470, 1330000, 1877700, 2016000, 818100]
저축액 합계/최소/최대/평균/표준편차 : 8434270/818100/2016000/1405711.6666666667/419388.5314922455
```

5.2 요리는 내가 직접 한다

앞서 파이썬에 내장된 기본 함수를 사용하여 예제를 실습했습니다. 이번에는 여러분이 직접 함수를 만드는 방법에 대해 살펴보고 사용해보겠습니다.

5.2.1 함수 만들기 소개

함수를 만들어야 하는 이유는 무엇일까요? 앞서 언급했던 것처럼 일회성으로 사용할 목적이라면 굳이 함수를 만들 필요는 없습니다. 하지만 특정 내용을 필요할 때마다 반복적으로 수행해야 할 때 자기만의 함수를 만들어 사용하면 번거로움을 줄일 수 있습니다.

KEY POINT_

반복적인 수행을 줄이기 위해서는 함수를 만들어 사용하세요!

함수를 만드는 방법은 다음과 같이 **def**라는 키워드 선언 후 **함수명**을 붙여서 만듭니다. 함수명은 예약어가 아니라면 자유롭게 정할 수 있습니다.

함수명을 정한 후에는 소괄호 사이에 인수로 들어갈 변수를 넣어주세요. 만약 인수 없이도 수행이 가능하다면 소괄호 안을 비워두면 됩니다. 함수명을 정한 라인 마지막에는 반드시 콜론 (:)을 넣어주세요. 다음 줄부터는 수행할 구문은 두 칸 비운 후 진행하면 됩니다. 반환하는 값이나 변수가 있다면 return 키워드와 함께 작성하고, 없다면 생략합니다.

```
def 함수명(Parameter1, Parameter2, … , ParameterN):
    수행할 구문 1
    수행할 구문 2

    …
    수행할 구문 N
    return 반환값(또는 변수)
```

예를 들어 calPlus( )라는 함수 이름으로 두 수의 합을 결과로 반환하는 함수를 만들어봅시다. 다음과 같이 def 키워드를 선언하고 함수명(calPlus( ))을 넣어줍니다. 인수로 받을 두 수를 소괄호 안에 (a, b)로 명명하여 기입합니다. 변수명은 'a', 'b'도 되고, 'n1', 'n2'로 사용해도 됩니다. 가독성이 있도록 하여 자유롭게 명명합니다. 다음 라인은 두 칸을 비우고 인수로 받은 두 변수를 더한 결과를 result 변수에 대입합니다. 마지막으로 result 변수를 반환합니다.

```python
def calPlus(a, b):
  result = a + b
  return result
```

앞서 만든 함수를 호출하는 방법을 알아봅시다. 이 함수는 이미 코드에 포함됐다고 가정하겠습니다. 다음과 같이 n1이라는 변수에 5 값을 대입하고, n2라는 변수에 12 값을 대입했습니다. 그리고 두 변수를 calPlus( ) 함수에 인수로 대입하여 반환되는 결괏값을 plusResult 변수에 대입합니다. 마지막으로 이 변수의 값을 print( ) 함수를 통해 출력합니다.

```python
n1 = 5
n2 = 12
plusResult = calPlus(n1, n2)
print(str(plusResult))
```

5.2.2 main 함수 만들기

여러분이 지금까지 작성한 코드는 수백 라인, 수천 라인 정도의 긴 코드가 아닙니다. 하지만 코딩을 하면 할수록 그 길이는 많이 늘어납니다. 다른 코드를 해석하는 기회도 있는데, 코드를 해석할 때는 코드의 시작점을 찾는 것이 중요합니다. 이는 C, C++, 자바 등의 기존 프로그래밍 언어도 마찬가지입니다. 우선 main( ) 함수를 찾아야 합니다. main( ) 함수는 프로그램의 시작점입니다.

프로그래밍 언어별로 main( ) 함수의 모양은 조금씩 다릅니다. 파이썬은 다음과 같은 구문이고, 해당 코드가 프로그램의 시작점입니다. 만약 살펴보는 코드 내에 main( ) 함수가 없다면 그 코드는 순차적으로 실행됩니다.

```python
if __name__ == '__main__':
```

그래서 다음과 같은 코드가 있다면, printTest() 함수부터 읽어보는 것이 아니라 main() 함수부터 찾아서 main() 함수 내의 수행 코드를 보면 됩니다. 따라서 다음 코드는 main() 함수에서 printTest()를 두 번 호출하고 종료하는 코드로 해석하면 됩니다.

```python
def printTest():
    print("Hello")

if __name__ == '__main__':
    printTest()
    printTest()
```

KEY POINT_

코드를 읽을 때 main() 함수부터 찾아보세요

5.2.3 연습문제

예제 5-3

문자열과 반복 횟수를 입력받으면, 해당 문자열을 입력받은 횟수만큼 출력하는 함수를 작성해 보세요.

풀이 5-3

문자열을 입력받은 횟수만큼 출력하는 함수를 작성합니다. 인수는 문자열과 반복 횟수에 해당하는 정수를 받습니다. 그리고 이 함수는 main() 함수에서 호출합니다.

다음과 같이 main() 함수에서는 사용자로부터 문자열과 숫자를 입력받기 위해 input() 함수를 사용합니다. input() 함수의 반환 자료형은 '문자열'이기에 숫자로 입력받기 위해서는 형 변환을 해야 합니다. 그리고 만들어둔 함수의 인수로 문자열과 숫자를 넣어 호출합니다.

```
def printRepeatdely(text, n):
    for i in range(0, n):
        print(text)

if __name__ == '__main__':
    inputStr = input()
    number = int(input())
    printRepeatdely(inputStr, number)
```

```
hello!
5
hello!
hello!
hello!
hello!
hello!
```

다음은 앞선 코드와 같이 작동하는 코드입니다. 그러나 main() 함수에서 코드를 줄이고 관련 기능을 최대한 함수화하기 위해 사용자로부터 받는 입력 문자열과 값을 printRepeatedly() 함수에 포함시켰습니다.

```
def printRepeatdely():
    text = input()
    number = int(input())
    for i in range(0, number):
        print(text)

if __name__ == '__main__':
    printRepeatdely()
```

```
hello!
5
hello!
hello!
hello!
hello!
hello!
```

코드를 작성할 때 정해진 답은 없습니다. 하지만 더 효율적이고 가독성이 좋은 코드는 있습니다. 예를 들어 코드를 가능한 관련이 있는 함수로 묶어주는 것이 더 효율적입니다.

예제 5-4

사용자로부터 값을 입력받으면, 구구단을 출력하는 함수를 작성해보세요.

구구단을 출력하는 함수를 만들어봅시다. 사용자로부터 특정 단에 해당하는 정숫값을 입력받기 위해 `input()` 함수를 호출하여 그 값을 정수형으로 변환하면 됩니다. 입력받은 값에 대해 2부터 9의 배수까지 출력하는 반복문은 앞서 학습했으니 어렵지 않게 작성할 수 있을 겁니다. 마지막으로 `main()` 함수에서 방금 만든 함수를 호출하면 됩니다.

```
def showMultiplicationTable():
  num = int(input())
  for i in range(2, 10):
    print(str(num) + " X " + str(i) + " = " + str(num * i))

if __name__ == '__main__':
  showMultiplicationTable()
```

```
5
5 X 2 = 10
5 X 3 = 15
5 X 4 = 20
5 X 5 = 25
5 X 6 = 30
5 X 7 = 35
5 X 8 = 40
5 X 9 = 45
```

KEY POINT_

이제부터는 `main()` 함수의 내용은 가급적 줄이고, 관련 함수들로 코드를 묶는 연습을 해보세요!

5.3 냉장고를 정리하자

프로그램의 코드가 길어질수록 유지보수, 수정 등을 고려하여 기능별로 잘 묶어야 합니다. 예를 들어 메신저 프로그램을 개발한다고 가정해봅시다. 가장 큰 카테고리로 친구 목록, 대화 목록, 설정이 있을 겁니다. 그리고 친구 목록 관련 하위 기능으로는 친구 추가, 친구 수정, 친구 삭제 등의 기능이 있으며 대화 목록 관련 하위 기능으로 대화창 추가, 수정, 삭제 등 세부 기능이 있습니다.

따라서 프로그램의 기능과 코드의 양이 많아질수록 이를 잘 나눠서 분류해야 합니다. 지금까지는 `main()` 함수에서 특정 함수 하나를 호출하는 연습만 했지만 이제부터는 기능들도 묶는 연습을 하겠습니다. 코딩에서는 함수를 모아 클래스로 만듭니다. 다시 말하면 친구 목록 관련된 함수는 친구 목록 클래스로 묶고, 대화 목록 관련 함수는 대화 목록 클래스로 묶습니다.

KEY POINT_

클래스는 함수들의 집합입니다.

5.3.1 클래스 소개

클래스는 함수의 집합입니다. 하나의 클래스 안에는 관련된 여러 개의 함수가 포함되어 있습니다. 그리고 이 클래스를 사용하기 위해서는 객체[object]를 생성해야 합니다. 다시 말하면 클래스는 문서의 템플릿과 같은 개념입니다. 문서를 작성하기 위한 '양식'이라고 생각하면 이해하기 쉽습니다. 그리고 객체는 그러한 템플릿을 적용하는 것입니다.

KEY POINT_

클래스는 템플릿입니다. 실제로 사용하기 위해서는 해당 클래스로 객체를 생성해야 합니다.

클래스는 다음과 같이 `class` 키워드와 클래스의 이름을 적습니다. 그리고 이 클래스에 포함될 함수는 `def` 키워드와 함께 하나씩 선언합니다. 모든 선언의 마지막은 콜론(`:`)이 붙어야 한다는 점을 잊지 마세요.

다음 [그림 5-4]는 `classPractice`라는 클래스를 선언하고, 그 클래스 안에 `printTest()`라는 함수를 선언한 예제입니다. 이 코드는 템플릿과 같이 클래스 자체만 선언되어 있어 코드의 기능을 수행하지는 않습니다.

```
class classPractice:
  name = "클래스 연습"
  def printTest(self):
    print("클래스 연습")
```

그림 5-4 클래스 선언

[그림 5-4]와 같이 선언한 클래스와 그 클래스에 속한 함수는 어떻게 호출할까요? 앞서 이야기한 것과 같이 클래스는 템플릿이고 이를 사용하기 위해서는 객체를 생성해야 합니다. [그림 5-5]의 classPrac = classPractice()처럼 classPrac이라는 객체에 classPractice() 클래스를 대입해주면 됩니다. 다음 라인부터는 해당 클래스와 관련된 작업을 할 때 classPrac 객체를 사용하여 classPrac.printTest()라고 작성하면 해당 객체의 printTest() 함수를 호출하게 되는 것입니다.

[그림 5-5]의 코드는 main() 함수에서 classPractice() 클래스를 classPrac이라는 객체로 생성하고 printTest() 함수를 호출한 예입니다. 이제부터는 클래스에 속한 함수는 **메서드**라고 지칭하겠습니다. 어떠한 클래스에 속한 함수를 메서드라고 하고, 함수는 그보다는 더 큰 범주의 개념이라고 이해하면 됩니다.

KEY POINT_

클래스에 속한 함수를 메서드라고 지칭합니다.

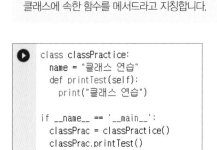

```
class classPractice:
    name = "클래스 연습"
    def printTest(self):
        print("클래스 연습")

if __name__ == '__main__':
    classPrac = classPractice()
    classPrac.printTest()
```
➭ 클래스 연습

그림 5-5 클래스 생성 및 메서드 호출

클래스는 객체를 생성함과 동시에 특정 조건을 초기화하거나 수행해야 하는 경우가 있습니다. 그래서 클래스에는 주로 **생성자**constructor를 선언하여 객체가 생성됨과 동시에 수행이 필요한 코드를 포함시킵니다.

[그림 5-6]은 클래스의 생성자를 선언한 경우입니다. 생성자는 있어도 되고 없어도 되는 옵션입니다. 생성자는 __init__이라는 이름으로 생성된 함수입니다. 다음 코드는 객체만 생성했을 뿐인데 생성자에 포함된 코드가 수행되었습니다.

```
class classPractice:
    name = "클래스 연습"

    def __init__(self):
        print("클래스 생성자 호출")

    def printTest(self):
        print("클래스 연습")

if __name__ == '__main__':
    classPrac = classPractice()

클래스 생성자 호출
```

그림 5-6 클래스 생성자

클래스에는 생성자뿐 아니라 **소멸자**destructor도 있습니다. 생성자는 해당 클래스가 객체로 생성되는 시점에 호출되는 함수라면, 소멸자는 해당 객체가 소멸되는 시점에 호출되는 함수입니다. 소멸자는 생성자와 반대로 객체가 사라지는 시점에 변수, 값 등을 정리하기 위해 호출됩니다. 소멸자는 생성자와 동일하게 있어도 되고 없어도 되는 옵션입니다.

[그림 5-7]은 클래스의 소멸자를 사용한 예제입니다. 소멸자는 __del__라는 이름으로 선언됩니다. 객체를 소멸시키기 위해서는 del 명령 키워드와 함께 객체 이름을 선언하면 됩니다. 이 코드는 객체를 생성하면서 생성자 함수의 코드가 호출되었으며, 객체를 소멸시키면서 소멸자 함수의 코드가 호출되었습니다.

```
class classPractice:
    name = "클래스 연습"

    def __init__(self):
        print("클래스 생성자 호출")

    def printTest(self):
        print("클래스 연습")

    def __del__(self):
        print("클래스 소멸자 호출")

if __name__ == '__main__':
    classPrac = classPractice()
    del classPrac

클래스 생성자 호출
클래스 소멸자 호출
```

그림 5-7 클래스 소멸자

클래스를 생성 시에는 생성자, 소멸 시에는 소멸자가 호출되며 두 함수의 구현 여부는 선택사항입니다.

[그림 5-8]은 클래스 내에 함수가 있을 때 외부에서 해당 객체에 접근하여 호출하는 예제입니다. 여기서는 userTestClass() 클래스를 testClass라는 객체로 선언 후 testFunc1() 메서드를 호출했습니다.

```
class userTestClass:
    name = "클래스 연습"

    def testFunc1(self):
        print("테스트 함수1")

    def testFunc2(self):
        print("테스트 함수2")
        self.testFunc1()

if __name__ == '__main__':
    testClass = userTestClass()
    testClass.testFunc1()
```
```
테스트 함수1
```

그림 5-8 클래스 내부 함수 호출 예제 1

testFunc1() 메서드가 같은 클래스 내 다른 메서드를 호출하고 싶을 때는 어떻게 해야 할까요? [그림 5-8] 예제 코드에서 눈치를 채신 분도 있겠지만, testFunc2() 메서드에서 testFunc1() 메서드를 호출하기 위해 self라는 키워드를 붙였습니다. 이 명령어는 자기 자신의 클래스에서 다른 메서드를 호출할 때 사용되는 코드입니다. [그림 5-9]와 같이 testFunc2()를 호출하면 testFunc1()도 호출됨을 알 수 있습니다.

```
class userTestClass:
    name = "클래스 연습"

    def testFunc1(self):
        print("테스트 함수1")

    def testFunc2(self):
        print("테스트 함수2")
        self.testFunc1()

if __name__ == '__main__':
    testClass = userTestClass()
    testClass.testFunc2()
```

```
테스트 함수2
테스트 함수1
```

그림 5-9 클래스 내부 함수 호출 예제 2

KEY POINT_

같은 클래스 내의 메서드 간 호출은 self 키워드를 사용하세요.

지금까지는 클래스 내 함수인 메서드를 호출하는 연습을 했습니다. 이번에는 **전역 변수**[1]에 대해 알아보겠습니다. [그림 5-10]에서 클래스 바로 다음에 위치한 name 변수가 보이나요? 이것은 클래스 내의 전역 변수이며 보통 코드는 생성자를 생성하면서 초깃값을 설정할 때 전역 변수를 사용합니다.

[그림 5-10]은 classPerson 클래스의 전역 변수인 name을 호출하는 코드입니다. main() 함수에서는 classPerson 클래스를 person이라는 객체로 생성했습니다. 그리고 person.name 으로 해당 객체의 메서드에 접근한 후 print() 함수를 통해 출력했습니다.

```
class classPerson:
    name = "클래스 연습"

if __name__ == '__main__':
    person = classPerson()
    print(person.name)
```

```
클래스 연습
```

그림 5-10 클래스 내 전역 변수의 활용

----

1 '전역 변수'는 함수의 바깥에서 선언되어 모든 함수에서 사용이 가능합니다. 반면 '지역 변수'는 함수의 내부에서 선언되어 해당 함수 내에 서만 사용이 가능합니다. 지역 변수는 해당 함수를 벗어나면 변수에 선언된 값이 소멸됩니다.

클래스 내 전역 변수를 여러 개 두고 생성자를 통해 객체 생성 시 해당 값들을 초기화시키는 예제를 실습해봅시다. 다음 [그림 5-11]과 같이 classPerson 클래스의 전역 변수는 name, age, height 세 개이며 각 변수는 비어 있는 값 또는 0으로 초기화된 상태입니다.

객체를 생성할 때 생성자를 통해 변수를 초기화하는 방법은 [그림 5-11]과 같습니다. classPerson 클래스를 통한 객체를 생성할 때 그 인수로 생성자의 인수를 포함하면 됩니다. 다음 코드에서는 classPerson 클래스를 사용하여 person1과 person2 객체를 생성했고, 각각 '홍길동, 25, 175.5', '김철수, 27, 179.5'라는 값을 생성자를 통해 대입했습니다. 객체 생성 후 이 객체의 showInformation() 메서드를 통해 내용을 출력하면 그 값이 정상적으로 대입되었음을 알 수 있습니다.

KEY POINT_
객체 생성 시 생성자의 인수를 통해 변수들을 초기화할 수 있습니다.

```
class classPerson:
    name = ""
    age = 0
    height = 0.0

    def __init__(self, name, age, height):
        print("클래스 생성자 호출")
        self.name = name
        self.age = age
        self.height = height

    def showInformation(self):
        line = str(self.name) + " | " + str(self.age) + " | " + str(self.height)
        print(line)

if __name__ == '__main__':
    person1 = classPerson("홍길동", 25, 175.5)
    person1.showInformation()
    person2 = classPerson("김철수", 27, 179.5)
    person2.showInformation()
```

```
클래스 생성자 호출
홍길동 | 25 | 175.5
클래스 생성자 호출
김철수 | 27 | 179.5
```

그림 5-11 클래스 내 전역 변수의 초기화

앞선 예제는 객체 생성 시 변수를 초기화하는 코드입니다. 만약 중간에 특정 변수의 변경이 필요할 때는 어떻게 해야 할까요? 그럴 때에는 getter(), setter()와 같은 함수를 만들면 됩니다. '게터', '세터'라고 불리는 함수는 일반적으로 특정 변수의 값을 얻어오거나 변경할 때 사용하는 함수입니다. 예를 들어 age = 10이라는 정수형 변수가 있을 때, getAge()라는 함수를 만들어 name 변수를 반환받으며, setAge(age)라는 함수를 만들어 해당 변수의 값을 변경합니다.

[그림 5-12]는 name 변수의 getter()와 setter()를 사용한 예제입니다. 클래스 내에 setName()이라는 메서드를 생성한 후 인수로 받은 값을 해당 객체의 전역 변수 값에 대입합니다. getName()은 해당 객체의 전역 변수 값을 반환합니다.

[그림 5-12]와 같이 person1.setName() 메서드를 통해 홍길동으로 초기화되어 있던 name 변수를 **김영수**로 업데이트했습니다. 그리고 print() 함수의 인수로 person1.getName()의 반환값을 대입해 name 변수가 **김영수**로 바뀌었음을 알 수 있습니다.

KEY POINT_

setter()와 getter() 메서드 관련 코드 사용에 익숙해지세요!

```python
class classPerson:
    name = ""
    age = 0
    height = 0.0

    def __init__(self, name, age, height):
        self.name = name
        self.age = age
        self.height = height

    def showInformation(self):
        line = str(self.name) + " | " + str(self.age) + " | " + str(self.height)
        print(line)

    def setName(self, name):
        self.name = name

    def getName(self):
        return self.name

if __name__ == '__main__':
    person1 = classPerson("홍길동", 25, 175.5)
    person1.showInformation()
    person1.setName("김영수")
    print(person1.getName())
```

```
홍길동 | 25 | 175.5
김영수
```

그림 5-12 setter()와 getter() 메서드

5.3.2 연습문제

예제 5-5

사용자로부터 첫 번째 숫자, 연산자(+, -, *, /), 두 번째 숫자를 순차적으로 입력받아 연산을 수행하는 프로그램을 작성하세요. 단, 사용자로부터 입력받는 부분, 연산하는 부분 모두 클래스의 함수로 구현하고, main() 함수에서는 이 클래스를 객체로 생성하고 연산을 수행하는 함수를 호출하세요.

풀이 5-5

클래스를 하나 생성하여 사용자로부터 첫 번째 숫자, 연산자, 두 번째 숫자를 입력받는 함수를 작성합니다. 다음 그림과 같이 executeCalculation() 함수를 생성하면 됩니다. 사용자로부터 입력받는 코드를 작성한 후 연산자 종류에 따라 덧셈, 뺄셈, 곱셈, 나눗셈을 수행할 조건 코드를 작성합니다. 이때 같은 클래스 내의 덧셈, 뺄셈, 곱셈, 나눗셈 등의 연산 함수를 호출하기 위해서는 self 키워드를 사용합니다.

```python
class userCalculation:
  name = "연산하는 클래스"

  def __init__(self):
    print("연산 클래스 생성자 호출")

  def execPlus(self, num1, num2):
    return num1 + num2

  def execMinus(self, num1, num2):
    return num1 - num2

  def execMultiply(self, num1, num2):
    return num1 * num2

  def execDivide(self, num1, num2):
    if num2 != 0:
      return num1 / num2
    else:
      print("can't divide by 0")
      return 0

  def executeCalculation(self):
    num1 = float(input())
    operator = input()
    num2 = float(input())

    if operator == "+":
      result = self.execPlus(num1, num2)
    elif operator == "-":
      result = self.execMinus(num1, num2)
```

```
    elif operator == "*":
      result = self.execMultiply(num1, num2)
    elif operator == "/":
      result = self.execDivide(num1, num2)
    else:
      print("Error")

    print(result)
    return num1, operator, num2

  def __del__(self):
    print("연산 클래스 소멸자 호출")

if __name__ == '__main__':
  cal = userCalculation()
  num1, operator, num2 = cal.executeCalculation()
```

예제 5-6

물품의 단가 및 가격의 합계를 입출력할 수 있는 클래스를 작성해보세요. 물품은 우유와 콜라가 있으며 해당 물품의 가격은 객체 생성 시 할당합니다. 사용자는 우유의 개수와 콜라의 개수를 입력하면 해당 물품의 가격 총합을 출력할 수 있습니다.

풀이 5-6

다음 코드와 같이 productPrice 클래스를 생성합니다. 생성자의 인수로 우유의 단가, 콜라의 단가를 받습니다. 각 변수에 setter()와 getter() 함수를 구현합니다. 마지막으로 우유의 개수, 콜라의 개수를 인수로 받으면 각 개수와 단가를 곱하여 가격의 총합을 반환하는 getTotalPrice() 함수를 구현할 수 있습니다.

main() 함수에서는 productPrice 클래스를 활용한 객체를 생성하면서 인수로 우유의 단가, 콜라의 단가를 대입합니다. 그리고 getTotalPrice() 함수의 인수로 우유와 콜라의 개수를 넣어 가격의 총합을 반환받아 print() 함수로 출력합니다.

```
class productPrice:
    milkPrice = 0
    cokePrice = 0

    def __init__(self, milkPrice, cokePrice):
        self.milkPrice = milkPrice
        self.cokePrice = cokePrice

    def setMilkPrice(self, milkPrice):
        self.milkPrice = milkPrice

    def getMilkPrice(self):
        return self.milkPrice

    def setCokePrice(cokePrice):
        self.cokePrice = cokePrice

    def getCokePrice(self):
        return self.cokePrice

    def getTotalPrice(self, numOfMilk, numOfCoke):
        return (self.milkPrice * numOfMilk) + (self.cokePrice * numOfCoke)

if __name__ == '__main__':
    pp = productPrice(2100, 1500)
    print(pp.getTotalPrice(3, 2))
```

```
9300
```

Google Colab on Smartphone

예제 5-7

과목 점수를 입출력하고 평균 점수를 계산할 수 있는 메서드를 포함한 클래스를 작성해보세요.
과목은 국어, 영어, 수학이 있으며 해당 객체 생성 시 기본값을 할당합니다. 사용자는 세 과목
의 평균 점수를 해당 클래스 메서드를 통해 연산 후 출력합니다.

다음 코드와 같이 subjectScore 클래스를 생성합니다. 생성자의 인수로는 국어, 영어, 수학 점수를 받습니다. 각 변수에 setter()와 getter() 함수를 구현합니다. 마지막으로 세 과목의 평균 점수를 반환하는 getAverageScore() 함수를 구현합니다.

main() 함수에는 subjectScore 클래스를 활용한 객체를 생성하고 인수로는 국어, 영어, 수학 점수를 대입합니다. 그리고 getAverageScore() 함수의 반환값을 print() 함수를 통해 출력합니다.

```python
class subjectScore:
  koreanScore = 0
  englishScore = 0
  mathScore = 0

  def __init__(self, koreanScore, englishScore, mathScore):
    self.koreanScore = koreanScore
    self.englishScore = englishScore
    self.mathScore = mathScore

  def setKoreanScore(self, koreanScore):
    self.koreanScore = koreanScore

  def getKoreanScore(self):
    return self.koreanScore

  def setEnglishScore(self, englishScore):
    self.englishScore = englishScore

  def getEnglishScore(self):
    return self.englishScore

  def setMathScore(self, mathScore):
    self.mathScore = mathScore

  def getMathScore(self):
    return self.mathScore

  def getAverageScore(self):
    return (self.koreanScore + self.englishScore + self.mathScore) / 3

if __name__ == '__main__':
  score = subjectScore(65, 70, 80)
  print(score.getAverageScore())
```

```
71.66666666666667
```

2부

데이터 수집 및 분석하기

## CHAPTER 6

코로나 시기에 한적한 곳으로 여행 가고 싶다면?_정형 데이터 분석

2019년 말부터 전 세계적으로 확산된 코로나19 바이러스로 팬데믹 상황에 처했습니다. 코로나 바이러스 감염을 예방하기 위해 사람들이 몰리는 곳은 최대한 피해야 합니다. 데이터 분석을 통해 사람들이 몰리지 않는 곳으로 갈 수 있을까요? 예를 들어 '토요일에는 A 지역에 많이 몰리고, B 지역은 상대적으로 한적하다'라는 통계가 산출된다면 사람들이 몰리지 않는 곳에 갈 수 있다는 결정을 내릴 수 있습니다. 이러한 일련의 과정이 데이터를 유의미한 정보로 만드는 작업입니다.

6.1 정형 데이터 수집하기

데이터는 일정한 포맷에 담긴 정형 데이터와 그렇지 않은 비정형 데이터가 있습니다. 파이썬에서 다룰 수 있는 대표적인 정형 데이터는 엑셀과 CSV 파일이고, 비정형 데이터는 웹 크롤링을 통해 다양한 형식으로 수집된 것들입니다. 6장에서는 정형 데이터를 통해 유의미한 정보를 추출하는 방법에 대해서 살펴보겠습니다.

6.1.1 공공데이터포털에서 유동인구 데이터 수집하기

공공데이터포털에서 CSV 포맷과 엑셀 포맷의 데이터를 다운받아 분석해보겠습니다.

다음 [그림 6-1]과 같이 구글에서 '어린이 보호구역 유동인구 csv'라고 검색해보세요. 검색 결과 상단에 지역별로 수집된 어린이 보호구역 유동인구 데이터가 있습니다.

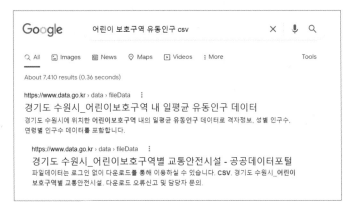

그림 6-1 유동인구 데이터 검색

해당 검색 결과물 링크로 접속하면 [그림 6-2]에서 볼 수 있듯이 [다운로드] 버튼이 있습니다. 해당 데이터 포맷이 CSV인지 확인하고 다운받으세요.

그림 6-2 유동인구 데이터 다운로드[1]

----

1 출처: https://www.data.go.kr/data/15096298/fileData.do
　이 책의 깃허브에서 '경기도 수원시_어린이보호구역 내 일평균 유동인구 데이터.csv' 파일을 사용할 수 있습니다.

다운받은 파일을 구글 콜랩에서 열어보겠습니다. [그림 6-3]과 같이 `files` 관련 라이브러리를 `import`하고, `upload()` 함수를 호출하여 실행해보세요. [파일 선택] 버튼과 [Cancel upload] 버튼을 확인할 수 있습니다. 이 책에서는 다운받은 파일명을 '유동인구데이터.csv'로 변경해서 실습했습니다. 파일명은 여러분의 작업에 따라 적절한 이름으로 변경해서 사용하면 됩니다.

그림 6-3 로컬 파일 업로드하기

[파일 선택] 버튼을 누르면 [그림 6-4]와 같이 파일 업로드 다이얼로그가 뜹니다. 앞서 다운받은 CSV 파일의 경로로 찾아가 해당 파일을 선택하여 [열기] 버튼을 눌러주세요.

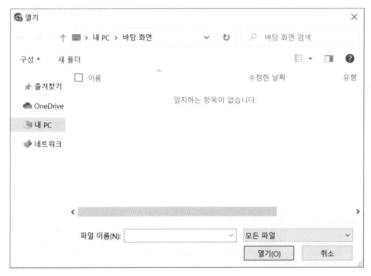

그림 6-4 파일 업로드 다이얼로그

[그림 6-5]와 같이 해당 파일이 업로드되는 상황을 확인할 수 있습니다. 파일 업로드가 완료되면 어떤 파일 이름으로 저장되었는지 결과가 나타납니다. 다음 그림을 통해 '유동인구데이터.csv'라는 파일명으로 저장되었음을 알 수 있습니다.

그림 6-5 CSV 파일 업로드하기

이렇게 업로드된 CSV 파일을 읽어보겠습니다. 다음 [그림 6-6]과 같이 CSV 파일을 읽기 위해 pandas와 io 모듈을 import합니다. pandas의 read_csv() 함수의 인수로 [그림 6-5]에서 업로드한 파일명을 넣습니다. 그리고 해당 CSV 파일에 한글이 있다면 encoding을 설정해야 합니다. 인코딩하지 않으면 에러가 발생하거나 파일 로드 시 글자가 깨지는 현상이 발생할 수 있습니다. 따라서 encoding='cp949'와 같은 인코딩 옵션을 추가하면 됩니다.

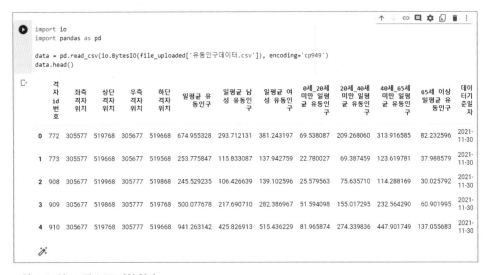

그림 6-6 업로드된 CSV 파일 읽기

상황에 따라 모든 컬럼의 데이터를 읽어들일 필요는 없지만, 우선 업로드된 CSV 파일 전체를 읽어봅시다. 상황에 따라 모든 컬럼의 데이터를 읽을 필요는 없습니다. 다음 [그림 6-7]과 같이 usecols 옵션을 사용합니다. 이 옵션에 리스트 형태로 원하는 컬럼명만 넣으면 해당 컬럼만 읽을 수 있습니다.

```
data = pd.read_csv(io.BytesIO(file_uploaded['유동인구데이터.csv']), encoding='cp949',
                   usecols = ['일평균 유동인구', '일평균 남성 유동인구', '일평균 여성 유동인구'])
print(data)

      일평균 유동인구   일평균 남성 유동인구   일평균 여성 유동인구
0      674.955328     293.712131     381.243197
1      253.775847     115.833087     137.942759
2      245.529235     106.426639     139.102596
3      500.077678     217.690710     282.386967
4      941.263142     425.826913     515.436229
...        ...            ...            ...
1334   468.971530     223.312514     245.659016
1335    34.129290      17.068661      17.060628
1336    92.703525      46.389727      46.313798
1337   121.696858      60.894672      60.802186
1338   100.922240      46.032295      54.889945

[1339 rows x 3 columns]
```

그림 6-7 업로드된 CSV 파일의 특정 컬럼만 읽기

파이썬을 통해 기술통계를 산출함에 있어 가장 흔하게 사용되고 있는 라이브러리는 넘파이 NumPy입니다. 넘파이는 배열 형태의 다차원 객체입니다. 예를 들어 다음 코드와 같이 인수로 들어온 값을 넘파이 add() 함수를 통해 간단히 덧셈 연산할 수 있습니다.

```
import numpy as np
result = np.add(2.0, 3.0)
print(result)
```

넘파이에서 많이 사용하는 함수는 다음 [표 6-1]과 같습니다. 앞서 코드에서 확인한 것처럼 add(), min(), max(), mean(), std()와 같은 함수가 있습니다. argmin(), argmax() 함수는 최솟값이나 최댓값이 위치한 요소의 인덱스를 반환합니다. 그리고 absolute() 함수는 모든 요소를 절댓값으로 치환하며, reshape() 함수는 설정한 값의 차원으로 변형합니다.

표 6-1 넘파이 관련 함수

함수명	설명
add()	요소의 덧셈 결과를 반환
min()	요소 중 최솟값을 반환
max()	요소 중 최댓값을 반환
mean()	요소의 평균값을 반환
std()	요소의 표준편차를 반환
argmin()	요소 중 최솟값의 인덱스를 반환

argmax ( )	요소 중 최댓값의 인덱스를 반환
absolute ( )	요소를 절댓값으로 치환 후 반환
reshape (A, B, …)	요소를 지정한 형태(차원)로 반환

옵션을 추가하면 특정 컬럼의 데이터만 모을 수 있습니다. 이렇게 모인 데이터로 기술통계를 하는 코드는 다음 [그림 6–8]과 같습니다. [표 6–1]의 함수와 같이 기술통계를 산출하기 위하여 numpy 라이브러리를 import하고, 산출을 원하는 특정 컬럼을 pandas 라이브러리 read_csv( ) 함수를 통해 읽어와 data 변수에 할당합니다. 그리고 이 변수는 데이터프레임 형태의 포맷이기 때문에 numpy 라이브러리에서 사용할 수 있는 배열^{array}로 변경해야 합니다. 이렇게 기본적인 데이터 준비가 끝나면 numpy 라이브러리의 함수를 사용하여 최솟값, 최댓값, 총합, 평균값, 표준편차를 구할 수 있습니다.

```
import numpy

data = pd.read_csv(io.BytesIO(file_uploaded['유동인구데이터.csv']), encoding='cp949', usecols = ['일평균 유동인구'])
data_array = data.to_numpy()

minimum = numpy.min(data_array)
maximum = numpy.max(data_array)
summation = numpy.sum(data_array)
average = numpy.average(data_array)
stddev = numpy.std(data_array)

print(minimum)
print(maximum)
print(summation)
print(average)
print(stddev)

2.667238806
18088.25167
1275031.388787564
952.2265786314891
1174.7316948721464
```

그림 6-8 업로드된 CSV 파일의 기술통계 산출하기

6.1.2 데이터 전처리하기

만약 여러분이 정말 큰 데이터를 활용해야 할 때는 **전처리 과정**$^{pre-processing}$을 거쳐야 합니다. 데이터 생성이나 처리 과정에서 오류가 생길 수 있기 때문입니다.

예를 들어 어떤 전기 장치의 검침원이 매시간마다 해당 장치의 특정 값을 확인한다고 가정하겠습니다. 매시간 측정하는 그 값의 범위는 10에서 20 사이가 되어야 정상인데 검침원이 잘못 기입하여 0을 하나 더 붙였다고 합니다. 그러면 그 데이터의 개수가 많을 때는 평균값이나 합계에는 큰 영향을 주지 않겠지만 적을 때는 그 오류로 인해 전체 데이터의 최댓값, 평균값, 합계, 표준편차 등이 크게 달라질 수 있을 것입니다. 또 특정 시점에는 검침원이 측정을 하지 않아 측정값이 없는 결측치가 존재할 수도 있습니다.

또 다른 예로 놀이공원에서 바이킹의 운행 시간을 측정한다고 합시다. 바이킹 속도의 절댓값이 0을 초과하면 운동, 0이면 멈춤으로 이분화하기 위해 속도 센서를 부착합니다. 바이킹이 좌측에서 우측 또는 우측에서 좌측으로 반복적으로 움직일 때는 속도의 절댓값이 0을 초과합니다. 그러나 좌측이나 우측 끝에 도달해서 방향을 바꾸는 시점에는 속도가 0이 됩니다. 그래서 이 상황을 운동으로 볼 것이냐 정지로 볼 것인지 판단해야 하는 상황도 있습니다.

데이터의 오류나 오차값, 결측치 등의 값을 정리하기 위한 목적으로 데이터 전처리 작업을 할 수도 있고, 분석 목적에 적합하도록 전처리 작업을 수행할 수도 있습니다.

[그림 6-9]는 data라는 리스트에 결측치가 존재하는 코드 예제입니다. 이 리스트에는 12개의 원소가 있고 그 중 5번째와 10번째 원소가 0으로 결측치 또는 이상치입니다. 이럴 때 numpy 라이브러리를 사용하여 최솟값과 평균을 구하면 0 값들로 인해 예상했던 값과 크게 달라질 수도 있습니다.

```
data = [16, 18, 17, 18, 0, 19, 20, 22, 21, 0, 21, 22]
print(data)
[16, 18, 17, 18, 0, 19, 20, 22, 21, 0, 21, 22]
```

그림 6-9 결측치가 있는 데이터 예제 1

이번에는 0이라는 결측치 또는 이상치가 존재하면 해당 관측치 앞뒤 값의 평균값을 채우는 방법으로 코드를 작성해보겠습니다. 다음 [그림 6-10]과 같이 for 문을 원소의 개수만큼 반복 수행할 수 있도록 합니다. 반복문을 수행하면서 해당 원소 값이 0이면 그 값의 전, 후에 있는 값의 평균값을 대입할 수 있도록 합니다. 첫 원소부터 0일 수 있기 때문에 i 값을 0보다 클 때부터 수행할 수 있도록 설정하는 예외 처리가 필요합니다.

```
data = [16, 18, 17, 18, 0, 19, 20, 22, 21, 0, 21, 22]
print(data)

for i in range(0, len(data)):
  if data[i] == 0 and i > 0:
    data[i] = (data[i - 1] + data[i + 1]) / 2

print(data)

[16, 18, 17, 18, 0, 19, 20, 22, 21, 0, 21, 22]
[16, 18, 17, 18, 18.5, 19, 20, 22, 21, 21.0, 21, 22]
```

그림 6-10 결측치가 있는 데이터 예제 2

이렇게 전처리를 수행한 데이터의 평균값을 구해보면 [그림 6-11]과 같습니다. 전처리 수행 전에는 해당 값들의 평균이 약 16.17이었으나 전처리를 수행한 후에는 약 19.46이 되었습니다. 또한, 최솟값과 표준편차에도 변화가 생겼습니다. 최솟값은 기존 0에서 16.0으로 변경되었고, 표준편차는 약 7.46에서 약 1.91로 변경되었습니다.

이처럼 데이터를 활용하여 분석해야 할 때 전처리 과정이 필요합니다. 특히 결측치나 이상치에 대한 전처리 수행 여부에 따라 결과가 크게 바뀔 수도 있습니다.

```
import numpy

data = [16, 18, 17, 18, 0, 19, 20, 22, 21, 0, 21, 22]
print(data)
print(numpy.average(data))
print(numpy.min(data))
print(numpy.std(data))

for i in range(0, len(data)):
  if data[i] == 0 and i > 0:
    data[i] = (data[i - 1] + data[i + 1]) / 2

print(data)
print(numpy.average(data))
print(numpy.min(data))
print(numpy.std(data))

[16, 18, 17, 18, 0, 19, 20, 22, 21, 0, 21, 22]
16.166666666666668
0
7.4591480002000825
[16, 18, 17, 18, 18.5, 19, 20, 22, 21, 21.0, 21, 22]
19.458333333333332
16.0
1.9089518648258845
```

그림 6-11 결측치가 있는 데이터 예제 3

KEY POINT_

데이터를 분석하기 전 전처리 과정을 늘 염두에 두세요.

6.1.3 연습문제

예제 6-1

[그림 6-9]의 데이터를 사용하여 '0'이라는 이상치 또는 결측치가 있다면 해당 값은 제거한 후 기술통계를 산출해보세요.

HINT_

리스트의 첫 번째 해당 값을 삭제하기 위하여 `remove()` 함수를 사용하세요.

풀이 6-1

`remove()`는 해당 리스트에서 `remove()` 함수 괄호 안에 있는 값이 여러 개 있을 경우 리스트의 첫 번째 원소를 제거하는 함수입니다. 다음 코드에서 0 원소가 한 개만 있다면 딱 한 번만 호출하면 됩니다. 그러나 0이 여러 개 존재한다면 0 원소 개수를 체크해서 해당 개수만큼 `remove()` 함수를 호출하면 됩니다.

다음 그림처럼 첫 번째 for 반복문에서는 data 리스트의 처음부터 끝까지 원소를 확인하여 0의 개수를 카운트한 후 numOfZeros 변수에 대입합니다. 그리고 두 번째 for 반복문에서는 카운트한 0의 개수만큼 `remove()` 함수를 호출하여 0을 제거합니다.

```
import numpy

data = [16, 18, 17, 18, 0, 19, 20, 22, 21, 0, 21, 22]
print(data)

numOfZeros = 0

for i in range(0, len(data)):
  if data[i] == 0:
    numOfZeros = numOfZeros + 1

for i in range(0, numOfZeros):
  data.remove(0)

print(data)
print(numpy.max(data))
print(numpy.min(data))
print(numpy.average(data))
print(numpy.std(data))
```
```
[16, 18, 17, 18, 0, 19, 20, 22, 21, 0, 21, 22]
[16, 18, 17, 18, 19, 20, 22, 21, 21, 22]
22
16
19.4
2.009975124224178
```

예제 6-2

[그림 6-9]의 데이터를 사용하여 홀수 번째의 원소와 짝수 번째의 원소를 더한 값을 새로운 리스트에 추가합니다. 새로운 리스트 원소의 개수는 기존 리스트 원소 개수의 절반이 됩니다. 새로운 리스트에 대한 기술통계를 산출해보세요.

풀이 6-2

다음 그림과 같이 기존 data 리스트와 별개로 newData 리스트를 선언했습니다. 그리고 for 문은 0부터 data 리스트의 길이만큼 반복 수행하는 데 1씩 증가하는 것이 아니고 2씩 증가하도록 마지막 인수 2를 추가했습니다. 또한 newData 리스트에 i번째와 i+1번째의 값을 더한 결과를 추가하도록 했습니다. 마지막으로 newData 리스트와 관련된 기술통계를 산출할 수 있도록 numpy 라이브러리 함수를 사용하여 최솟값, 최댓값, 평균값, 표준편차를 출력합니다.

```
import numpy

data = [16, 18, 17, 18, 0, 19, 20, 22, 21, 0, 21, 22]
print(data)

newData = []

for i in range(0, len(data), 2):
  newData.append(data[i] + data[i + 1])

print(newData)
print(numpy.min(newData))
print(numpy.max(newData))
print(numpy.average(newData))
print(numpy.std(newData))

[16, 18, 17, 18, 0, 19, 20, 22, 21, 0, 21, 22]
[34, 35, 19, 42, 21, 43]
19
43
32.333333333333336
9.3392838174146
```

[예제 6-3]

[예제 6-2]와 같은 절차를 수행하기에 앞서 해당 data 리스트의 0을 제거한 후 수행하도록 하는 코드를 작성해보세요. 그리고 새로운 리스트에 대한 기술통계를 산출해보세요.

[풀이 6-3]

다음 그림과 같이 [예제 6-2] 코드 앞에 [예제 6-1]에서 수행했던 리스트의 0 원소를 제거하는 코드를 추가하면 됩니다. 따라서 [예제 6-2] 코드처럼 기존의 data 리스트와 별개로 newData 리스트를 선언했습니다. 그리고 for 문은 0부터 data 리스트의 길이만큼 반복 수행하는 데 1씩 증가하는 것이 아니고 2씩 증가하도록 마지막 인수 2를 추가했습니다. 또한 newData 리스트에 i번째와 i+1번째 값을 더한 결과를 추가하도록 했습니다. 마지막으로 newData 리스트와 관련된 기술통계를 산출할 수 있도록 numpy 라이브러리 함수를 활용하여 최솟값, 최댓값, 평균값, 표준편차를 출력합니다.

```
import numpy

data = [16, 18, 17, 18, 0, 19, 20, 22, 21, 0, 21, 22]
print(data)

numOfZeros = 0
for i in range(0, len(data)):
  if data[i] == 0:
    numOfZeros = numOfZeros + 1

for i in range(0, numOfZeros):
  data.remove(0)

print(data)

newData = []

for i in range(0, len(data), 2):
  newData.append(data[i] + data[i + 1])

print(newData)
print(numpy.min(newData))
print(numpy.max(newData))
print(numpy.average(newData))
print(numpy.std(newData))
```

```
[16, 18, 17, 18, 0, 19, 20, 22, 21, 0, 21, 22]
[16, 18, 17, 18, 19, 20, 22, 21, 21, 22]
[34, 35, 39, 43, 43]
34
43
38.8
3.815756805667783
```

6.2 지역별/연령별 방문객 순위는?

[그림 6-12]와 같이 구글에서 '시군별 유동인구 데이터'를 검색하면, 공공데이터포털(www.data.go.kr)에서 데이터를 확인할 수 있습니다.

그림 6-12 시군별 유동인구 데이터

해당 페이지에 접속하면 [그림 6-13]과 같은 사이트로 연결됩니다. 우측 상단에 [바로가기] 버튼을 눌러 경기데이터드림으로 이동합니다.

그림 6-13 시군별 유동인구 데이터[2]

경기데이터드림(www.data.gg.go.kr)에서 CSV 파일을 다운받을 수 있습니다. CSV 파일을 열면 다음 [그림 6-14]와 같이 출발지와 도착지, 10대부터 70대까지의 성별 유동인구를 확인할 수 있습니다.

---

2 출처: https://www.data.go.kr/data/15077704/fileData.do?recommendDataYn=Y
  이 책의 깃허브에서 '시군별유동인구데이터.csv' 파일을 사용할 수 있습니다.

년월	출발지(야간체류지)시군코드	출발지역명	도착지시군코드	도착지역명	10대남성 유입	20대남성 유입	30대남성 유입	40대남성 유입	50대남성 유입	60대남성 유입	70대남성 유입	10대여성 유입	20대여성 유입	30대여성 유입	40대여성 유입	50대여성 유입	60대여성 유입	70대 유입인구
May-20	41800	경기도 연천군	41650	경기도 포천시	25.52	160.86	159.36	183.37	190.11	88.91	41.85	42.21	33.41	71.09	75.32	114.07	54.07	45.27
May-20	41800	경기도 연천군	41670	경기도 여주시	0.41	1.61	3.44	4.6	2.48	3.66	0.33	0.68	0.47	2.44	0.56	1.5	1.41	0.48
May-20	41800	경기도 연천군	41820	경기도 가평군	3564.03	6556.64	2497.54	3099.81	3834.56	2603.64	2605.98	3188.24	1732.18	2045.59	2540.4	3584.51	2770.54	3929.34
May-20	41000	경기도 연천군	41820	경기도 가평군	8.26	7.71	8.16	9.12	9.55	9.43	1.78	3.99	3.99	4.8	5.43	5.63	2.33	3.17
May-20	41820	경기도 가평군	41830	경기도 양주군	1.49	4.22	3.65	4.56	5.83	3.51	0.54	1.93	0.44	1.97	1.16	4.54	1.19	0.53
May-20	41820	경기도 가평군	41110	경기도 수원시	2.79	24.85	10.54	23.75	16.51	9.38	5.48	4.59	13.6	11.4	7.77	10.11	9.98	8.75
May-20	41820	경기도 가평군	41130	경기도 성남시	8.52	18.31	16.02	24.76	29.23	19.53	12.6	5.66	6.67	10.42	11.54	16.48	10.71	7.22
May-20	41820	경기도 가평군	41150	경기도 의정부시	12.27	16.61	23.04	33.62	35.71	18.61	7.02	6.63	17.18	16.62	22.84	22.21	12.09	11.05
May-20	41820	경기도 가평군	41170	경기도 안양시	3.84	14.11	5.44	9.3	14.54	6.2	3.96	1.35	8.02	3.47	5.54	7.69	2.82	7.5
May-20	41820	경기도 가평군	41190	경기도 부천시	5.24	14.03	10.28	17.29	12.03	9.62	6.08	6.73	4.16	5.31	4.38	5.7	7.09	10.09
May-20	41820	경기도 가평군	41210	경기도 광명시	2.17	4.81	4.48	5.02	4.41	5.46	1.3	1.01	1.48	1.31	2.42	4.57	3.11	0.49
May-20	41820	경기도 가평군	41220	경기도 평택시	1.93	10.09	5.85	10.98	4.5	3.66	2.46	14.95	5.42	6.74	1.07	3.33	3.11	1.27
May-20	41820	경기도 가평군	41250	경기도 동두천시	0.61	2.88	3.39	2.37	5.21	5.82	0.9	3.58	4.12	2.23	4.83	2.31	1.42	1.48
May-20	41820	경기도 가평군	41270	경기도 안산시	3.69	16.09	7.11	7.14	16.03	7.28	1.88	2.62	4.81	3.47	6.27	7.13	3.56	1.85
May-20	41820	경기도 가평군	41280	경기도 고양시	7.39	25.01	19.1	21.91	31.2	20.9	9.25	17.76	14.29	14.22	10.23	22.16	12.73	12.56
May-20	41820	경기도 가평군	41290	경기도 과천시	1.48	0.25	1.91	1.31	3.64	1.25	1.14	1.36	1.22	1.25	0.05	0.04	0.39	0.24
May-20	41820	경기도 가평군	41310	경기도 구리시	12.02	15.45	21.73	28.22	44.04	27.85	13.56	13.92	24.18	19.04	29.04	33.04	21.49	16.55
May-20	41820	경기도 가평군	41360	경기도 남양주시	119.98	144.55	204.66	298.11	323.13	192.97	121.9	160.02	139.06	191.31	247.12	276.96	130.53	155.31
May-20	41820	경기도 가평군	41370	경기도 오산시	0.1	1.37	2.22	5.11	3.3	1.13	0.25	4.61	3.3	2.74	0.84	1.99	0.32	0.83
May-20	41820	경기도 가평군	41390	경기도 시흥시	4.47	14.19	5.19	6.05	8.72	5.7	3.49	0.66	1.64	4.13	1.83	5.05	2.92	4.53
May-20	41820	경기도 가평군	41410	경기도 군포시	0.17	4.17	3.69	4.15	10.07	1.56	1.53	0	1.9	1.3	1.67	2.58	1.03	0.71
May-20	41820	경기도 가평군	41430	경기도 의왕시	0.76	1.95	0.63	1.95	3.4	1.47	0.21	0.07	0.89	1.38	0.62	1.77	0.4	0.15

그림 6-14 시군별 유동인구 데이터

이 파일을 통해 지역별/연령별 방문객 관련 통계를 산출해보겠습니다. 다음 [그림 6-15]와 같이 다운받은 파일을 업로드합니다.

그림 6-15 파일 업로드

[그림 6-16]과 같이 **시군별유동인구데이터.csv** 파일에 한글이 포함되어 있으니 encoding을 cp949로 설정하고 다운받은 파일을 업로드합니다.

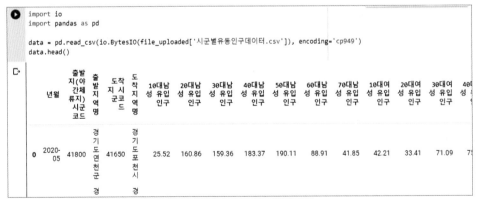

그림 6-16 업로드된 CSV 파일 확인

[그림 6-17]은 업로드한 파일의 일부 컬럼만 로드하는 코드입니다. 특정 월, 특정 지역에 '20 대남성 유입인구'를 파악하기 위해 해당 컬럼만 로드합니다. 이렇게 하면 통계를 산출하기 위한 기본은 구성되었습니다.

```
data = pd.read_csv(io.BytesIO(file_uploaded['시군별유동인구데이터.csv']), encoding='cp949',
                   usecols = ['년월', '출발지역명', '도착지역명', '20대남성 유입인구'])
print(data)
```
```
            년월       출발지역명    도착지역명   20대남성 유입인구
0       2020-05   경기도 연천군   경기도 포천시       160.86
1       2020-05   경기도 연천군   경기도 여주시         1.61
2       2020-05   경기도 연천군   경기도 연천군      6556.64
3       2020-05   경기도 연천군   경기도 가평군         7.71
4       2020-05   경기도 연천군   경기도 양평군         4.22
...         ...       ...       ...          ...
85099   2020-12   광주광역시 남구   경기도 가평군        0.83
85100   2020-12   광주광역시 남구   경기도 양평군        0.82
85101   2020-12   광주광역시 북구   경기도 수원시       35.91
85102   2020-12   광주광역시 북구   경기도 성남시       27.70
85103   2020-12   인천광역시 동구   경기도 안성시        1.47

[85104 rows x 4 columns]
```

그림 6-17 업로드된 CSV 파일의 일부 컬럼을 로드

이제 2020년 12월, 경기도 안양시에 방문한 20대남성의 인구의 합을 구해봅시다. '도착지역명'이 '경기도 안양시'일 때 '출발지역명'이 여러 개일 수 있으므로 if 조건문을 사용해 한 건만 추출해서는 안 됩니다. for 반복문과 if 조건문을 사용해서 일치하는 건들의 합을 구해야 합니다.

여러 가지 조건을 하나씩 추가해보겠습니다. [그림 6-18]과 같이 for 반복문의 수행 조건은 data 객체의 처음부터 끝 행까지이므로 0부터 len(data)까지 설정합니다. 0번째 컬럼이 '년월'이고, '2020-12', 2번째 컬럼이 '도착지역명'이므로 '경기도 안양시'와 일치하는 조건에 대해 첫 번째 컬럼인 '출발지역명'을 출력해보겠습니다.

```
for i in range(0, len(data)):
    if "2020-12" in data.loc[i][0] and "경기도 안양시" in data.loc[i][2]:
        print(data.loc[i][1])
```
```
전라북도 임실군
경상남도 진주시
전라북도 군산시
전라북도 익산시
경상남도 통영시
전라북도 정읍시
경상남도 사천시
울산광역시 동구
울산광역시 북구
서울특별시 마포구
경상북도 성주군
경상북도 칠곡군
울산광역시 울주군
서울특별시 양천구
서울특별시 강서구
```

그림 6-18 2020년 12월, 경기도 안양시 유입인구의 출발지역명

다음 [그림 6-19]와 같이 방문객 총합을 구하기 위하여 for 반복문 앞에 numOfVisitors 변수를 선언합니다. 이 변수는 if 조건문을 만족시키는 값 중 '20대남성 유입인구'를 계속 누적시키는 용도로 사용됩니다. 예를 들어 for 반복문이 처음부터 끝까지 수행되는 동안 if 조건문을 만족시키면 3번째 컬럼인 '20대남성 유입인구' 수를 누적시킵니다. for 반복문 수행이 종료되면 해당 값을 출력하면 됩니다.

```
numOfVisitors = 0

for i in range(0, len(data)):
    if "2020-12" in data.loc[i][0] and "경기도 안양시" in data.loc[i][2]:
        numOfVisitors = numOfVisitors + float(data.loc[i][3])

print(numOfVisitors)
56118.76999999999
```

그림 6-19 2020년 12월, 경기도 안양시 20대남성 유입인구의 합

6.2.1 기초통계 산출하기

앞서 연습했던 내용을 발전시켜 유동인구 기술통계를 산출해보겠습니다. 다음 [그림 6-20]과 같이 기술통계를 간단히 산출하기 위한 라이브러리 numpy를 import합니다. 그리고 numOfVisitors 변수를 리스트로 선언합니다. [그림 6-19]에서는 numOfVisitors가 하나의 변수였고, 해당 변수에 값을 계속 누적시켰다면, 여기서는 numOfVisitors가 리스트이고 해당 리스트에 원소를 하나씩 추가합니다. 마지막으로 numpy 라이브러리의 min(), max(), sum(), average(), std() 함수를 사용하여 기술통계를 산출합니다. 결괏값을 살펴보면 최저 0에서 최고 약 41471 그리고 평균 약 245만큼 유입되었음을 알 수 있습니다.

```
import numpy

numOfVisitors = []

for i in range(0, len(data)):
    if "2020-12" in data.loc[i][0] and "경기도 안양시" in data.loc[i][2]:
        numOfVisitors.append(float(data.loc[i][3]))

print(numpy.min(numOfVisitors))
print(numpy.max(numOfVisitors))
print(numpy.sum(numOfVisitors))
print(numpy.average(numOfVisitors))
print(numpy.std(numOfVisitors))
```

```
0.0
41471.43
56118.770000000004
245.06013100436684
2738.890097568607
```

그림 6-20 2020년 12월, 경기도 안양시의 20대남성 유동인구의 기술통계 1

앞선 예제에서는 단순히 유동인구의 최솟값, 최댓값 등의 수치만 확인할 수 있었습니다. 실제로 어느 지역에서 유입된 인구가 가장 적고, 가장 많은지에 대한 통계 정보가 필요합니다. 이를 위해 numpy 라이브러리의 argmin()과 argmax() 함수를 사용해봅시다. 이 함수들은 최솟값과 최댓값 자체를 반환하는 것이 아니라 최솟값과 최댓값에 해당하는 인덱스를 반환합니다. 추가로 어느 지역인지를 알기 위해서 출발지 정보도 수집해야 합니다.

[그림 6-21]에서는 argmin()과 argmax() 함수를 사용하기 위해 '출발지역명'을 모아두는 originNames 리스트를 선언했습니다. 그리고 for 반복문이 수행되면서 조건을 만족시킬 때마다 유입인구의 수를 담아두는 것뿐만 아니라 출발지역명도 담습니다. 그리고 최종 결괏값을 출력할 때 최솟값과 최댓값의 인덱스를 구해 originNames 리스트 값을 출력합니다. 그 결과 최솟값에 해당하는 출발지역명은 '전라북도 진안군'이고, 최댓값에 해당하는 출발지역명은 '경기도 안양시'임을 알 수 있습니다.

```
import numpy

numOfVisitors = []
originNames = []

for i in range(0, len(data)):
  if "2020-12" in data.loc[i][0] and "경기도 안양시" in data.loc[i][2]:
    numOfVisitors.append(float(data.loc[i][3]))
    originNames.append(data.loc[i][1])

print(originNames[numpy.argmin(numOfVisitors)])
print(numpy.min(numOfVisitors))
print(originNames[numpy.argmax(numOfVisitors)])
print(numpy.max(numOfVisitors))
print(numpy.sum(numOfVisitors))
print(numpy.average(numOfVisitors))
print(numpy.std(numOfVisitors))

전라북도 진안군
0.0
경기도 안양시
41471.43
56118.770000000004
245.06013100436684
2738.890097568607
```

그림 6-21 2020년 12월, 경기도 안양시의 20대남성 유동인구의 기술통계 2

6.2.2 연습문제(Mean, SD, Max, Min)

예제 6-4

앞선 예제의 **시군별유동인구데이터.csv**[3]를 사용하여, 20대남성과 20대여성의 합을 기준으로 2020년 12월 경기도 안양시 유동인구의 기술통계를 산출해보세요.

풀이 6-4

다음 그림과 같이 data 객체에 CSV 파일을 로드할 때 '20대여성 유동인구' 컬럼도 추가합니다. 그리고 for 반복문을 수행하면서 numOfVisitors 리스트에는 조건을 만족시키는 20대남성 유동인구와 20대여성 유동인구의 합을 추가합니다.

마지막으로 numpy 라이브러리의 기술통계 함수를 사용하여 결괏값을 출력합니다. 그 결과 2020년 12월 경기도 안양시의 20대남성과 20대여성 유동인구의 합 최솟값은 0, 최댓값은 약 80670, 평균값은 약 471임을 알 수 있습니다.

......

3 이 책의 깃허브에서 '시군별유동인구데이터.csv' 파일을 사용할 수 있습니다.

```
▶  data = pd.read_csv(io.BytesIO(file_uploaded['시군별유동인구데이터.csv']), encoding='cp949',
                usecols = ['년월', '출발지역명', '도착지역명', '20대남성 유입인구', '20대여성 유입인구'])

   numOfVisitors = []

   for i in range(0, len(data)):
     if "2020-12" in data.loc[i][0] and "경기도 안양시" in data.loc[i][2]:
       numOfVisitors.append(float(data.loc[i][3]) + float(data.loc[i][4]))

   print(numpy.min(numOfVisitors))
   print(numpy.max(numOfVisitors))
   print(numpy.sum(numOfVisitors))
   print(numpy.average(numOfVisitors))
   print(numpy.std(numOfVisitors))

   0.0
   80670.8
   107903.51000000001
   471.1943668122271
   5329.148591125951
```

6.3 지도 위에 표현해보자

파이썬을 사용하여 지도 위에 마커 등을 올려 시각화할 수 있는 라이브러리 'Folium'을 소개하겠습니다. Folium은 다른 지도 기반의 시각화 패키지에 비해 오래되어 안정적이며, 다양한 곳에서 많이 활용되고 있습니다.

folium 라이브러리에서 자주 사용하는 함수를 [표 6-2]에 정리했습니다. 기본적으로 지도를 생성하기 위한 Map() 함수가 있고, 마커를 올리기 위한 Marker(), CircleMarker() 함수가 있습니다. 그리고 지도에 경계로 구분된 곳을 서로 다른 색으로 칠하거나 음영 표시할 수 있는 Choropleth() 함수가 있습니다.

표 6-2 Folium 관련 함수

함수명	설명
Map(location = [위도, 경도], zoom_start=확대 정도)	지도 생성
Marker([위도, 경도]).add_to(m)	마커를 m 지도 위에 올리기
CircleMarker([위도, 경도], radius=원 크기).add_to(m)	원형 마커를 m 지도 위에 올리기
Choropleth()	지도에 경계로 구분된 지역에 색칠, 음영 표시하여 단계적으로 구분

[그림 6-22]와 같이 구글에서 '서울 열린데이터광장'을 검색합니다. 검색 결과에서 서울 열린데이터광장(https://data.seoul.go.kr)이 상단에 보입니다.

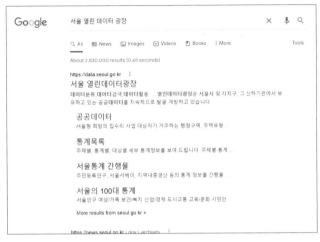

그림 6-22 서울 열린데이터광장 검색

[그림 6-23]과 같이 서울특별시에서 제공하는 '서울 열린데이터광장'에는 다양한 데이터가 수시로 업데이트되고 있습니다.

그림 6-23 서울 열린데이터광장

지금부터 [그림 6-24]와 같이 '서울시 용산구 (안심이) CCTV 설치 현황' 데이터를 사용해봅시다. 해당 페이지에서 [내려받기] 버튼을 통해 CSV 파일을 다운받습니다. 이 파일의 데이터를 기반으로 지도에 시각화하는 코드를 작성해보겠습니다.

그림 6-24 서울시 용산구 (안심이) CCTV 설치 현황[4]

파이썬에서는 지도 시각화를 위한 `folium` 라이브러리가 있습니다. `folium` 라이브러리를 사용하면 지도를 생성하고 그 위에 다양한 추가 작업을 할 수 있습니다. 또한, 이를 HTML 파일로도 내보낼 수 있습니다.

다음 [그림 6-25]와 같이 `folium` 라이브러리를 설치합니다.

그림 6-25 folium 라이브러리 설치

설치가 끝나면 [그림 6-26]과 같이 `folium` 라이브러리를 `import`합니다. 그리고 CSV 파일을 업로드하기 위한 준비를 합니다.

---

4 출처: https://data.seoul.go.kr/dataList/OA-20926/S/1/datasetView.do
　이 책의 깃허브에서 '서울시 용산구 (안심이) CCTV 설치 현황.csv' 파일을 사용할 수 있습니다.

```
import pandas as pd
import io
from google.colab import files

file_uploaded = files.upload()
```

그림 6-26 파일 업로드

CCTV 데이터를 로드하고 x와 y 리스트를 선언합니다. 로드한 데이터에서 한 줄씩 읽어 x 리스트에는 경도, y 리스트에는 위도를 추가합니다. 경도와 위도를 저장할 x와 y 리스트를 선언하여 CSV 파일에서 읽어온 대로 각 원소를 이어 붙여줍니다.

```
cctv_csv = pd.read_csv(io.BytesIO(file_uploaded['서울시 용산구 (안심이) CCTV 설치 현황.csv']), encoding = 'cp949')

# 데이터 프레임 NaN 값 대체
cctv_csv = cctv_csv.fillna(0.0)

# x좌표(경도), y좌표(위도) 리스트로 만들기
x = []
y = []

for i in range(len(cctv_csv['위도'])):
  if cctv_csv['위도'][i] == 0.0 or cctv_csv['경도'][i] == 0.0:
    pass
  else:
    x.append(cctv_csv['경도'][i])
    y.append(cctv_csv['위도'][i])
```

그림 6-27 파일 로드

[그림 6-28]은 앞서 가져온 데이터를 지도 위에 시각화시키는 실습입니다. 지도 위에 해당 CCTV가 존재하는 곳마다 마커를 찍습니다. 그렇게 하기 위해서 folium 라이브러리를 import 합니다. 그리고 for 반복문을 수행하여 해당 위도, 경도마다 마커를 하나씩 올립니다. 그 후 해당 맵을 출력합니다.

```
#지도 생성 및 마커 지정하기
import folium

map_osm = folium.Map(location=[y[20],x[20]],zoom_start=14)

for i in range(len(x)):
    folium.Marker([y[i],x[i]], popup='용산구 CCTV_%d'%i,
                  icon=folium.Icon(color='red', icon='info-sign')).add_to(map_osm)

# 범위 지정
folium.CircleMarker(location=[y[20],x[20]], popup='용산구 CCTV',
                    radius=300, color="#3186cc",
                    fill_color="#3186cc").add_to(map_osm)

#map 출력
map_osm
```

그림 6-28 지도 위에 시각화하는 코드

지도 위에 CCTV가 존재하는 곳마다 마커를 올린 결과는 [그림 6-29]와 같습니다. 용산구의 데이터이므로 용산구에 존재하는 CCTV 장소를 마커를 통해 확인할 수 있습니다.

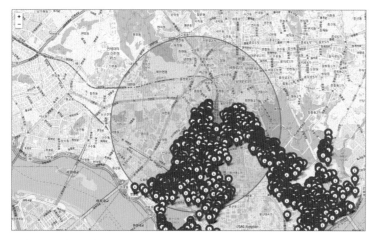

그림 6-29 지도 위에 시각화

6.3.1 범주별 지도 위에 데이터 표현하기

[그림 6-29]에서 실습한 것처럼 지점마다 마커를 올리는 방법도 있고 지역별 특성을 구분하기 위하여 색깔로 범주를 나누는 방법도 있습니다. 이제 지역별로 인구 수에 따라 색깔별 범주를 나눠보겠습니다.

[그림 6-30]과 같이 '서울 열린데이터광장'에서 '서울시 자치구별 총 인구'라는 키워드로 검색해봅시다. 그러면 다음 그림과 같이 '서울시 자치구별 총 인구(추계인구) 통계'를 확인할 수 있습니다.

그림 6-30 서울시 자치구별 총 인구(추계인구) 통계[5]

검색 결과를 클릭해서 들어간 후 [미리보기] 버튼을 눌러 데이터를 설정합니다. [그림 6-31]과 같이 자치구별 합계를 체크 해제하고, [그림 6-32]와 같이 남자, 여자 구분도 체크 해제합니다.

그림 6-31 서울시 자치구별 총 인구(추계인구) 통계 설정 1

5 출처: https://data.seoul.go.kr/dataList/10818/S/2/datasetView.do
이 책의 깃허브에서 '자치구별+총 인구(추계인구).csv' 파일을 사용할 수 있습니다.

그림 6-32 서울시 자치구별 총 인구(추계인구) 통계 설정 2

[그림 6-33]과 같이 시점은 2021년만 선택한 후, [통계표조회] 버튼을 클릭합니다.

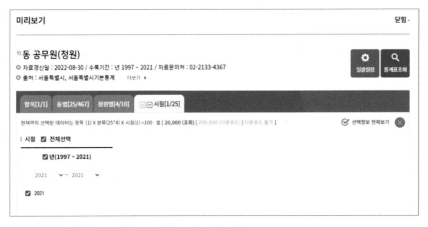

그림 6-33 서울시 자치구별 총 인구(추계인구) 통계 설정 3

마지막으로 [그림 6-34]와 같이 [다운로드] 버튼을 눌러 CSV 형태의 파일을 다운받습니다.

그림 6-34 서울시 자치구별 총 인구(추계인구) 통계 다운로드

이렇게 다운받은 파일을 사용하기 위해 [그림 6-35]와 같이 파일 업로드 관련 코드를 작성합니다. 코드를 실행하여 해당 파일을 업로드합니다.

```
import folium
import pandas as pd
import json
from google.colab import files

file_uploaded = files.upload()
```

그림 6-35 파일 업로드

앞선 예제에서는 특정 위도, 경도 위에 마커를 올리면 됐지만 지금은 권역별로 색깔을 나누어야 합니다. 그렇게 하기 위해서는 각 권역별(자치구별) 범위가 정해져 있어야 합니다. 본 데이터는 서울시 인구 데이터이므로 서울시의 자치구별 범주에 해당하는 JSON 파일을 확보해야 합니다.

[그림 6-36]과 같이 확보된 JSON 파일을 선언합니다. 그리고 파일에서 '자치구별(2)'와 '2022' 컬럼만을 읽어옵니다. 그리고 이 컬럼들의 데이터를 가져와 색을 칠합니다.

```
geo_json = 'https://raw.githubusercontent.com/southkorea/seoul-maps/master/kostat/2013/json/seoul_municipalities_geo_simple.json'

datas = pd.read_csv('자치구별_총인구_2022년(추계인구).csv', usecols=['자치구별(2)', '2022'])

seoul_counts = datas[['자치구별(2)','2022']]
seoul_counts.columns = ['name','values']
seoul_counts = seoul_counts.sort_values(by = 'name')

m=folium.Map(
    location = [37.5502,126.982],
    tiles = 'Stamen Terrain',
    zoom_start = 11.2
)

folium.Choropleth(
    geo_data = geo_json,
    name = 'choropleth',
    data = seoul_counts,
    columns = ['name','values'],
    key_on = 'feature.properties.name',
    highlight = True,
    fill_color = 'PuRd',
    fill_opacity = 0.5,
    line_opacity = 1
).add_to(m)

m
```

그림 6-36 서울시 자치구별 총 인구(추계인구) 통계 시각화

[그림 6-36]의 코드를 실행하면 [그림 6-37]과 같은 결과를 확인할 수 있습니다.

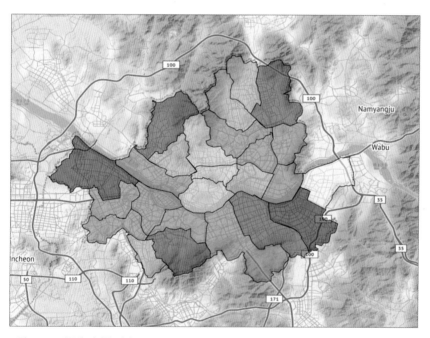

그림 6-37 범주별 시각화 결과

6.3.2 연습문제(GeoJSON)

예제 6-5

'서울 열린데이터광장'에서 '서울시 동 공무원(정원/구별) 통계'를 다운받아 범주별로 시각화시켜보세요.

풀이 6-5

[그림 6-38]과 같이 '서울 열린데이터광장'에서 해당 데이터를 검색합니다. 그리고 [그림 6-39]부터 [그림 6-41]을 따라하여 데이터를 간소화시키고, 2021년의 해당 지역 합계만 받을 수 있도록 설정합니다.

그림 6-38 서울시 동 공무원(정원/구별) 통계[6]

---

6 출처: https://data.seoul.go.kr/dataList/298/S/2/datasetView.do
이 책의 깃허브에서 '동+공무원(정원)_2021.csv' 파일을 사용할 수 있습니다.

그림 6-39 서울시 동 공무원(정원/구별) 통계 다운로드 설정 1

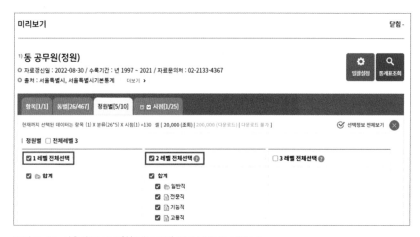

그림 6-40 서울시 동 공무원(정원/구별) 통계 다운로드 설정 2

그림 6-41 서울시 동 공무원(정원/구별) 통계 다운로드 설정 3

마지막으로 [그림 6-42]와 같이 CSV 형태로 파일을 다운받습니다.

그림 6-42 서울시 동 공무원(정원/구별) 통계 다운로드

앞서 확보한 파일을 다음 [그림 6-43]과 같이 업로드합니다.

```
import folium
import pandas as pd
import json
from google.colab import files

file_uploaded = files.upload()
```

그림 6-43 파일 업로드

[그림 6-44]의 코드는 [그림 6-36]의 코드와 비슷하고, 관련 코드의 설정만 다릅니다. 이 코드에서는 '동별(2)'과 '소계' 컬럼을 로드했습니다.

```
geo_json = 'https://raw.githubusercontent.com/southkorea/seoul-maps/master/kostat/2013/json/seoul_municipalities_geo_simple.json'

datas = pd.read_csv('동_공무원(정원)_2021.csv', skiprows=[0, 1, 2], usecols=['동별(2)', '소계'])

officer_counts = datas[['동별(2)', '소계']]
officer_counts.columns = ['name','values']
officer_counts = officer_counts.sort_values(by = 'name')

m=folium.Map(
    location = [37.5502,126.982],
    tiles = 'Stamen Terrain',
    zoom_start = 11.2
)

folium.Choropleth(
    geo_data = geo_json,
    name = 'choropleth',
    data = officer_counts,
    columns = ['name','values'],
    key_on = 'feature.properties.name',
    highlight = True,
    fill_color = 'PuRd',
    fill_opacity = 0.5,
    line_opacity = 1
).add_to(m)

m
```

그림 6-44 서울시 동 공무원(정원/구별) 통계 시각화 코드

코드를 수행한 결과는 다음과 같습니다.

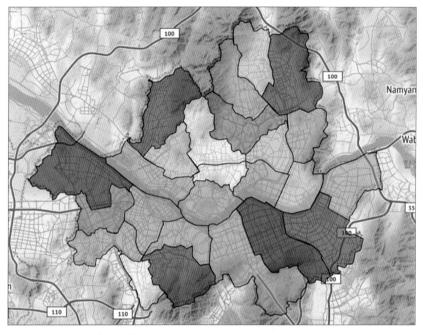

그림 6-45 범주별 시각화 결과

6.4 코로나 확진자 수 통계 분석하기

2019년 말부터 확산된 코로나19 바이러스로 인해 우리는 코로나19 바이러스를 예방하고 치료하기 위한 다양한 노력을 하고 있습니다. 코로나19 바이러스 확진자 수는 일별/지역구별 집계되어 공개되고 있습니다. 이번 장에서는 인공지능 시계열 예측에 대해 알아보고, 서울시 코로나 19 확진자 발생 동향을 시각화해보겠습니다.

인공지능 시계열 예측은 시간에 따라 순차적으로 관측된 것을 학습하여 미래를 예측하는 기법입니다. 예를 들어 특정 주식의 일별 주가를 수집하여 미래를 예측해볼 수 있습니다. A라는 기업의 기존 주가가 100달러, 101달러, 102달러, 103달러, 102달러, 101달러, 102달러, 103달러, 104달러라고 가정해봅시다. 최근에 101달러, 102달러였던 해당 기업의 내일 주가는 얼마로 예상될까요? 기존 학습했던 결과처럼 103달러가 될 가능성이 높을 것입니다. 이처럼 인공지능 시계열 예측은 기존 시계열 데이터를 학습하여 미래를 예측하는 기법입니다.

인공지능 시계열 예측 기법은 대표적으로 3가지가 있습니다. **순환 신경망**recurrent neural network (RNN), **장단기 메모리**long short-term memory (LSTM), 그리고 **게이트 순환 유닛**gated recurrent unit (GRU)입니다. 각 기법에 대한 자세한 설명은 10장에서 상세히 설명하겠습니다. 이번 절에서는 LSTM을 사용한 예제를 간단히 수행해보겠습니다.

6.4.1 코로나 확진자 수 예측하기

다음 [그림 6-46]과 같이 코로나 확진자 수 데이터를 '공공데이터포털'에서 다운받습니다.

그림 6-46 코로나19 확진자 수 데이터 확보[7]

----

7 출처: http://data.seoul.go.kr/dataList/OA-20461/S/1/datasetView.do
　이 책의 깃허브에서 '서울시 코로나19 확진자 발생동향.csv' 파일을 사용할 수 있습니다.

이번에는 시계열 예측을 하기 위한 여러 라이브러리가 포함되었습니다. [그림 6-47]과 같이 import할 것들이 앞선 코드보다는 많아졌습니다.

```
import pandas as pd
import numpy as np
import matplotlib.pyplot as plt
from keras.models import Sequential
from keras.layers import LSTM, Dropout, Dense, Activation, RNN, GRU
from keras import layers
from google.colab import files
from typing import Dict, List, Set
import datetime
```

그림 6-47 예측에 필요한 라이브러리 가져오기

[그림 6-48]과 같이 파일을 업로드합니다.

```
file = files.upload()
```

그림 6-48 파일 업로드

그리고 코로나 확진자 수를 로드하기 위해 다음 [그림 6-49]와 같이 '서울시 추가 확진'이라는 컬럼의 데이터만 로드합니다.

```
import io

datas = pd.read_csv('서울시 코로나19 확진자 발생동향.csv'
        , encoindg='cp949'
        , usecols=['서울시 추가 확진'])
numOfInfected = datas['서울시 추가 확진'].values
```

그림 6-49 파일 로드

인공지능 시계열 데이터나 빅데이터는 데이터 전처리 과정이 필요합니다. 전처리 과정에는 정규화 과정도 필요합니다. 원인이 되는 x 데이터가 너무 한쪽에 몰려 있어 그 차이가 적을 때는 결과가 되는 y 값에 변화를 주기 어려울 때가 있습니다. 그럴 때 데이터를 고루 분산시켜주는 작업이 정규화입니다. 이렇게 정규화 작업 유무에 따라 결과의 정확도가 달라질 수 있습니다.

```
seq_len = 50
sequence_length = seq_len + 1

len(numOfInfected)

result = []
for index in range(len(numOfInfected) - sequence_length):
  result.append(numOfInfected[index:index + sequence_length])

normalized_data = []

for window in result:
  normalized_window = [((float(p) / float(window[0])) - 1) for p in window]
  normalized_data.append(normalized_window)


result = np.array(normalized_data)

row = int(result.shape[0]*0.9)
train = result[:row, :]
np.random.shuffle(train)

x_train = train[:,:-1]
x_train = np.reshape(x_train, (x_train.shape[0], x_train.shape[1], 1))
y_train = train[:,-1]

x_test = result[row:, :-1]
x_test = np.reshape(x_test, (x_test.shape[0], x_test.shape[1], 1))
y_test = result[row:,-1]

x_train.shape, x_test.shape
```

`((214, 50, 1), (24, 50, 1))`

그림 6-50 데이터 정규화

[그림 6-51]은 해당 데이터를 활용하기 위한 LSTM 인공지능 모듈을 모델링하는 코드입니다.
설정값에 대한 자세한 설명은 10장에서 다루도록 하겠습니다. [그림 6-52]는 앞선 데이터로
인공지능 모듈이 학습하는 코드입니다. 여기서 batch_size는 학습 단위이며, epochs는 학습
횟수입니다. 이 코드는 20개의 학습 단위로 20회 학습을 하는 코드입니다.

```
model = Sequential()

# LSTM
model.add(layers.LSTM(50, return_sequences=True, input_shape=(50,1)))

model.add(layers.LSTM(64, return_sequences=False))

model.add(Dense(1, activation='linear'))

model.compile(loss='mse',optimizer='rmsprop')
```

그림 6-51 데이터 모델링

```
▶  model.fit(x_train, y_train, validation_data=(x_test, y_test), batch_size=20, epochs=20)

☞  Epoch 1/20
    11/11 [==============================] - 1s 52ms/step - loss: 6.2500 - val_loss: 3.5586e-04
    Epoch 2/20
    11/11 [==============================] - 1s 50ms/step - loss: 6.1767 - val_loss: 0.0106
    Epoch 3/20
    11/11 [==============================] - 1s 51ms/step - loss: 5.8633 - val_loss: 2.2669e-04
    Epoch 4/20
```

그림 6-52 데이터 학습

[그림 6-53]은 본 인공지능 수행 결과를 나타낸 것입니다. 파란색은 실측값이며, 주황색은 예측값입니다. 본 인공지능 예측 모델에서는 변수가 단순 확진자 수 하나였기 때문에 예측 정확도가 많이 높지는 않습니다.

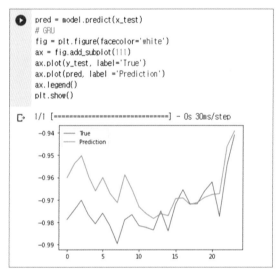

그림 6-53 데이터 시각화

6.4.2 지도에 표기하여 시각화하기

코로나19 확진자 수의 분포도 범주별로 지도 위에 시각화해보겠습니다. 데이터는 [그림 6-54]의 '서울시 코로나19 자치구별 확진자 발생동향'을 활용합니다.

그림 6-54 서울시 코로나19 자치구별 확진자 발생동향 데이터 다운로드[8]

다음과 같이 데이터 업로드 코드를 수행합니다.

```
import pandas as pd
import io
from google.colab import files

file_uploaded = files.upload()
```

그림 6-55 데이터 업로드

그리고 [그림 6-56]과 같이 구별로 확진자 수를 나누어 로드한 후 [그림 6-57]과 같이 데이터를 시각화합니다.

---

8 출처: http://data.seoul.go.kr/dataList/OA-20461/S/1/datasetView.do
  이 책의 깃허브에서 '서울시 코로나19 자치구별 확진자 발생동향.csv' 파일을 사용할 수 있습니다.

```
import numpy as np
import pandas as pd
import folium
import json

non_smoke_area = pd.read_csv(io.BytesIO(file_uploaded['서울시 코로나19 자치구별 확인자 발생동향.csv'])
                   , encoding='cp949')
#첫번째 로우
counts = non_smoke_area.loc[0]

datas = []
for i in range(0, len(counts)):
  if i % 2 == 1:
    #'XX구 전체' >> 'XX구' 변환
    gu_name = non_smoke_area.columns[i].split(" ")[0]

    #새로운 배열에 추가
    datas.append([gu_name, counts[i]])

# '기타' 데이터 삭제
del datas[len(datas) - 1]

real_numOfInfected = pd.DataFrame(datas, columns = ['name', 'values'])
real_numOfInfacted = real_numOfInfacted.sort_values(by = 'name')
```

그림 6-56 데이터 로드

```
geo_json = 'https://raw.githubusercontent.com/southkorea/seoul-maps/master/kostat/2013/json/seoul_municipalities_geo_simple.json'

m=folium.Map(
    location = [37.5502,126.982],
    tiles = 'Stamen Terrain',
    zoom_start = 11.2
)

folium.Choropleth(
    geo_data = geo_json,
    name = 'choropleth',
    data = real_numOfInfected,
    columns = ['name','values'],
    key_on = 'feature.properties.name',
    highlight = True,
    fill_color = 'PuRd',
    fill_opacity = 0.5,
    line_opacity = 1
).add_to(m)

m
```

그림 6-57 데이터 시각화

코드 실행 결과는 다음과 같습니다.

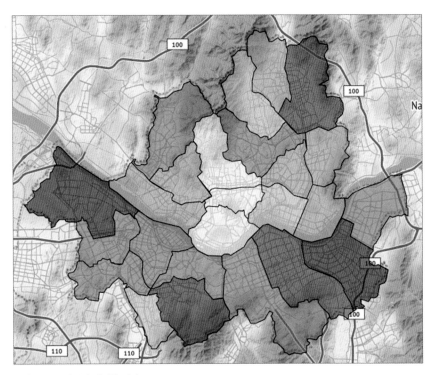

그림 6-58 범주별 시각화 결과

Google Colab on Smartphone

예제 6-6

스마트폰에서 위도 37.472908, 경도 127.039306에 해당하는 지도를 띄워보세요.

풀이 6-6

다음 그림을 참고하여 `folium` 라이브러리를 설치해주세요. 그리고 `folium.Map()` 함수를 사용하여 지도를 생성할 때 `location` 인수로 해당 위도와 경도를 넣어주세요. `zoom_start` 값은 자유롭게 지정하면 됩니다.

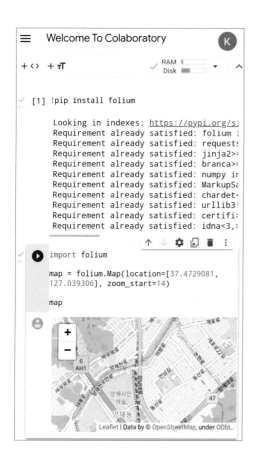

## CHAPTER 7

우표 수집하니? 난 데이터 수집한다!
_비정형 데이터 분석, 크롤링

비정형 데이터는 앞서 언급한 것처럼 구조화되지 않고 특정 포맷에 담기지 않은 데이터입니다.
이러한 데이터는 분석하거나 정리하기 위해 정형화해야 합니다.

7.1 웹 기반의 비정형 데이터 수집하기

이번 장에서는 비정형 데이터를 수집해보겠습니다. 웹에서 데이터를 수집하는 방법을 알아보
고 이러한 데이터를 주기적, 반복적으로 수집하면서 편리하게 업무해봅시다. 만약 여러분이 수
집하는 데이터의 양이 많아지면 더 큰 효과를 볼 수 있습니다.

7.1.1 셀레늄 프레임워크 소개

웹에서 데이터를 수집하는 방법은 여러 가지가 있습니다. 이를 **웹 크롤링**crawling이라 합니다. 웹
크롤링은 C나 자바와 같은 언어로도 할 수 있습니다. 이 책에서는 웹 크롤링이 가장 활성화된
파이썬을 사용해보겠습니다.

파이썬에서 웹 크롤링을 할 수 있는 라이브러리는 다양합니다. 이 장에서는 셀레늄Selenium을 통
한 웹 크롤링 방법에 대해 살펴보겠습니다.

셀레늄은 파이썬뿐 아니라 C#, Ruby, 자바, 자바스크립트JavaScript 등의 언어에서도 사용됩니

다. 셀레늄 라이브러리는 오픈소스이며, 파이참[PyCharm] 등의 IDE를 사용하면 웹 페이지를 사람이 직접 조작하는 것과 같은 효과를 볼 수 있습니다. 예를 들어 사람이 무언가 하지 않아도, 셀레늄은 코드만으로 웹 브라우저를 열어서 포털 사이트의 URL을 입력하고 뉴스 기사를 클릭하는 작동을 합니다. 그러나 구글 콜랩 환경에서는 크롤링의 과정이 백그라운드에서 진행되기 때문에 실제 작동 과정은 눈에 보이지 않습니다.

셀레늄에서 자주 사용하는 함수는 다음 [표 7-1]과 같습니다. 특정 URL에 접속하는 함수부터 자동으로 앞뒤로 이동하는 함수, 키를 입력하거나 특정 객체를 찾는 등 기본적인 함수에 대해 알아봅시다.

표 7-1 셀레늄 관련 함수

함수명	기능
get(URL)	해당 URL 접속
title()	현재 웹 페이지의 제목을 반환
back()	한 페이지 뒤로 이동
forward()	한 페이지 앞으로 이동
find_element(속성 종류, 속성값)	해당 속성 종류 값을 가진 객체 찾기
send_keys()	키를 입력
close()	브라우저 닫기

셀레늄을 사용하기 위해 다음과 같이 라이브러리를 설치합니다.

```
import sys

!sudo add-apt-repository ppa:saiarcot895/chromium-beta
!sudo apt remove chromium-browser
!sudo snap remove chromium
!sudo apt install chromium-browser

!pip3 install selenium
!apt-get update
!apt install chromium-chromedriver
!cp /usr/lib/chromium-browser/chromedriver /usr/bin

sys.path.insert(0,'/usr/lib/chromium-browser/chromedriver')
```

```
Get:5 http://security.ubuntu.com/ubuntu focal-security InRelease [114 kB]
Hit:6 http://archive.ubuntu.com/ubuntu focal InRelease
Get:7 http://archive.ubuntu.com/ubuntu focal-updates InRelease [114 kB]
Get:8 http://ppa.launchpad.net/c2d4u.team/c2d4u4.0+/ubuntu focal InRelease [18.1 kB]
Get:9 https://cloud.r-project.org/bin/linux/ubuntu focal-cran40/ Packages [71.6 kB]
Get:10 http://archive.ubuntu.com/ubuntu focal-backports InRelease [108 kB]
Hit:12 http://ppa.launchpad.net/cran/libgit2/ubuntu focal InRelease
Get:13 http://security.ubuntu.com/ubuntu focal-security/universe amd64 Packages [998 kB]
Hit:14 http://ppa.launchpad.net/deadsnakes/ppa/ubuntu focal InRelease
Get:15 http://archive.ubuntu.com/ubuntu focal-updates/main amd64 Packages [2,970 kB]
Get:16 http://security.ubuntu.com/ubuntu focal-security/main amd64 Packages [2,496 kB]
Hit:17 http://ppa.launchpad.net/graphics-drivers/ppa/ubuntu focal InRelease
Get:18 http://archive.ubuntu.com/ubuntu focal-updates/universe amd64 Packages [1,297 kB]
Get:19 http://ppa.launchpad.net/saiarcot895/chromium-beta/ubuntu focal InRelease [23.8 kB]
Hit:20 http://ppa.launchpad.net/ubuntugis/ppa/ubuntu focal InRelease
Get:21 http://ppa.launchpad.net/c2d4u.team/c2d4u4.0+/ubuntu focal/main Sources [2,386 kB]
Get:22 http://ppa.launchpad.net/c2d4u.team/c2d4u4.0+/ubuntu focal/main amd64 Packages [1,130 kB]
Get:23 http://ppa.launchpad.net/saiarcot895/chromium-beta/ubuntu focal/main amd64 Packages [2,829 B]
Fetched 11.7 MB in 5s (2,459 kB/s)
Reading package lists... Done
Reading package lists... Done
Building dependency tree
Reading state information... Done
Package 'chromium-browser' is not installed, so not removed
```

그림 7-1 셀레늄 모듈 설치[1]

셀레늄을 통해서 대한민국 정책브리핑 사이트에 들어가기 위해 해당 라이브러리를 import합니다. 구글 콜랩에서는 셀레늄이 가시적으로 웹 브라우저를 조작하지 않기 때문에 --headless와 --no-sandbox와 같은 옵션을 적용합니다. 이 옵션은 구글 콜랩에서만 사용하는 설정으로 파이참 등의 IDE에서는 사용 방법이 다르기 때문에 굳이 외울 필요는 없습니다.

----

1 출처 : https://launchpad.net/~saiarcot895/+archive/ubuntu/chromium-beta

```
import time
from selenium import webdriver
from selenium.webdriver.common.by import By
from selenium.webdriver.chrome.service import Service

options = webdriver.ChromeOptions()
options.add_argument('--headless')          # Head-less 설정
options.add_argument('--no-sandbox')
options.add_argument('--disable-dev-shm-usage')

webdriver_service = Service('/usr/bin/chromedriver')
driver = webdriver.Chrome(service = webdriver_service, options=options)

url = "https://www.korea.kr"
driver.get(url)

time.sleep(3)
print(driver.page_source)
```

```
<html lang="ko"><head>
        <title>대한민국 정책브리핑</title>




<meta charset="UTF-8">
<meta http-equiv="X-UA-Compatible" content="IE=edge">
<meta name="keywords" content="대한민국 정책브리핑,KOREA.KR,정책브리핑,정책포털,대한민국정책,대한민국,정부정책,정책,정책코리아">


<!-- sns이미지 -->




<meta name="description" content="문화체육관광부 국민소통실에서 운영하는 대한민국 정부 정책뉴스포털.">
```

그림 7-2 셀레늄 환경 설정 및 웹사이트 접속

다음 대한민국 정책브리핑[2]의 메인 페이지에서 [뉴스] 버튼을 클릭해보겠습니다.

그림 7-3 웹 페이지의 메뉴

---

2 출처: https://www.korea.kr/main.do

다음 그림과 같이 [뉴스] 버튼에 커서를 대고 우클릭하여 [검사]를 선택합니다. 그러면 '크롬 개발자 도구'의 소스 코드를 확인할 수 있습니다.

그림 7-4 웹 페이지의 소스 코드 보기 1[3]

다음 그림과 같이 해당 소스 코드에서 우클릭하여 [복사(Copy)] → [전체 XPath 복사(Copy full XPath)]를 선택하세요.

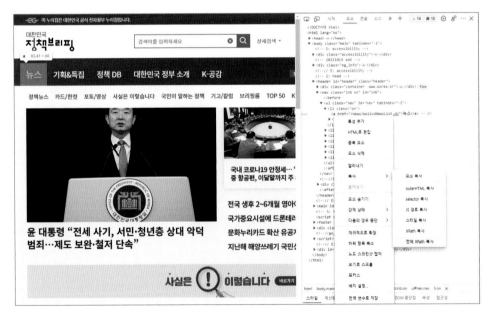

그림 7-5 웹 페이지의 소스 코드 보기 2

---

3 웹 브라우저는 구글 크롬, 마이크로소프트 에지, 파이어폭스 중 아무거나 사용해도 됩니다.

다음 코드와 같이 driver.find_element() 함수를 사용하여 복사한 XPath 주소를 가져옵니다. 이때 첫 번째 인수는 By.XPATH, 두 번째 인수는 복사한 XPath를 붙여 넣습니다. 그리고 click() 함수를 호출하여 해당 XPath 주소를 클릭하도록 만듭니다. 웹 페이지가 정상적으로 보일 때까지 시간을 주기 위해 time.sleep(3)을 설정하여 3초의 시간을 설정한 후 page_source를 출력합니다. 코드를 실행하면 메인 페이지에서 살펴봤던 내용과 다를 겁니다. 만약 특정 텍스트를 가져오고 싶다면 XPath의 .text를 출력하면 됩니다. driver.find_element(By.XPATH, "/html/body/header/nav/ul/li[1]/a").click()으로 해당 XPath를 클릭하기 위해 .click() 함수를 호출하였듯이 .text를 호출하면 텍스트가 출력됩니다.

```python
import time
from selenium import webdriver
from selenium.webdriver.common.by import By
from selenium.webdriver.chrome.service import Service

options = webdriver.ChromeOptions()
options.add_argument('--headless')          # Head-less 설정
options.add_argument('--no-sandbox')
options.add_argument('--disable-dev-shm-usage')

webdriver_service = Service('/usr/bin/chromedriver')
driver = webdriver.Chrome(service = webdriver_service, options=options)

url = "https://www.korea.kr"
driver.get(url)
time.sleep(3)

driver.find_element(By.XPATH, "/html/body/header/nav/ul/li[1]/a").click()
time.sleep(3)

print(driver.page_source)
```

그림 7-6 뉴스 버튼 클릭 코드

7.2 애국가에서 '대한'은 몇 번 등장할까?

4차 산업혁명 시대에는 사람의 많은 일을 인공지능 기술이 대체할 수 있게 되었습니다. 많은 분야에서 단순 작업은 기계가 합니다. 더 나아가 기계가 인간의 언어를 이해하여 무언가를 생성, 조작, 판단할 수 있기도 합니다. 인간의 언어를 컴퓨터가 이해하고, 해석하여 더 자연스럽게 처리할 수도 있습니다. 이러한 처리를 담당하는 모듈을 **자연어 처리**natural language processing (NLP)라고 합니다.

자연어 처리는 다양한 분야에서 사용됩니다. 어떤 글을 요약할 때 자주 등장하는 명사를 중심으로 파악하기도 하고, 챗봇과의 대화에서는 질문자의 의도를 더 정확하게 파악하기도 하며, 기계 번역에서는 단어의 품사를 구분하여 번역의 정확도도 높입니다.

인공지능 기반의 자연어 처리가 활성화되기 전에는 어떤 기계를 음성으로 조작하기 위해서 정해진 발화문을 활용해야 했습니다. 예를 들어 '오늘 날씨 어때?'라는 구문이 정해져 있었다면 '오늘 날씨 괜찮니?', '오늘 덥지 않니?' 등의 발화문은 인식을 하지 못하는 것입니다. 그리고 표준어가 아닌 방언이나 발화문 억양에도 차이가 있으면 인식을 하지 못하는 경우가 많았습니다. 이는 음성 인식뿐만 아니라 챗봇 등에서도 동일한 현상을 보였습니다.

7.2.1 NLP 모듈 소개

자연어 처리 모듈은 여러 프로그래밍 언어에서 다양하게 존재합니다. 이 책에서는 파이썬 기반 한국어 자연어 처리 모듈인 KoNLPy 패키지의 Hannanum, Kkma, Komoran, Mecab, Okt 등을 사용하겠습니다.

다음과 같이 KoNLPy 모듈을 설치합니다.

```
!pip install konlpy
Looking in indexes: https://pypi.org/simple, https://us-python.pkg.dev/colab-wheels/public/simple/
Collecting konlpy
  Downloading konlpy-0.6.0-py2.py3-none-any.whl (19.4 MB)
                                                    ━━━━ 19.4/19.4 MB 41.1 MB/s eta 0:00:00
Requirement already satisfied: numpy>=1.6 in /usr/local/lib/python3.8/dist-packages (from konlpy) (1.21.6)
Collecting JPype1>=0.7.0
  Downloading JPype1-1.4.1-cp38-cp38-manylinux_2_12_x86_64.manylinux2010_x86_64.whl (465 kB)
                                                    ━━━━ 465.6/465.6 kB 40.6 MB/s eta 0:00:00
Requirement already satisfied: lxml>=4.1.0 in /usr/local/lib/python3.8/dist-packages (from konlpy) (4.9.2)
Requirement already satisfied: packaging in /usr/local/lib/python3.8/dist-packages (from JPype1>=0.7.0->konlpy) (23.0)
Installing collected packages: JPype1, konlpy
Successfully installed JPype1-1.4.1 konlpy-0.6.0
```

그림 7-7 KoNLPy 설치 1

우선 KoNLPy 패키지의 Hannanum을 사용하겠습니다. Hannanum은 KAIST SWRC[Semantic Web Research Center]에서 개발한 모듈입니다. 모듈을 사용하기 위해 다음과 같이 관련 라이브러리를 import합니다. 그리고 Hannanum() 객체를 생성합니다.

```
import numpy as np
import pandas as pd
from konlpy.tag import Hannanum

hannanum = Hannanum()
```

그림 7-8 Hannanum 및 관련 라이브러리 초기화

다음 [표 7-2]와 같이 자연어 처리 라이브러리의 공통된 함수가 있습니다. morphs()는 해당 텍스트의 형태소를 반환하며, nouns()는 명사만 반환하고, pos()는 품사 정보를 포함하여 반환합니다.

표 7-2 자연어 처리 라이브러리 공통 함수

함수명	기능
morphs()	형태소를 반환
nouns()	명사를 반환
pos()	품사 정보를 포함하여 반환

[그림 7-9]는 Hannanum의 morphs() 함수를 사용하여 형태소를 분리한 결과와 nouns() 함수를 사용하여 명사만 파악한 결과, pos() 함수를 사용하여 품사 정보를 포함한 결과입니다. pos() 함수를 통해 품사 정보와 함께 반환된 결괏값에 대한 품사 기호인 N, J, P 등은 모듈마다 용어 차이가 있으니 각 모듈의 홈페이지에서 정의된 가이드를 확인해보세요.

```
text = "나는 학교에 간다"

print(hannanum.morphs(text))
print(hannanum.nouns(text))
print(hannanum.pos(text))

['나', '는', '학교', '에', '갈', 'ㄴ다']
['나', '학교']
[('나', 'N'), ('는', 'J'), ('학교', 'N'), ('에', 'J'), ('갈', 'P'), ('ㄴ다', 'E')]
```

그림 7-9 Hannanum 관련 함수 수행 결과

이번에는 Kkma를 사용해보겠습니다. 'Kkma'는 서울대학교 IDS[Intelligent Data Systems]에서 개발했습니다. 다음과 같이 Kkma 라이브러리를 import합니다. morphs(), nouns(), pos() 함수는 앞서 살펴본 것과 동일합니다. [그림 7-10]에서 pos() 함수를 통해 반환되는 각 품사 정보에

대한 기호는 [그림 7-9]에서 살펴본 것과 조금 다릅니다.

```
from konlpy.tag import Kkma

kkma = Kkma()

text = "나는 학교에 간다"

print(kkma.morphs(text))
print(kkma.nouns(text))
print(kkma.pos(text))

['나', '는', '학교', '에', '갈', 'ㄴ다']
['나', '학교']
[('나', 'NP'), ('는', 'JX'), ('학교', 'NNG'), ('에', 'JKM'), ('갈', 'VV'), ('ㄴ다', 'EFN')]
```

그림 7-10 Kkma 관련 함수 수행 결과

KEY POINT_

자연어 처리 모듈을 사용하는 방법은 비슷합니다. 따라서 사용할 라이브러리는 본인 개발에 맞도록 적절히 선택하면 됩니다.

앞서 확인한 **나는 학교에 간다**는 문장은 매우 간단하기 때문에 품사를 구분하는 능력에 대한 성능 차이는 크지 않습니다. 그러나 문장이 복잡하고 길면 라이브러리별로 성능 차이를 확인할 수 있습니다.

이번에는 애국가 가사에 '대한' 명사가 몇 번 등장하는지 알아봅시다. [그림 7-11]과 같이 Kkma 라이브러리를 import한 후 Kkma() 객체를 생성합니다. 애국가 1절부터 4절까지의 가사는 text1부터 text4까지의 변수에 대입합니다. '대한'은 명사이므로 nouns 함수를 사용하여 1절부터 4절까지 가사에서 명사를 반환받아 nouns 리스트에 대입합니다. 마지막으로 for 반복문을 수행하여 nouns 리스트에 포함된 명사 중 '대한'과 일치한다면 count 변수를 1씩 증가시켜 값을 출력합니다. 이 코드를 수행하면 '대한'은 애국가 1절부터 4절까지 총 4회 등장했음을 알 수 있습니다.

```
from konlpy.tag import Kkma

kkma = Kkma()

text1 = "동해물과 백두산이 마르고 닳도록 하느님이 보우하사 우리나라 만세 무궁화 삼천리 화려강산 대한 사람 대한으로 길이 보전하세"
text2 = "남산 위에 저 소나무 철갑을 두른 듯 바람 서리 불변함은 우리 기상일세 무궁화 삼천리 화려강산 대한 사람 대한으로 길이 보전하세"
text3 = "가을 하늘 공활한데 높고 구름 없이 밝은 달은 우리 가슴 일편단심일세 무궁화 삼천리 화려강산 대한 사람 대한으로 길이 보전하세"
text4 = "이 기상과 이 맘으로 충성을 다하여 괴로우나 즐거우나 나라 사랑하세 무궁화 삼천리 화려강산 대한 사람 대한으로 길이 보전하세"

nouns = []
nouns.append(kkma.nouns(text1))
nouns.append(kkma.nouns(text2))
nouns.append(kkma.nouns(text3))
nouns.append(kkma.nouns(text4))

count = 0

for i in range(0, len(nouns)):
  for j in range(0, len(nouns[i])):
    if "대한" == nouns[i][j]:
      count = count + 1

print(count)

4
```

그림 7-11 Kkma 관련 함수 수행 결과

7.2.2 wordcloud 모듈 소개

워드클라우드wordcloud는 문서에서 키워드나 개념 등을 직관적으로 파악할 수 있는 시각화 모듈입니다. 다음 그림과 같이 해당 문서에서 많이 등장하는 키워드를 더 크게 표현하고, 상대적으로 적게 등장하는 키워드는 작게 표현합니다.

그림 7-12 워드클라우드

워드클라우드를 사용하기 위해 [그림 7-13]과 같이 관련 라이브러리를 import합니다. 구글 콜랩에서는 기본적으로 한글이 깨져서 출력되기 때문에 관련 폰트를 로드한 후 설정해주어야 합니다. 다음 코드에서 import 구문 뒤 NanumBarunGothic.ttf와 같은 폰트 파일 로드나 설정은 한글 출력을 위한 것입니다.

```
import matplotlib as mpl
import matplotlib.pyplot as plt
import matplotlib.font_manager as fm

%config InlineBackend.figure_format = 'retina'

!apt -qq -y install fonts-nanum

fontpath = '/usr/share/fonts/truetype/nanum/NanumBarunGothic.ttf'
font = fm.FontProperties(fname=fontpath, size=9)
plt.rc('font', family='NanumBarunGothic')

The following package was automatically installed and is no longer required:
  libnvidia-common-510
Use 'apt autoremove' to remove it.
The following NEW packages will be installed:
  fonts-nanum
0 upgraded, 1 newly installed, 0 to remove and 21 not upgraded.
Need to get 9,599 kB of archives.
After this operation, 29.6 MB of additional disk space will be used.
Selecting previously unselected package fonts-nanum.
(Reading database ... 128126 files and directories currently installed.)
Preparing to unpack .../fonts-nanum_20180306-3_all.deb ...
Unpacking fonts-nanum (20180306-3) ...
Setting up fonts-nanum (20180306-3) ...
Processing triggers for fontconfig (2.13.1-2ubuntu3) ...
```

그림 7-13 워드클라우드 기본 설정[4]

설정을 완료한 후 애국가 가사를 워드클라우드로 시각화해보겠습니다. 애국가 가사 1절부터 4절까지 문자열 변수를 text 변수에 모아서 WordCloud.generate()의 인수로 포함합니다. 그리고 워드클라우드의 그림 출력 관련된 설정을 하고 show() 함수를 호출하면 그림을 확인할 수 있습니다.

----

4 !apt —qq는 한글 출력이 깨지는 경우 나눔 폰트를 설치하는 명령어입니다.
  fontpath를 통해 나눔 폰트 설치 후 사용할 폰트의 경로를 설정합니다.
  matplotlib은 파이썬 기반의 시각화 라이브러리입니다. 이 라이브러리를 통해 히스토그램, 산점도, 3D 플롯 등 다양한 그래프를 그릴 수 있습니다.

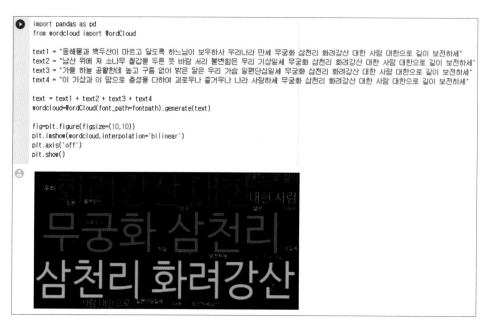

```
import pandas as pd
from wordcloud import WordCloud

text1 = "동해물과 백두산이 마르고 닳도록 하느님이 보우하사 우리나라 만세 무궁화 삼천리 화려강산 대한 사람 대한으로 길이 보전하세"
text2 = "남산 위에 저 소나무 철갑을 두른 듯 바람 서리 불변함은 우리 기상일세 무궁화 삼천리 화려강산 대한 사람 대한으로 길이 보전하세"
text3 = "가을 하늘 공활한데 높고 구름 없이 밝은 달은 우리 가슴 일편단심일세 무궁화 삼천리 화려강산 대한 사람 대한으로 길이 보전하세"
text4 = "이 기상과 이 맘으로 충성을 다하여 괴로우나 즐거우나 나라 사랑하세 무궁화 삼천리 화려강산 대한 사람 대한으로 길이 보전하세"

text = text1 + text2 + text3 + text4
wordcloud=WordCloud(font_path=fontpath).generate(text)

fig=plt.figure(figsize=(10,10))
plt.imshow(wordcloud,interpolation='bilinear')
plt.axis('off')
plt.show()
```

그림 7-14 워드클라우드 실행 결과

워드클라우드의 배경 모양으로 하트, 사과 등 다양한 마스크를 사용하여 키워드를 표현할 수 있습니다. 배경에 해당하는 마스크를 구글 드라이브에 업로드하고 해당 파일을 마스크로 설정하면 됩니다.

'Alice' 캐릭터 위에 워드클라우드를 시각화해보겠습니다. 다음 [그림 7-15]와 같이 구글 드라이브(https://drive.google.com)에 접속합니다. 그리고 확보한 Alice 캐릭터 그림을 업로드합니다.

그림 7-15 구글 드라이브

구글 드라이브와 구글 콜랩을 연동하기 위해 다음의 코드를 실행합니다.

```
from google.colab import drive
drive.mount('/content/drive')

Mounted at /content/drive
```

그림 7-16 구글 드라이브와 구글 콜랩 연동 코드

[그림 7–17]과 [그림 7–14] 코드의 차이점은 마스크 적용 유무입니다. [그림 7–17]과 같이 마스크를 읽어오기 위해 numpy와 Image 라이브러리를 import합니다. 그리고 Image.open() 함수를 사용하여 구글 드라이브에 있는 mask.png 파일을 읽어옵니다. 마지막으로 Word Cloud() 함수의 인수로 mask를 추가하여 불러온 이미지를 대입합니다. 그러면 워드클라우드의 배경을 Alice 그림으로 설정할 수 있습니다.

```
import requests
import pandas as pd
import numpy as np
from wordcloud import WordCloud
import matplotlib.pyplot as plt
from PIL import Image

text1 = "동해물과 백두산이 마르고 닳도록 하느님이 보우하사 우리나라 만세 무궁화 삼천리 화려강산 대한 사람 대한으로 길이 보전하세"
text2 = "남산 위에 저 소나무 철갑을 두른 듯 바람 서리 불변함은 우리 기상일세 무궁화 삼천리 화려강산 대한 사람 대한으로 길이 보전하세"
text3 = "가을 하늘 공활한데 높고 구름 없이 밝은 달은 우리 가슴 일편단심일세 무궁화 삼천리 화려강산 대한 사람 대한으로 길이 보전하세"
text4 = "이 기상과 이 맘으로 충성을 다하여 괴로우나 즐거우나 나라 사랑하세 무궁화 삼천리 화려강산 대한 사람 대한으로 길이 보전하세"

text = text1 + text2 + text3 + text4

alice_mask = np.array(Image.open("/content/drive/MyDrive/mask.png"))

wordcloud=WordCloud(font_path=fontpath, mask=alice_mask).generate(text)

fig=plt.figure(figsize=(15,15))
plt.imshow(wordcloud,interpolation='bilinear')
plt.axis('off')
plt.show()
```

그림 7-17 Alice 그림 적용 워드클라우드

7.2.3 NetworkX 모듈 소개

이번 절에서는 네트워크 분석을 쉽게 할 수 있는 **NetworkX 모듈**을 살펴보겠습니다.

NetworkX를 사용하기에 앞서 네트워크 분석 개념을 살펴보겠습니다. 네트워크 분석은 경제학, 경영학 등 사회과학 분야뿐 아니라 의학, 생물학, 화학 등 바이오 분야에서도 활용되어 요소 간 관계를 파악하는 방법론입니다. 네트워크 분석에 기본적으로 알아야 할 용어는 노드[node]

와 에지edge입니다. 노드는 '개체'를 의미하며, 에지는 '개체 간의 관계'를 표현하는 선입니다.

예를 들어 숫자 1부터 4까지 4개의 노드가 존재한다고 가정해봅시다. 이때 1이 2, 3, 4와 모두 관련이 있고, 2와 3도 서로 관련이 있다고 하면 다음과 같이 표현할 수 있습니다.

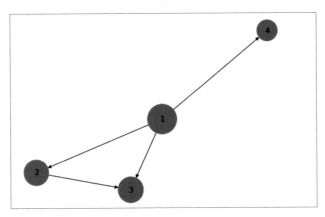

그림 7-18 네트워크 분석 그림[5]

NetworkX 라이브러리를 통해 자주 사용하는 함수는 [표 7–3]과 같고, 이는 그래프를 그리기 위한 함수부터 노드, 에지를 그리기 위한 함수입니다. draw() 함수를 통해 화면에 그래프를 그려 시각화할 수 있습니다.

표 7-3 NetworkX 관련 함수

함수명	기능
Graph()	무방향성 그래프 생성
DiGraph()	방향성 그래프 생성
add_node()	노드 생성 또는 추가
add_edge()	에지 생성 또는 추가
draw()	그래프 그리기

[그림 7–18]을 파이썬 코드로 그려봅시다. 다음과 같이 네트워크 분석 모듈 networkx와 그래프를 그리기 위한 matplotlib를 import합니다. 그리고 DiGraph()를 호출하여 네트워크 분석 객체를 생성합니다.

---

5 그림과 다른 결과물이 나올 수 있습니다. 네트워크 분석은 노드와 에지를 기반으로 관계를 표현했기 때문에 실행할 때마다 그 모양이 조금씩 달라질 수 있습니다.

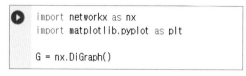

```
import networkx as nx
import matplotlib.pyplot as plt

G = nx.DiGraph()
```

그림 7-19 Networkx 라이브러리 초기화

[그림 7-20]과 같이 노드와 에지를 구성하는 코드를 작성합니다. [그림 7-18]에서 노드는 숫자 1부터 4까지 총 4개입니다. G.add_nodes_from( ) 함수를 호출하여 리스트의 원소로 숫자 1부터 4까지 대입합니다. 그리고 이 노드를 연결하는 에지는 G.add_edges_from( ) 함수로 구성합니다. 1과 2를 연결하기 위하여 (1, 2), 1과 3을 연결하기 위하여 (1, 3), 1과 4를 연결하기 위하여 (1, 4) 그리고 2와 3을 연결하기 위하여 (2, 3)을 원소로 하는 리스트를 인수로 대입합니다. nx.degree( ) 함수로 구성한 노드와 에지를 대입하여 결과를 구성하고, nx.draw( ) 함수를 사용하여 출력합니다.

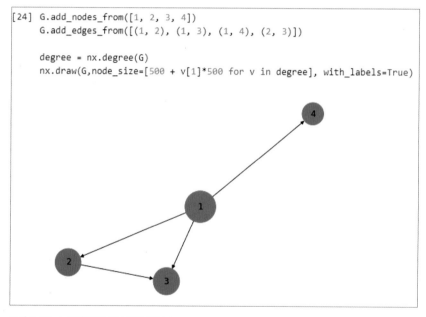

```
[24] G.add_nodes_from([1, 2, 3, 4])
     G.add_edges_from([(1, 2), (1, 3), (1, 4), (2, 3)])

     degree = nx.degree(G)
     nx.draw(G,node_size=[500 + v[1]*500 for v in degree], with_labels=True)
```

그림 7-20 노드와 에지 생성 예제 코드 1

이번에는 텍스트를 노드로 하는 [그림 7-21]과 같은 네트워크 분석 시각화를 살펴보겠습니다. 이 그래프는 [그림 7-20]과 비교했을 때 에지 방향성 차이가 있습니다. [그림 7-21]에

는 에지의 방향성을 나타내는 화살표가 포함되어 있지 않습니다. 화살표를 포함하고 싶다면
nx.Graph() 함수 대신에 nx.DiGraph() 함수를 사용하면 됩니다.

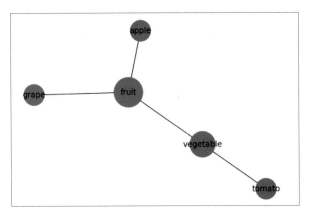

그림 7-21 Networkx 그림

[그림 7-22]는 nx.DiGraph() 함수 대신 nx.Graph() 함수를 사용했습니다. 그리고 다음과
같이 노드의 이름을 fruit, apple, graph, vegetable, tomato로 설정한 후 각 노드를 에지로
연결하면 됩니다.

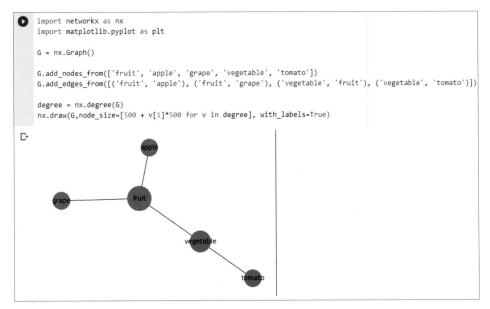

```python
import networkx as nx
import matplotlib.pyplot as plt

G = nx.Graph()

G.add_nodes_from(['fruit', 'apple', 'grape', 'vegetable', 'tomato'])
G.add_edges_from([('fruit', 'apple'), ('fruit', 'grape'), ('vegetable', 'fruit'), ('vegetable', 'tomato')])

degree = nx.degree(G)
nx.draw(G,node_size=[500 + v[1]*500 for v in degree], with_labels=True)
```

그림 7-22 노드와 에지 생성 예제 코드 2

7.2.4 정규 표현식 활용하기

7장에서는 다양한 문자나 문자열을 다룹니다. 문자열을 다룰 때 '정규 표현식'을 많이 사용합니다. 정규 표현식은 특정한 규칙을 가진 문자열의 집합을 표현하는 방법입니다. 예를 들어 영어 알파벳만 필터링하거나, 특수문자만 필터링할 때에 반복문이 아닌 정규 표현식을 사용합니다.

정규 표현식은 메타 문자$^{meta\ character}$를 이용합니다. 메타 문자는 해당 문자가 가진 원래의 뜻이 아닌 특별한 용도로 사용하는 것입니다. 예를 들어 메타 문자는 다음과 같습니다.

. ^ $ * + ? { } [ ] \ ¦ ( )

메타 문자와 re 모듈의 함수를 사용하여 다양한 조건식을 만들 수 있습니다.

표 7-4 re 모듈 관련 함수

함수명	설명
match()	문자열의 처음부터 정규식과 매치되는지 조사하여 반환
search()	문자열 전체를 검색하여 정규식과 매치되는 값을 반환
findall()	정규식과 매치되는 모든 문자열을 리스트로 반환
finditer()	정규식과 매치되는 모든 문자열을 반복 가능한 객체로 반환

[그림 7-23] 코드는 match() 함수를 사용하여 문자열의 앞부터 정규식과 매치되는 것을 조사하고 반환합니다. re 모듈을 import한 후, testString 문자열에 afternoon을 대입합니다. 그리고 re 모듈의 match() 함수를 호출하여 첫 인수로 aft.을 대입하고, 두 번째 인수로 testString을 대입합니다. print() 함수를 사용하여 앞서 연산된 match() 함수의 결괏값을 group() 함수로 반환하면 'aft'로 시작되는 첫 문자열을 확인할 수 있습니다.

```
import re

testString = 'afternoon'

matched = re.match('aft.', testString)
print(matched.group())

afte
```

그림 7-23 match() 예제

[그림 7-24] 코드는 일치하는 문자열 전체를 반환하는 findall() 함수를 사용한 예제입니다. [그림 7-23] 코드와 비슷하나, testString에 'aft'로 시작하는 afterall을 하나 추가했습니다. 그리고 findall() 함수를 통해 일치하는 값을 반환합니다.

```
import re

testString = 'afternoon afterall'

matched = re.findall('aft.', testString)
print(matched)

['afte', 'afte']
```

그림 7-24 findall() 예제

7.2.5 연습문제(NLP, wordcloud, NetworkX)

예제 7-1

자연어 처리 모듈을 사용하여 '대통령실 뉴스룸'의 최근 기사 제목 5개를 모아 명사만 추출해보세요.

> HINT_
>
> 대통령실 뉴스룸 기사: https://www.president.go.kr/ko/contents_new.php?id=brief

해당 웹 페이지에서 기사 제목의 XPath를 모읍니다. 3개를 모아서 확인해보면 다음과 같이 특정 부분의 인덱스가 1씩 증가하는 규칙을 볼 수 있습니다. 이런 경우에는 해당 부분만 값을 1씩 올려줄 수 있도록 for 반복문을 수행하면 됩니다.

```
/html/body/div[3]/div/section[2]/div[1]/a
/html/body/div[3]/div/section[2]/div[2]/a
/html/body/div[3]/div/section[2]/div[3]/a
...
```

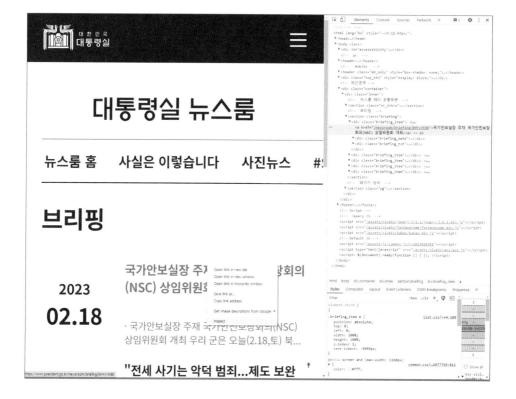

다음 코드와 같이 selenium 라이브러리를 설치하고 관련 설정을 구성합니다. 다음 코드를 수행하면 수 초 또는 수십 초 후에 라이브러리 설치를 계속할지 묻는 문구가 나옵니다. 이때 엔터 키를 입력한 후 진행하면 약 1~2분 뒤에 설치가 완료됩니다.

```
import sys

!sudo add-apt-repository ppa:saiarcot895/chromium-beta
!sudo apt remove chromium-browser
!sudo snap remove chromium
!sudo apt install chromium-browser

!pip3 install selenium
!apt-get update
!apt install chromium-chromedriver
!cp /usr/lib/chromium-browser/chromedriver /usr/bin

sys.path.insert(0,'/usr/lib/chromium-browser/chromedriver')
```

```
Get:5 http://security.ubuntu.com/ubuntu focal-security InRelease [114 kB]
Hit:6 http://archive.ubuntu.com/ubuntu focal InRelease
Get:7 http://archive.ubuntu.com/ubuntu focal-updates InRelease [114 kB]
Get:8 http://ppa.launchpad.net/c2d4u.team/c2d4u4.0+/ubuntu focal InRelease [18.1 kB]
Get:9 https://cloud.r-project.org/bin/linux/ubuntu focal-cran40/ Packages [71.6 kB]
Get:10 http://archive.ubuntu.com/ubuntu focal-backports InRelease [108 kB]
Hit:12 http://ppa.launchpad.net/cran/libgit2/ubuntu focal InRelease
Get:13 http://security.ubuntu.com/ubuntu focal-security/universe amd64 Packages [998 kB]
Hit:14 http://ppa.launchpad.net/deadsnakes/ppa/ubuntu focal InRelease
Get:15 http://archive.ubuntu.com/ubuntu focal-updates/main amd64 Packages [2,970 kB]
Get:16 http://security.ubuntu.com/ubuntu focal-security/main amd64 Packages [2,496 kB]
Hit:17 http://ppa.launchpad.net/graphics-drivers/ppa/ubuntu focal InRelease
Get:18 http://archive.ubuntu.com/ubuntu focal-updates/universe amd64 Packages [1,297 kB]
Get:19 http://ppa.launchpad.net/saiarcot895/chromium-beta/ubuntu focal InRelease [23.8 kB]
Hit:20 http://ppa.launchpad.net/ubuntugis/ppa/ubuntu focal InRelease
Get:21 http://ppa.launchpad.net/c2d4u.team/c2d4u4.0+/ubuntu focal/main Sources [2,386 kB]
Get:22 http://ppa.launchpad.net/c2d4u.team/c2d4u4.0+/ubuntu focal/main amd64 Packages [1,130 kB]
Get:23 http://ppa.launchpad.net/saiarcot895/chromium-beta/ubuntu focal/main amd64 Packages [2,829 B]
Fetched 11.7 MB in 5s (2,459 kB/s)
Reading package lists... Done
Reading package lists... Done
Building dependency tree
Reading state information... Done
Package 'chromium-browser' is not installed, so not removed
```

이제 for 문을 통한 반복문을 구성합니다. 앞서 설명한 것처럼 XPath의 특정 부분 인덱스가 1부터 1씩 올라갑니다. 해당 페이지에서 보이는 기사가 5개이므로 range(1, 6)으로 설정합니다. 그러면 해당 XPath의 텍스트를 읽어와 다음 그림과 같이 5개의 기사 제목이 출력됩니다.

```
import time
from selenium import webdriver
from selenium.webdriver.common.by import By
from selenium.webdriver.chrome.service import Service

options = webdriver.ChromeOptions()
options.add_argument('--headless')          # Head-less 설정
options.add_argument('--no-sandbox')
options.add_argument('--disable-dev-shm-usage')

webdriver_service = Service('/usr/bin/chromedriver')
driver = webdriver.Chrome(service = webdriver_service, options=options)

url = "https://www.president.go.kr/ko/contents_new.php?id=brief"
driver.get(url)

time.sleep(3)

for i in range(1, 6):
    titleXpath = "/html/body/div[3]/div/section[2]/div[" + str(i) + "]/a"
    title = driver.find_element(By.XPATH, titleXpath).text
    print(title)
```

```
국가안보실장 주재 국가안전보장회의(NSC) 상임위원회 개최
"전세 사기는 악덕 범죄...제도 보완과 철저한 단속 당부"
"여러분의 희생, 헌신, 봉사가 우리 사회 발전시켜"
윤석열 대통령, 나눔과 배려를 실천하는 공로자에게 국민추천포상 수여
"몽골, 부산 세계박람회 지지 감사...다양한 분야에서 협력 확대 기대"
```

이제 NLP를 사용해서 명사를 추출해보겠습니다. 다음 그림을 참고하여 KoNLPy 모듈을 설치합니다.

```
!pip install konlpy
Looking in indexes: https://pypi.org/simple, https://us-python.pkg.dev/colab-wheels/public/simple/
Collecting konlpy
  Downloading konlpy-0.6.0-py2.py3-none-any.whl (19.4 MB)
     |████████████████████████████████| 19.4 MB 872 kB/s
Collecting JPype1>=0.7.0
  Downloading JPype1-1.4.0-cp37-cp37m-manylinux_2_5_x86_64.manylinux1_x86_64.whl (453 kB)
     |████████████████████████████████| 453 kB 85.8 MB/s
Requirement already satisfied: lxml>=4.1.0 in /usr/local/lib/python3.7/dist-packages (from konlpy) (4.9.1)
Requirement already satisfied: numpy>=1.6 in /usr/local/lib/python3.7/dist-packages (from konlpy) (1.21.6)
Requirement already satisfied: typing-extensions in /usr/local/lib/python3.7/dist-packages (from JPype1>=0.7.0->konlpy) (4.1.1)
Installing collected packages: JPype1, konlpy
Successfully installed JPype1-1.4.0 konlpy-0.6.0
```

NLP를 사용하기 위해 numpy, pandas, Hannanum 관련 라이브러리를 import합니다. Hannanum()
객체를 생성하고, for 문을 통해 게시글의 제목을 읽어온 후, 해당 문자열을 hannanum.
nouns() 함수의 인수로 넣습니다. 이 함수를 통해 반환된 결과를 nouns 리스트에 넣고 출력하
면 제목별로 추출된 명사를 확인할 수 있습니다. 물론 NLP 라이브러리 종류에 따라 차이가 있
지만, 아직은 어떤 라이브러리도 품사를 완벽하게 구분해내는 것은 불가능합니다.

```
import time
from selenium import webdriver
from selenium.webdriver.common.by import By
from selenium.webdriver.chrome.service import Service
from konlpy.tag import Hannanum

options = webdriver.ChromeOptions()
options.add_argument('--headless')          # Head-less 설정
options.add_argument('--no-sandbox')
options.add_argument('--disable-dev-shm-usage')

webdriver_service = Service('/usr/bin/chromedriver')
driver = webdriver.Chrome(service = webdriver_service, options=options)

hannanum = Hannanum()

url = "https://www.president.go.kr/ko/contents_new.php?id=brief"
driver.get(url)

time.sleep(3)

for i in range(1, 6):
    titleXpath = "/html/body/div[3]/div/section[2]/div[" + str(i) + "]/a"
    title = driver.find_element(By.XPATH, titleXpath).text
    nouns = hannanum.nouns(title)
    print(nouns)

['국가안보실장', '주재', '국가안전보장회의(NSC)', '상임위원회', '개최']
['전세', '악덕', '범죄', '제', '보완', '철저', '단속', '당부']
['여러분', '희생', '헌신', '봉사', '우리', '사회', '발전']
['윤석열', '대통령', '배려', '실천', '공로자', '국민추천포상', '수여']
['몽골', '부산', '세계박람회', '감사', '다양한', '분야', '협력', '확대', '기대']
```

예제 7-2

[예제 7-1]과 같이 '대통령실 뉴스룸'의 최근 기사 제목 5개에 대해서 워드클라우드로 시각화
해보세요.

풀이 7-2

다음 그림과 같이 앞서 수행한 selenium 라이브러리는 설정이 되어 있어야 합니다.

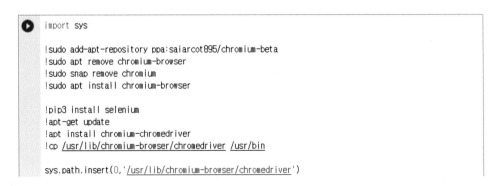

```
import sys

!sudo add-apt-repository ppa:saiarcot895/chromium-beta
!sudo apt remove chromium-browser
!sudo snap remove chromium
!sudo apt install chromium-browser

!pip3 install selenium
!apt-get update
!apt install chromium-chromedriver
!cp /usr/lib/chromium-browser/chromedriver /usr/bin

sys.path.insert(0, '/usr/lib/chromium-browser/chromedriver')
```

```
Get:5 http://security.ubuntu.com/ubuntu focal-security InRelease [114 kB]
Hit:6 http://archive.ubuntu.com/ubuntu focal InRelease
Get:7 http://archive.ubuntu.com/ubuntu focal-updates InRelease [114 kB]
Get:8 http://ppa.launchpad.net/c2d4u.team/c2d4u4.0+/ubuntu focal InRelease [18.1 kB]
Get:9 https://cloud.r-project.org/bin/linux/ubuntu focal-cran40/ Packages [71.6 kB]
Get:10 http://archive.ubuntu.com/ubuntu focal-backports InRelease [108 kB]
Hit:12 http://ppa.launchpad.net/cran/libgit2/ubuntu focal InRelease
Get:13 http://security.ubuntu.com/ubuntu focal-security/universe amd64 Packages [998 kB]
Hit:14 http://ppa.launchpad.net/deadsnakes/ppa/ubuntu focal InRelease
Get:15 http://archive.ubuntu.com/ubuntu focal-updates/main amd64 Packages [2,970 kB]
Get:16 http://security.ubuntu.com/ubuntu focal-security/main amd64 Packages [2,496 kB]
Hit:17 http://ppa.launchpad.net/graphics-drivers/ppa/ubuntu focal InRelease
Get:18 http://archive.ubuntu.com/ubuntu focal-updates/universe amd64 Packages [1,297 kB]
Get:19 http://ppa.launchpad.net/saiarcot895/chromium-beta/ubuntu focal InRelease [23.8 kB]
Hit:20 http://ppa.launchpad.net/ubuntugis/ppa/ubuntu focal InRelease
Get:21 http://ppa.launchpad.net/c2d4u.team/c2d4u4.0+/ubuntu focal/main Sources [2,386 kB]
Get:22 http://ppa.launchpad.net/c2d4u.team/c2d4u4.0+/ubuntu focal/main amd64 Packages [1,130 kB]
Get:23 http://ppa.launchpad.net/saiarcot895/chromium-beta/ubuntu focal/main amd64 Packages [2,829 B]
Fetched 11.7 MB in 5s (2,459 kB/s)
Reading package lists... Done
Reading package lists... Done
Building dependency tree
Reading state information... Done
Package 'chromium-browser' is not installed, so not removed
```

셀레늄을 통해 가져온 기사의 제목을 하나의 문자열에 다 모을 수 있도록 다음 그림과 같이 titles라는 문자열 변수를 선언했습니다. 그리고 for 반복문을 통해 제목을 읽어올 때마다 이 문자열에 계속 이어 붙이도록 했습니다.

```python
import time
from selenium import webdriver
from selenium.webdriver.common.by import By
from selenium.webdriver.chrome.service import Service

options = webdriver.ChromeOptions()
options.add_argument('--headless')          # Head-less 설정
options.add_argument('--no-sandbox')
options.add_argument('--disable-dev-shm-usage')

webdriver_service = Service('/usr/bin/chromedriver')
driver = webdriver.Chrome(service = webdriver_service, options=options)

url = "https://www.president.go.kr/ko/contents_new.php?id=brief"
driver.get(url)

time.sleep(3)

titles = ""

for i in range(1, 6):
    titleXpath = "/html/body/div[3]/div/section[2]/div[" + str(i) + "]/a"
    title = driver.find_element(By.XPATH, titleXpath).text
    titles = titles + " " + title

print(titles)
```

국가안보실장 주재 국가안전보장회의(NSC) 상임위원회 개최 "전세 사기는 악덕 범죄...제도 보완과 철저한 단속 당부" "여러분의 희생, 헌신, 봉사가 우리 사회 발전시켜"

이렇게 모인 제목을 워드클라우드로 시각화해보겠습니다. 다음 코드는 앞서 실습했던 워드클라우드의 기본 설정과 크게 다르지 않습니다.

```
import matplotlib as mpl
import matplotlib.pyplot as plt
import matplotlib.font_manager as fm

%config InlineBackend.figure_format = 'retina'

!apt -qq -y install fonts-nanum

fontpath = '/usr/share/fonts/truetype/nanum/NanumBarunGothic.ttf'
font = fm.FontProperties(fname=fontpath, size=9)
plt.rc('font', family='NanumBarunGothic')
mpl.font_manager._rebuild()

The following packages were automatically installed and are no longer required:
  apparmor liblzo2-2 libnvidia-common-510 snapd squashfs-tools
Use 'apt autoremove' to remove them.
The following NEW packages will be installed:
  fonts-nanum
0 upgraded, 1 newly installed, 0 to remove and 22 not upgraded.
Need to get 9,599 kB of archives.
After this operation, 29.6 MB of additional disk space will be used.
Selecting previously unselected package fonts-nanum.
(Reading database ... 128837 files and directories currently installed.)
Preparing to unpack .../fonts-nanum_20180306-3_all.deb ...
Unpacking fonts-nanum (20180306-3) ...
Setting up fonts-nanum (20180306-3) ...
Processing triggers for fontconfig (2.13.1-2ubuntu3) ...
```

모은 기사 제목에 해당하는 `titles` 변수를 wordcloud 모듈에 대입하면 다음 그림과 같은 결과를 얻을 수 있습니다.

```
import requests
import pandas as pd
from wordcloud import WordCloud
import matplotlib.pyplot as plt

wordcloud=WordCloud(font_path=fontpath).generate(titles)

fig=plt.figure(figsize=(10,10))
plt.imshow(wordcloud,interpolation='bilinear')
plt.axis('off')
plt.show()
```

예제 7-3

청와대 영문 웹 페이지[6]에서 'Speechs' 게시글의 제목 두 개를 선택하세요. 그리고 해당 제목의 단어를 NetworkX로 시각화해보세요. 각 제목에서 명사를 추출한 결과를 기반으로 모든 경우의 수를 매칭하세요. 예를 들어 A, B, C라는 명사가 있을 때, (A, B), (A, C), (B, C)로 매칭합니다.

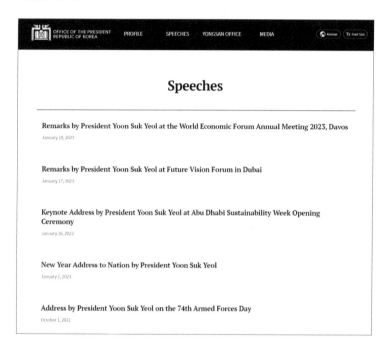

HINT_

2개의 원소를 가지는 조합을 구하는 코드는 다음 그림과 같습니다.

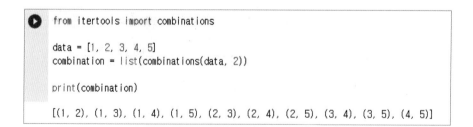

```
from itertools import combinations

data = [1, 2, 3, 4, 5]
combination = list(combinations(data, 2))

print(combination)

[(1, 2), (1, 3), (1, 4), (1, 5), (2, 3), (2, 4), (2, 5), (3, 4), (3, 5), (4, 5)]
```

6 출처: https://eng.president.go.kr/speeches

```
import nltk

nltk.download('punkt')

print(nltk.word_tokenize("I am a boy"))

[nltk_data] Downloading package punkt to /root/nltk_data...
[nltk_data]   Unzipping tokenizers/punkt.zip.
['I', 'am', 'a', 'boy']
```

[풀이 7-3]

다음 코드는 [예제 7-1]의 풀이와 크게 다르지 않습니다. URL만 청와대 'Speechs' 게시판의
영문 페이지로 연결했습니다.

```
import time
from selenium import webdriver
from selenium.webdriver.common.by import By
import numpy as np
import pandas as pd
from itertools import combinations


options = webdriver.ChromeOptions()
options.add_argument('--headless')
options.add_argument('--no-sandbox')
options.add_argument('--disable-dev-shm-usage')
driver = webdriver.Chrome('chromedriver', options=options)

url = "https://eng.president.go.kr/sub/Speeches.php"
driver.get(url)

time.sleep(3)
```

게시글 제목에서 공통점이 있는 것을 묶어야 노드 간의 연결성을 볼 수 있습니다. 그래서 첫 번
째와 두 번째 게시글인 'Remarks by President Yoon Suk Yeol at the World Economic
Forum Annual Meeting 2023, Davos', 'Remarks by President Yoon Suk Yeol at
Future Vision Forum in Dubai'에 대한 XPath를 다음과 같이 확인했습니다.

```
/html/body/div[2]/div/section[2]/div[1]/a
/html/body/div[2]/div/section[2]/div[2]/a
```

앞선 예제와 같이 for 반복문을 수행해서 원하는 값을 가져옵시다. 각 제목에서 모인 문자열을 영어 자연어 처리 라이브러리인 **NLTK**에 넣어 단어로 분리한 후, allWords 리스트에 대입하고, combination() 함수를 사용하여 조합을 구합니다. allWords 리스트에 모인 값 중 중복을 제거하기 위해 uniqueWords 리스트를 선언하고, allWords 리스트의 처음부터 끝까지 반복문을 수행하면서 중복 원소가 없을 때 uniqueWords 리스트에 대입합니다.

```python
allCombinations = []
allWords = []

for i in range(3, 5):
    titleXpath = "/html/body/div[2]/div/section[2]/div[" + str(i) + "]/a"
    title = driver.find_element(By.XPATH, titleXpath).text
    print(title)
    words = nltk.word_tokenize(title)
    print(words)
    allWords = allWords + words
    combination = list(combinations(words, 2))
    allCombinations = allCombinations + combination

uniqueWords = []
for i in allWords:
    if i not in uniqueWords:
        uniqueWords.append(i)
```

수집된 단어의 조합을 기반으로 NetworkX를 이용해 시각화합니다. G.add_nodes_from() 함수를 통해 노드를 구성합니다. 인수로 uniqueWords 리스트를 넣습니다. 그리고 G.add_edges_from() 함수를 통해 에지를 구성합니다. 인수는 앞서 구한 단어의 조합입니다.

```python
import networkx as nx
import matplotlib.pyplot as plt

plt.figure(figsize=(12, 12))

G = nx.DiGraph()

G.add_nodes_from(uniqueWords)
G.add_edges_from(allCombinations)

degree = nx.degree(G)
nx.draw(G,node_size=[500 + v[1]*500 for v in degree], with_labels=True)
```

코드를 수행한 네트워크 분석 시각화 결과는 다음과 같습니다.

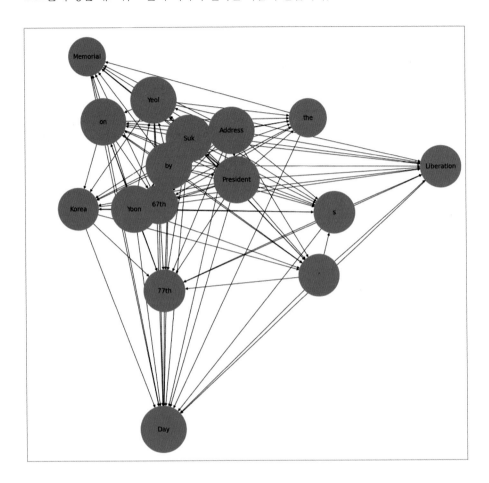

7.3 나만의 빅데이터 저장소를 만들자

데이터베이스는 구조화된 정보나 데이터의 집합입니다. 데이터베이스 관련 서적을 살펴보거나 인터넷에 검색해보면 'SQL'이라는 용어를 많이 접할 수 있습니다. SQL$^{Structured Query Language}$은 구조화된 질의어로 데이터베이스를 관리하기 위한 프로그래밍 언어이며 그 종류는 Oracle, MySQL, MS-SQL, SQLite 등이 있습니다.

데이터베이스의 발전과 역사를 간단히 살펴보겠습니다. 컴퓨터나 스마트폰을 사용하기 수십 년 전에는 영수증을 모아 가계부를 작성하곤 했습니다. 시간이 흘러 컴퓨터가 발전하고 데이터의 양이 방대해지면서 엑셀과 같은 프로그램을 사용하여 정리했습니다. 일별 평균 지출액, 월 평균 수입, 최솟값, 최댓값, 표준편차 등도 간편하게 계산할 수 있게 되었습니다. 하지만 그 양이 매우 커지면 엑셀 프로그램으로도 관리하기 어렵게 됩니다. 그럴 때 사용하는 것이 데이터베이스이며, 엑셀과 같이 행과 열의 정보로 구조화하는 것을 관계형 데이터베이스 관리 시스템 relational database management system (RDBMS)이라고 합니다. RDBMS 기반의 데이터베이스는 용량이 크더라도 필요한 것을 SQL 질의어를 통해 쉽게 출력, 삽입, 삭제, 수정할 수 있습니다.

이 책에서 데이터베이스와 관련된 SQL 문법을 다루지 않습니다. 다만 적당한 양의 데이터를 다룰 수 있는 CSV와 엑셀 파일 등을 통해 최소한의 스킬을 익혀보겠습니다.

7.3.1 텍스트 파일 입출력 소개

일반 텍스트 파일을 살펴봅시다. 텍스트 파일의 입출력 중에서 저장된 파일을 출력해보겠습니다. 그러기 위해서 다음 [그림 7–19]와 같이 텍스트 파일을 메모장으로 작성하여 저장합니다.

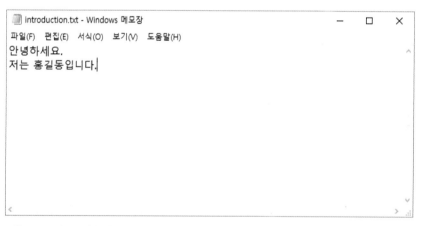

그림 7-25 텍스트 파일 생성

다음과 같이 저장한 텍스트 파일을 본인 계정의 구글 드라이브에 업로드합니다. 이 책에서는 'mydata'라는 폴더를 생성한 후 업로드했습니다.

그림 7-26 구글 드라이브 업로드

다음과 같이 구글 드라이브와 연동하기 위한 코드를 작성 후 실행합니다. 앞서 여러 번 수행한 것처럼 구글 콜랩과 구글 드라이브를 연동할 때 확인이나 동의 여부를 묻는 팝업은 '수락'하면 됩니다.

```
from google.colab import drive
drive.mount('/content/drive')

Mounted at /content/drive
```

그림 7-27 구글 드라이브 연동 코드

구글 콜랩과 구글 드라이브가 연동되면 [그림 7-28]과 같이 앞서 저장한 구글 드라이브의 텍스트 파일 경로를 설정합니다. 그 후 read() 함수를 통해 해당 텍스트 파일을 읽어서 출력합니다.

```
file_path = '/content/drive/MyDrive/mydata/introduction.txt'

with open(file_path, 'r') as my_file:
  print(my_file.read())

안녕하세요.
저는 홍길동입니다.
```

그림 7-28 구글 드라이브의 텍스트 파일 읽기

이번에는 텍스트 파일을 입력해봅시다. [그림 7-28] 코드 중 open() 함수의 첫 번째 인수는 '파일 경로'이며 두 번째 인수는 '옵션'입니다. 앞서 파일을 읽기만 했기 때문에 'Read'를 의미하는 r을 사용한 것이고, 이번에는 파일을 'Write'할 것이기에 w를 사용합니다.

파일을 쓰기 위해 [그림 7-29]와 같이 open() 함수의 두 번째 인수를 w로 바꿉니다. 그리고 write() 함수를 사용하여 입력할 텍스트를 대입합니다. 이 문자열이 해당 파일에 잘 쓰였는 지 확인하기 위해 코드를 수행합니다. 그러면 다음과 같은 결과를 확인할 수 있습니다.

```
file_path = '/content/drive/MyDrive/mydata/introduction.txt'

with open(file_path, 'w') as my_file:
  my_file.write("Hello\n")
  my_file.write("My name is Gil-dong Hong")

with open(file_path, 'r') as my_file:
  print(my_file.read())

Hello
My name is Gil-dong Hong
```

그림 7-29 구글 드라이브에 텍스트 파일 쓰기

앞서 텍스트 파일을 읽고, 쓰는 예제 코드를 수행했습니다. 파일에 텍스트를 쓰는 코드의 내용 을 살펴보면, 파일의 가장 처음부터 텍스트가 써지도록 수행하기 때문에 앞에 작성했던 내용은 지워집니다. 이번에는 텍스트 파일에 내용을 이어 붙여보겠습니다. 코드는 크게 다르지 않습니 다. open() 함수의 두 번째 인수를 'append'에 해당하는 a로 변경해봅시다.

다음과 같이 open() 함수의 두 번째 인수를 a로 변경 후 "\n파일 이어 붙이기\n"라는 문자 열을 넣습니다. 파일을 열면 다음 그림과 같이 해당 문자열이 이전에 작성된 글 뒤로 이어 붙여 졌습니다.

```
file_path = '/content/drive/MyDrive/mydata/introduction.txt'

with open(file_path, 'a') as my_file:
  my_file.write("\n파일 이어 붙이기\n")

with open(file_path, 'r') as my_file:
  print(my_file.read())

Hello
My name is Gil-dong Hong
파일 이어 붙이기
```

그림 7-30 구글 드라이브에 텍스트 파일 이어 붙이기

7.3.2 CSV와 엑셀 파일 입출력 소개

CSV^{comma-separated values}는 쉼표를 기준으로 구분한 텍스트 파일입니다. 이 파일은 메모장으로도 열 수 있고, 엑셀로도 열 수 있습니다. 메모장으로 파일을 열면 다음과 같이 쉼표를 기준으로 데이터를 구분합니다.

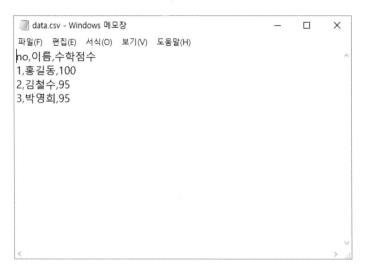

그림 7-31 메모장으로 확인한 CSV 파일

엑셀로 열면 다음과 같이 셀을 기준으로 데이터를 구분합니다.

	A	B	C
1	no	이름	수학점수
2	1	홍길동	100
3	2	김철수	95
4	3	박영희	95

그림 7-32 엑셀로 확인한 CSV 파일

이 파일을 [그림 7-33]과 같이 구글 드라이브에 업로드합니다.

그림 7-33 구글 드라이브

다음 [그림 7-34]와 같이 CSV 파일을 한 줄씩 읽습니다. CSV 파일을 읽을 때 **csv** 라이브러리를 사용합니다. **csv** 라이브러리를 **import**한 후 파일의 경로를 [그림 7-33] 해당 CSV 파일을 업로드한 위치로 설정합니다. 그리고 **open()** 함수를 사용하여 첫 번째 인수로 '파일 경로', 두 번째 인수로 파일 읽기에 해당하는 r, 마지막은 **encoding**을 설정합니다. CSV 문서에 한글이 포함되어 있어 인코딩을 cp949로 설정해야 합니다. 기본 설정을 마친 후 **csv.reader()** 함수를 사용하여 해당 파일을 읽어온 객체를 생성합니다. 이 객체는 반복문을 통해 처음부터 끝까지 라인별로 읽어서 출력합니다. CSV 파일을 열 때 사용한 객체는 **close()** 함수를 호출하여 마무리합니다.

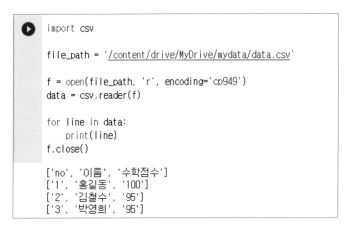

그림 7-34 CSV 파일 읽기

이번에는 CSV 파일을 작성해보겠습니다. 앞서 텍스트 파일을 읽고 쓸 때의 옵션(r, w)처럼 CSV 파일을 읽고 쓸 때도 동일한 옵션을 사용합니다. [그림 7-35]와 같이 파일을 쓰기 위한

fw 객체와 읽기 위한 fr 객체를 생성합니다. 그리고 fw 객체에 [4, "이박사", '90']을 넣습니다. 그 후 fr 객체를 통해 해당 파일을 출력합니다. 그러면 다음과 같이 해당 행만 새로 써졌음을 알 수 있습니다.

```python
import csv

file_path = '/content/drive/MyDrive/mydata/data.csv'

fw = open(file_path, 'w', encoding='cp949')
writer = csv.writer(fw)
writer.writerow([4, "이박사", '90'])
fw.close()

fr = open(file_path, 'r', encoding='cp949')
reader = csv.reader(fr)

for line in reader:
    print(line)

fr.close()

['4', '이박사', '90']
```

그림 7-35 CSV 파일 쓰기

이번에는 기존 CSV 파일에 내용을 이어 붙이는 코드를 작성해보겠습니다. 파일을 이어 붙이는 옵션은 a입니다. [그림 7-36]과 같이 CSV 파일을 이어 붙이기 위한 fa 객체와 읽기 위한 fr 객체를 각각 생성합니다. 그리고 fa 객체에 [5, "최민수", '85']를 넣습니다. 그 후 fr 객체를 통해 해당 파일을 출력합니다. 그러면 다음과 같이 해당 행이 이어 붙여졌음을 알 수 있습니다.

```
import csv

file_path = '/content/drive/MyDrive/mydata/data.csv'

fa = open(file_path, 'a', encoding='cp949')
writer = csv.writer(fa)
writer.writerow([5, "최민수", '85'])
fa.close()

fr = open(file_path, 'r', encoding='cp949')
reader = csv.reader(fr)

for line in reader:
    print(line)

fr.close()
```
```
['4', '이박사', '90']
['5', '최민수', '85']
```

그림 7-36 CSV 파일 이어 붙이기

KEY POINT_

파일 읽기는 r, 쓰기는 w, 이어 쓰기는 a이며, 인코딩 옵션은 'cp949'와 'utf8'이 있습니다.

7.3.3 연습문제

예제 7-4

[그림 7-31] 데이터를 활용하여 3명의 학생 점수 기술통계를 산출하세요.

풀이 7-4

먼저 구글 콜랩과 구글 드라이브를 연동하기 위해 다음 코드를 실행합니다.

```
from google.colab import drive
drive.mount('/content/drive')

Mounted at /content/drive
```

기술통계를 위한 numpy 라이브러리를 import합니다. 점수를 저장하기 위하여 scores 리스트를 선언합니다. 그리고 라인별로 CSV 파일을 읽을 때마다 2번 인덱스에 해당하는 점수를 정

수형으로 변환하여 scores 리스트에 넣어줍니다. 마지막으로 numpy 라이브러리의 min( ),
max( ), average( ), std( ) 함수를 사용하여 최솟값, 최댓값, 평균값, 표준편차를 구합니다.

```python
import csv
import numpy as np

file_path = '/content/drive/MyDrive/mydata/data.csv'

fr = open(file_path, 'r', encoding='cp949')
reader = csv.reader(fr)

scores = []

for line in reader:
    scores.append(int(line[2]))

minimum = str(np.min(scores))
maximum = str(np.max(scores))
average = str(np.average(scores))
std = str(np.std(scores))

print("MIN. : " + minimum)
print("MAX. : " + maximum)
print("AVG. : " + average)
print("STD. : " + std)

fr.close()
```

```
MIN. : 95
MAX. : 100
AVG. : 96.66666666666667
STD. : 2.357022603955158
```

예제 7-5

파이썬의 랜덤 함수를 사용하여 10 미만의 자연수 A, B를 출력하고, 이 값들의 합을 C라고 정의합니다. 각 행별로 A, B, C 순서대로 총 10세트를 CSV 파일에 써보세요. 그리고 마지막에는 20개의 자연수 A, B들의 평균값을 출력해보세요.

HINT_

다음 그림과 같이 random 라이브러리를 import한 후 randrange() 함수의 인수로 1과 10을 대입하면 10 미만의 랜덤 자연수가 반환됩니다.

```
import random
print(random.randrange(1, 10))
5
```

풀이 7-5

구글 콜랩과 구글 드라이브를 연동하기 위하여 다음 코드를 실행합니다.

```
from google.colab import drive
drive.mount('/content/drive')
Mounted at /content/drive
```

앞서 힌트로 언급됐던 것처럼 random 라이브러리의 randrange() 함수로 랜덤 정수를 반환받아 numA와 numB에 대입합니다. 그리고 이 두 수의 합을 numC에 대입합니다. 세 가지 수가 확보되는 대로 한 행씩 CSV 파일에 씁니다. 그리고 numA와 numB는 nums 리스트에 계속 추가합니다. 마지막으로 10개의 행 작성이 완료되면 numpy 라이브러리를 통해 nums의 평균값을 반환받아 CSV 파일에 씁니다.

```
import csv
import numpy as np
import random

file_path = '/content/drive/MyDrive/mydata/data.csv'

fw = open(file_path, 'w', encoding='cp949')
writer = csv.writer(fw)

nums = []

for i in range(0, 10):
  numA = random.randrange(1, 10)
  numB = random.randrange(1, 10)
  nums.append(numA)
  nums.append(numB)
  numC = numA + numB
  writer.writerow([numA, numB, numC])

writer.writerow([np.average(nums)])

fw.close()

fr = open(file_path, 'r', encoding='cp949')
reader = csv.reader(fr)

for line in reader:
  print(line)

fr.close()
```

```
['2', '5', '7']
['6', '3', '9']
['2', '9', '11']
['8', '5', '13']
['5', '9', '14']
['3', '6', '9']
['4', '4', '8']
['7', '3', '10']
['1', '2', '3']
['3', '9', '12']
['4.8']
```

## CHAPTER 8

너와 나의 연결고리
_상관관계 분석

두 변수 간의 관계를 확인할 때 통계적으로 **상관관계**를 분석합니다. 예를 들어 10분 달리기를 하면 몸무게가 100g 줄고, 20분 달리기를 하면 몸무게가 200g 줄어든다고 가정해봅시다. 그러면 달리기와 몸무게 감소는 아주 강한 상관관계가 있음을 알 수 있습니다. 이를 수치화하여 나타낸 값을 '상관계수'라고 합니다.

상관계수 범위는 −1부터 +1까지입니다. 상관계수 부호가 음수라면 '음의 상관관계', 양수라면 '양의 상관관계'입니다. 예를 들어 시험 문제의 난이도와 학생들의 평균 점수에 대한 상관 분석을 한다고 가정해봅시다. 난이도가 높아질수록 학생들의 점수가 낮아질 것이고, 난이도가 낮아질수록 학생들의 점수가 높아질 것입니다. 이는 음의 상관관계이며 상관계수의 부호는 음수입니다. 음주량과 몸무게 증가량에 대한 상관관계를 분석해봅시다. 음주량이 많아질수록 몸무게가 증가할 것이고, 음주량이 적을수록 몸무게가 상대적으로 적게 증가할 것입니다. 이는 양의 상관관계로 상관계수의 부호는 양수입니다.

상관계수의 절댓값은 상관도의 강약을 의미합니다. 다음 [그림 8-1]과 같이 상관계수의 부호가 음수든 양수든 상관도의 절댓값이 1에 가까워질수록 상관도는 강하고, 0에 가까워질수록 약합니다.

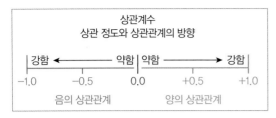

그림 8-1 상관계수와 상관도의 관계

다음 [그림 8-2]는 상관계수에 따른 데이터의 분포를 나타냅니다. 상관계수의 부호가 음수면 x축의 값이 증가할 때 y축의 값이 감소하는 경향을 보입니다. 반대로 상관계수의 부호가 양수면 x축의 값이 증가할 때 y축의 값이 증가하는 경향을 보입니다. 상관계수의 절댓값이 1에 가까울수록 선형적인 분포를 보이며, 절댓값이 0에 가까울수록 비선형적인 분포를 보입니다.

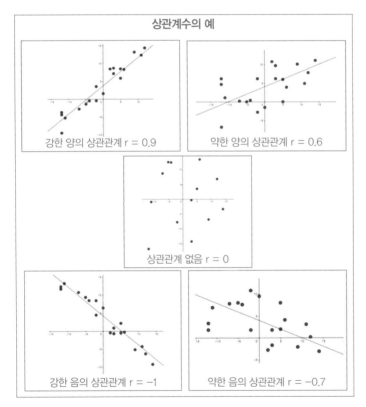

그림 8-2 상관계수에 따른 데이터의 분포[1]

1 출처: https://www.onlinemathlearning.com/correlation-coefficient-id8.html

상관관계 분석은 생물학, 화학 등의 바이오 기술뿐만 아니라 사회과학 등에서도 광범위하게 사용되고 있습니다. 다만, 상관관계는 원인과 결과의 관계가 아닙니다. 결과에 영향을 미치는 원인의 정도를 분석하는 방법은 9장에서 배울 '회귀 분석'과 관련이 있습니다. 이에 대한 더 자세한 내용은 9장에서 설명하겠습니다.

KEY POINT_

두 변수의 상관계수가 0이라고 무조건 상관도가 낮다는 것은 아닙니다. 상관계수는 두 변수에 선형^{linear} 상관성이 있는 지 확인하는 지표입니다.

8.1 M세대와 Z세대의 취업률 상관계수는?

8장부터는 실생활과 밀접한 예제로 실습해보겠습니다. 먼저 대학 졸업생과 취업률의 상관관계를 알아봅시다.

[그림 8-3]과 같이 '대학 졸업자수 연도별 csv'를 검색하면 공개 데이터를 찾아볼 수 있습니다. [그림 8-4]와 같이 '교육통계서비스' 웹사이트에 접속하여 '연도별 대학졸업자수' 데이터를 다운로드합니다.

그림 8-3 대학 졸업자 수 데이터

그림 8-4 대학 졸업자 수 데이터[2]

이번에는 대학 졸업생의 취업률 데이터를 확보해봅시다. [그림 8-5]와 같이 구글에서 '고등교육기관 졸업자 취업률 csv'로 검색하면 관련 공개 데이터를 찾을 수 있습니다. [그림 8-6]과 같이 'e-나라지표' 웹사이트에 접속하여 연도별 졸업자의 취업률 데이터를 다운로드합니다.

---

2 출처: https://kess.kedi.re.kr/mobile/search?searchTxt=대학졸업자수%20연도별
  이 책의 깃허브에서 '연도별 졸업자수.xlsx' 파일을 사용할 수 있습니다.

그림 8-5 대학 졸업생 취업률 데이터

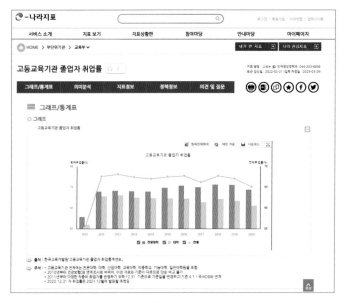

그림 8-6 대학 졸업생 취업률 데이터[3]

---

3 출처: https://www.index.go.kr/unify/idx-info.do?idxCd=8084
    이 책의 깃허브에서 '대학 졸업생 취업률 데이터.xlsx' 파일을 사용할 수 있습니다.

앞서 확보된 연도별 전체 대학 졸업생 수와 전체 대학 졸업자들의 취업률 데이터를 하나의 파일로 정리합니다. 책을 집필하는 시점 기준 두 데이터의 공통 시점은 1999년부터 2020년까지입니다. 그래서 다음 [그림 8-7]과 같이 첫 번째 컬럼은 연도, 두 번째 컬럼은 전체 졸업자 수, 세 번째 컬럼은 전체 취업률로 정리했습니다.

	A	B	C
1	연도	전체 졸업자 수	전체 취업률
2	1999	511984	60.8
3	2000	542184	68.4
4	2001	584340	69.1
5	2002	603281	71.1
6	2003	633730	69.9
7	2004	627270	66.8
8	2005	634523	74.1
9	2006	638259	75.4
10	2007	642987	75.8
11	2008	646092	76.7
12	2009	636628	76.4
13	2010	628689	55
14	2011	653118	67.6
15	2012	665057	68.1
16	2013	657013	67.4
17	2014	667056	67
18	2015	680698	67.5
19	2016	685089	67.7
20	2017	678845	66.2
21	2018	660772	67.7
22	2019	653388	67.1
23	2020	666083	65.1

그림 8-7 연도별 전체 졸업자 수와 취업률

엑셀을 실행한 후 메뉴의 [파일]을 선택합니다. 그리고 하단의 [옵션]을 선택하면 [그림 8-8]과 같이 옵션을 설정하는 창이 뜹니다. 이 창에서 좌측 하단의 [추가 기능] 메뉴를 선택합니다. 그리고 하단의 [관리] 메뉴에서 [Excel 추가 기능]을 선택한 후 [이동] 버튼을 누릅니다.

그림 8-8 엑셀 옵션 화면

다음 [그림 8-9]와 같은 창이 보입니다. 그러면 '분석 도구'와 '분석 도구 - VBA'를 체크한 후
[확인] 버튼을 누릅니다.

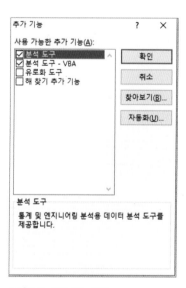

그림 8-9 추가 기능 화면

다음 [그림 8-10]과 같이 [데이터] 메뉴를 선택하면 우측 [데이터 분석] 버튼이 생깁니다. 이 도구로 상관 분석 등의 각종 데이터 분석을 수행할 수 있습니다.

그림 8-10 '데이터 분석' 버튼

[데이터 분석] 버튼을 누르면 다음 [그림 8-11]과 같이 다양한 데이터 분석을 할 수 있는 창이 보입니다. '상관 분석'을 선택한 후 [확인]을 누릅니다.

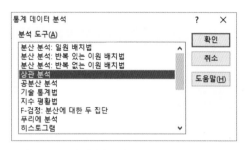

그림 8-11 통계 데이터 분석

다음 [그림 8-12]와 같이 입력 범위를 '전체 졸업자 수'와 '전체 취업률' 컬럼으로 정합니다. 그리고 '첫째 행 이름표 사용' 옵션을 체크한 후 [확인] 버튼을 누릅니다.

그림 8-12 상관 분석

본 데이터를 기반으로 상관 분석한 결과는 다음 [그림 8-13]과 같습니다. '전체 졸업자 수'와 '전체 취업률'의 상관계수는 약 0.1481로 매우 약한 상관도를 보입니다.

	A	B	C
1		전체 졸업자 수	전체 취업률
2	전체 졸업자 수	1	
3	전체 취업률	0.148058363	1

그림 8-13 상관 분석 결과

이번에는 M세대와 Z세대의 취업률을 나눠보겠습니다. M세대와 Z세대의 기준에 대해 조금 살펴보겠습니다. 일반적으로 X세대는 1965년부터 1979년까지, M세대는 1980년부터 1994년 생까지, Z세대는 1995년부터 2004년까지입니다. 2년제 또는 4년제의 대학 졸업은 일반적으로 만 21세부터 26세 정도라고 했을 때, 중위값은 약 24세로 볼 수 있습니다. 이를 기반으로 앞서 수집한 데이터의 1999년부터 2020년까지의 졸업 세대는 크게 3가지로 나눌 수 있습니다. 1999년부터 2002년까지는 X세대, 2003년부터 2017년까지는 M세대, 2018년부터 2020년 까지는 Z세대로 볼 수 있습니다.

데이터 분석을 위해 다음 [그림 8-14]와 같이 세대별로 데이터를 정리했습니다. 이 데이터를 기반으로 [그림 8-10]부터 [그림 8-13]까지 과정을 총 3번 수행합니다.

	A	B	C	D	E	F	G	H	I	J	K
1	X세대				M세대				Z세대		
2	연도	전체 졸업자 수	전체 취업률		연도	전체 졸업자 수	전체 취업률		연도	전체 졸업자 수	전체 취업률
3	1999	511984	60.8		2003	633730	69.9		2018	660772	67.7
4	2000	542184	68.4		2004	627270	66.8		2019	653388	67.1
5	2001	584340	69.1		2005	634523	74.1		2020	666083	65.1
6	2002	603281	71.1		2006	638259	75.4				
7					2007	642987	75.8				
8					2008	646092	76.7				
9					2009	636628	76.4				
10					2010	628689	55				
11					2011	653118	67.6				
12					2012	665057	68.1				
13					2013	657013	67.4				
14					2014	667056	67				
15					2015	680698	67.5				
16					2016	685089	67.7				
17					2017	678845	66.2				

그림 8-14 세대별로 정리한 '전체 졸업자 수'와 '전체 취업률' 데이터

세대별로 '전체 졸업자 수'와 '전체 취업률'의 상관 분석을 한 결과는 [그림 8-15]와 같습니다. 상관계수를 살펴보면 X세대는 약 0.8978, M세대는 약 -0.1569, Z세대는 약 -0.6676입니다. 이 값들의 절댓값만 살펴보면 X세대와 Z세대는 강한 상관도를 보입니다. 하지만 X세대는 양의 상관관계로 졸업자 수가 많아질수록 취업률도 높았지만, Z세대는 음의 상관관계로 졸업

자 수가 많아질수록 취업률이 낮아짐을 알 수 있습니다. 그리고 M세대는 음의 상관관계를 보이지만 절댓값이 약 0.1569로 매우 약한 상관도를 보입니다.

적은 데이터로 상관 분석 실습을 간단히 진행했습니다. 만약 데이터를 다른 기준으로 구분하면 또 다른 분석 결과가 나올 수 있습니다.

	A	B	C
1	X세대		
2		전체 졸업자 수	전체 취업률
3	전체 졸업자 수	1	
4	전체 취업률	0.897803773	1
5	M세대		
6		전체 졸업자 수	전체 취업률
7	전체 졸업자 수	1	
8	전체 취업률	-0.156947584	1
9	Z세대		
10		전체 졸업자 수	전체 취업률
11	전체 졸업자 수	1	
12	전체 취업률	-0.667620965	1

그림 8-15 세대별 '전체 졸업자 수'와 '전체 취업률'의 상관 분석 결과

지금부터는 파이썬을 사용해서 상관 분석을 해보겠습니다. 앞서 활용한 엑셀 파일을 CSV 포맷의 'data.csv' 파일로 저장한 후 진행합니다. [그림 8-16]의 코드를 통해 'data.csv' 파일을 업로드합니다.

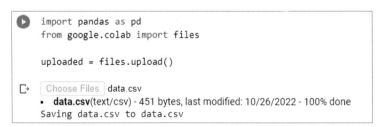

```
import pandas as pd
from google.colab import files

uploaded = files.upload()
```
```
Choose Files  data.csv
• data.csv(text/csv) - 451 bytes, last modified: 10/26/2022 - 100% done
Saving data.csv to data.csv
```

그림 8-16 파일 업로드

[그림 8-17]과 같이 업로드한 파일을 'cp949'로 디코딩한 후 '전체 졸업자 수'와 '전체 취업률' 컬럼만 로드합니다.

```
[2]  import io
     df = pd.read_csv(io.StringIO(uploaded['data.csv'].decode('cp949')), usecols=['전체 졸업자 수', '전체 취업률'])
     print(df)

         전체 졸업자 수  전체 취업률
     0    511984.0    60.8
     1    542184.0    68.4
     2    584340.0    69.1
     3    603281.0    71.1
     4    633730.0    69.9
     5    627270.0    66.8
     6    634523.0    74.1
     7    638259.0    75.4
     8    642987.0    75.8
     9    646092.0    76.7
     10   636628.0    76.4
     11   628689.0    55.0
     12   653118.0    67.6
     13   665057.0    68.1
     14   657013.0    67.4
     15   667056.0    67.0
     16   680698.0    67.5
     17   685089.0    67.7
     18   678845.0    66.2
     19   660772.0    67.7
     20   653388.0    67.1
     21   666083.0    65.1
```

그림 8-17 파일 로드

이렇게 데이터프레임으로 로드된 데이터를 기반으로 [그림 8-18]의 코드를 통해 상관 분석을
수행합니다. 상관 분석을 하는 함수는 pandas 라이브러리에 포함되어 있습니다. corr( ) 함수
를 호출하여 수행된 결과를 반환받아 출력하면 됩니다. 두 변수의 상관계수는 약 0.148058로
엑셀에서 수행한 결과인 [그림 8-13]과 동일합니다.

```
corr = df.corr(method = 'pearson')
print(corr)

            전체 졸업자 수   전체 취업률
전체 졸업자 수   1.000000  0.148058
전체 취업률     0.148058  1.000000
```

그림 8-18 상관 분석 결과[4]

8.1.1 상관관계(피어슨, 스피어먼, 켄달) 기법 소개

상관관계 분석은 데이터 종류와 활용 범위에 따라 다양한 종류가 있습니다. 앞서 진행한 예
제 [그림 8-18]은 피어슨 상관 분석을 수행한 것입니다. 이 책에서는 피어슨[Pearson], 스피어먼
[Spearman], 켄달[Kendall] 상관 분석에 대해 살펴보겠습니다.

---

4 엑셀로도 상관 분석을 할 수 있습니다. 간단한 분석을 해야 할 때는 엑셀을 활용하고, 세부적이며 다양한 분석을 해야 할 때는 파이썬을 활
용하세요. 엑셀은 데이터의 양이 많거나 다양한 분석을 해야 할 때 한계가 있습니다.

피어슨 상관 분석은 두 변수 간의 상관도를 파악하기 위해 가장 흔히 사용되는 방법론입니다. 피어슨 상관 분석은 연속형 변수 간의 선형관계를 확인할 때 사용하며 두 변수가 모두 정규성을 따른다는 가정하에 수행합니다. **스피어먼** 상관 분석은 두 변수가 정규성을 따르지 않을 때 사용하는 방법론입니다. 이산형 자료나 순서형 자료를 통해 비선형관계의 연관성을 파악할 수 있습니다. **켄달** 상관 분석은 스피어먼과 비슷하나 표본이 적고 동점이 많을 때 사용합니다. 세 가지 상관 분석 모두 상관계수는 −1부터 1까지의 값을 가지며 그 해석 방법은 같습니다.

[그림 8-19]는 [그림 8-7]의 데이터를 사용하여 피어슨, 스피어먼, 켄달 상관 분석을 수행한 결과입니다. 다음 코드와 같이 상관 분석 방법론을 변경하는 방법은 간단합니다. corr() 함수의 method 인수를 해당 방법론의 이름으로 변경하면 됩니다. 그러면 다음과 같이 결괏값도 달라지는 것을 볼 수 있습니다.

```
corr1 = df.corr(method = 'pearson')
print("Pearson\n" + str(corr1))

corr2 = df.corr(method = 'spearman')
print("\nSpearman\n" + str(corr2))

corr3 = df.corr(method = 'kendall')
print("\nKendall\n" + str(corr3))

Pearson
               전체 졸업자 수    전체 취업률
전체 졸업자 수   1.000000  0.148058
전체 취업률      0.148058  1.000000

Spearman
               전체 졸업자 수    전체 취업률
전체 졸업자 수    1.00000 -0.19599
전체 취업률     -0.19599  1.00000

Kendall
               전체 졸업자 수    전체 취업률
전체 졸업자 수   1.000000 -0.086768
전체 취업률     -0.086768  1.000000
```

그림 8-19 피어슨, 스피어먼, 켄달 상관 분석 결과

KEY POINT_

상관 분석 방법론을 변경하려면 corr() 함수의 method 인수만 pearson, spearman, kendall로 변경하면 됩니다.

8.1.2 연습문제(엑셀 분석, 파이썬 분석)

예제 8-1

[그림 8-7]의 데이터를 기반으로 2010년 이전과 2010년 이후(2010년 포함)로 나누어 엑셀과 파이썬을 사용하여 피어슨 상관 분석을 수행해보세요.

풀이 8-1

엑셀로 상관 분석을 수행해보겠습니다. 엑셀로 분석하기 위해 다음 그림과 같이 데이터를 2010년 이전과 2010년 이후로 나눕니다.

연도	전체 졸업자 수	전체 취업률	연도	전체 졸업자 수	전체 취업률
1999	511984	60.8	2010	628689	55
2000	542184	68.4	2011	653118	67.6
2001	584340	69.1	2012	665057	68.1
2002	603281	71.1	2013	657013	67.4
2003	633730	69.9	2014	667056	67
2004	627270	66.8	2015	680698	67.5
2005	634523	74.1	2016	685089	67.7
2006	638259	75.4	2017	678845	66.2
2007	642987	75.8	2018	660772	67.7
2008	646092	76.7	2019	653388	67.1
2009	636628	76.4	2020	666083	65.1

[그림 8-10]부터 [그림 8-13]까지의 과정을 거치면 다음과 같은 결과를 얻습니다. [그림 8-15]의 결과와는 조금 다릅니다. 2010년 이전과 이후 두 결과 모두 절댓값이 0보다는 1에 더 가까운 강한 상관관계이며, 양의 상관도를 보입니다. 그러나 2010년 이전은 약 0.8229, 2010년 이후는 약 0.6947로 2010년 이전이 전체 졸업자 수와 전체 취업률의 관계가 더 강한 상관도를 보입니다.

2010년 이전		
	전체 졸업자 수	전체 취업률
전체 졸업자 수	1	
전체 취업률	0.822863915	1

2010년 이후		
	전체 졸업자 수	전체 취업률
전체 졸업자 수	1	
전체 취업률	0.694724465	1

이번에는 파이썬으로 피어슨 상관 분석을 해보겠습니다. 데이터 파일은 다음 코드를 수행하여 업로드합니다.

```
import pandas as pd
from google.colab import files

uploaded = files.upload()
```

```
Choose Files  data.csv
 • data.csv(text/csv) - 451 bytes, last modified: 10/26/2022 - 100% done
Saving data.csv to data.csv
```

CSV 파일의 전체 내용을 로드하는 것이 아니라 2010년 이전과 이후로 나눠야 합니다. 그러기 위해서 다음 그림의 코드처럼 컬럼의 '연도'까지 로드합니다. 이 연도를 기준으로 2010년 이전의 데이터셋과 2010년 이후의 데이터셋을 나누겠습니다.

```
import io
df = pd.read_csv(io.StringIO(uploaded['data.csv'].decode('cp949')), usecols=['연도', '전체 졸업자 수', '전체 취업률'])
print(df)
```

```
        연도  전체 졸업자 수  전체 취업률
0    1999.0   511984.0    60.8
1    2000.0   542184.0    68.4
2    2001.0   584340.0    69.1
3    2002.0   603281.0    71.1
4    2003.0   633730.0    69.9
5    2004.0   627270.0    66.8
6    2005.0   634523.0    74.1
7    2006.0   638259.0    75.4
8    2007.0   642987.0    75.8
9    2008.0   646092.0    76.7
10   2009.0   636628.0    76.4
11   2010.0   628689.0    55.0
12   2011.0   653118.0    67.6
13   2012.0   665057.0    68.1
14   2013.0   657013.0    67.4
15   2014.0   667056.0    67.0
16   2015.0   680698.0    67.5
17   2016.0   685089.0    67.7
18   2017.0   678845.0    66.2
19   2018.0   660772.0    67.7
20   2019.0   653388.0    67.1
21   2020.0   666083.0    65.1
```

다음 코드와 같이 2010년 이전과 이후로 데이터셋을 나누기 위해 before2010과 after2010이라는 이름으로 리스트를 선언했습니다. 앞서 로드한 데이터프레임인 df의 첫 행부터 마지막 행까지 수행하는 for 반복문을 선언합니다. 그리고 연도에 해당하는 0번째 컬럼의 값이 2010보다 작다면 before2010 리스트에 데이터를 넣고, 2010 이상이라면 after2010 리스트에 넣습니다. 이렇게 나눠진 데이터셋은 리스트 형태이므로 상관 분석을 위해 데이터프레임으로 변환하고, 인수로 컬럼명도 넣어줍니다.

```
before2010 = []
after2010 = []

for i in range(0, len(df)):
  if df.loc[i][0] < 2010:
    before2010.append([df.loc[i][1], df.loc[i][2]])
  else:
    after2010.append([df.loc[i][1], df.loc[i][2]])

beforeDf = pd.DataFrame(before2010, columns = ['전체 졸업자 수', '전체 취업률'])
afterDf = pd.DataFrame(after2010, columns = ['전체 졸업자 수', '전체 취업률'])
```

마지막으로 다음 그림의 코드와 같이 각 데이터프레임을 활용하여 피어슨 상관 분석을 수행합니다. 이번에는 파이썬으로 피어슨 상관 분석을 해보겠습니다. 이 데이터 파일을 다음 코드를 수행하여 업로드합니다. 결괏값은 각각 엑셀로 수행한 것과 동일합니다.

```
corr1 = beforeDf.corr(method = 'pearson')
print("Before 2010\n" + str(corr1))

corr2 = afterDf.corr(method = 'pearson')
print("\nAfter 2010\n" + str(corr2))

Before 2010
              전체 졸업자 수      전체 취업률
전체 졸업자 수   1.000000   0.822864
전체 취업률      0.822864   1.000000

After 2010
              전체 졸업자 수      전체 취업률
전체 졸업자 수   1.000000   0.694724
전체 취업률      0.694724   1.000000
```

8.2 대출 이율이 오르면 우리 집값은?

부동산을 매매할 때는 대부분 대출하는 경우가 많습니다. 그렇기 때문에 부동산을 매입할 때 대출 원금이나 이자에 대해 염두에 두어야 합니다. 이자는 대출 시작 시 정해진 대로 계속 유지되는 고정금리와 주기적으로 변하는 변동금리가 있습니다. 고정금리는 변동금리보다 약 1~2P% 금리가 높다는 단점이 있으나 변동 없이 유지된다는 장점이 있습니다.

부동산 거래 가격은 길게 보면 꾸준히 우상향을 기록했습니다. 다음 [그림 8-20]은 2021년 6월의 전국 종합 부동산 지수를 100.0으로 했을 때의 상대적인 값을 그래프화한 것입니다. 2003~2004년에는 60.0 내외의 수준이었으나 꾸준히 증가하여 2021년 말에는 100을 넘어섰습니다. 그래프는 전체적으로 우상향이지만 2003~2004, 2012, 2019, 2022년에는 소폭 하락한 모습도 보입니다.

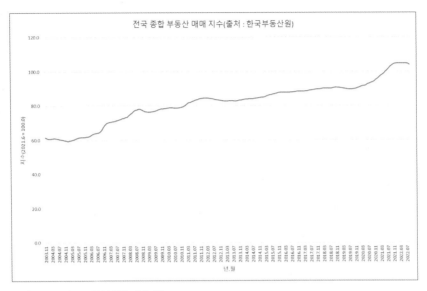

그림 8-20 전국 종합 부동산 매매지수

이번 절에서는 금리와 부동산 매매지수의 상관관계를 알아보겠습니다. 실제로 부동산 관련 많은 논문이나 연구 보고서에는 부동산 시장가격에 영향을 미치는 주요 요인으로 금리를 언급합니다. 그만큼 금리는 부동산 시장에 큰 영향을 미치는 요인입니다.

8.2.1 기준금리와 부동산 매매지수의 상관관계 분석

대출할 때 기준이 되는 값은 한국은행에서 설정한 기준금리입니다. 해당 은행에서는 기준금리를 기준으로 대출 금액 규모와 개인의 신용등급 등을 고려하여 소폭 상승한 값을 대출 금리로 설정합니다. 그러면 지금부터는 기준금리와 부동산 매매지수와의 상관관계를 분석해보겠습니다.

[그림 8-21]과 같이 구글에서 '한국은행 금리 CSV'를 검색한 후 'e-나라지표' 웹 페이지에 접속합니다.

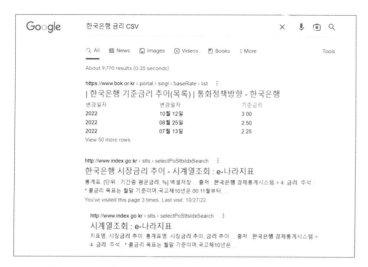

그림 8-21 한국은행 금리

다음 [그림 8-22]와 같이 'e-나라지표' 웹 페이지에서 시점별 다양한 금리를 찾을 수 있습니다. 주기는 '월'로 설정하고 기간은 가능한 넓은 범위로 하여 엑셀 형태로 다운받습니다.

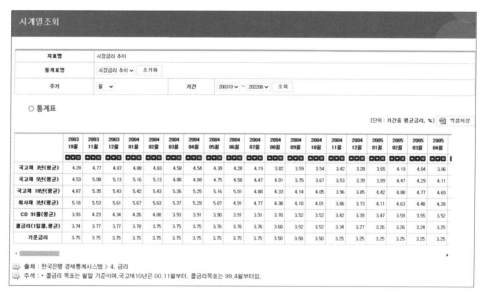

그림 8-22 한국은행 금리[5]

---

[5] 출처: https://www.index.go.kr/unity/potal/main/EachDtlPageDetail.do?idx_cd=1073
이 책의 깃허브에서 '한국은행 금리.xlsx' 파일을 사용할 수 있습니다.

이번에는 '부동산 유형별 매매가격지수'를 키워드로 검색하여 검색 결과 중 'KOSIS' 웹 페이지의 [유형별 매매가격지수]를 클릭합니다.

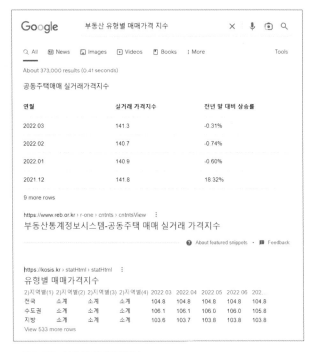

그림 8-23 부동산 매매가격지수

[그림 8-24]와 같이 'KOSIS' 웹 페이지에서 조회 설정을 합니다. '지역별'은 전국, '주택유형별'은 종합으로 한 후 가능한 넓은 기간 범위로 하여 데이터를 다운받습니다.

그림 8-24 부동산 매매가격지수[6]

---

6 출처: https://kosis.kr/statHtml/statHtml.do?orgId=408&tblId=DT_40803_N0001&conn_path=I2
이 책의 깃허브에서 '유형별_매매가격지수.csv' 파일을 사용할 수 있습니다.

이렇게 모인 데이터는 서로 시점도 다르고 엑셀 포맷도 다르기 때문에 전처리 작업이 필요합니다.

[그림 8-25]와 같이 첫 번째 컬럼은 '년월', 두 번째 컬럼은 '부동산 매매지수', 세 번째 컬럼은 '기준금리'로 하여 데이터를 준비합니다. 이 데이터는 'realestate_data.csv'로 저장했습니다.

	A	B	C
1	년월	부동산 매매지수	기준금리
2	200311	61.5	3.75
3	200312	61	3.75
4	200401	60.7	3.75
5	200402	60.7	3.75
6	200403	60.8	3.75
7	200404	60.9	3.75
8	200405	60.9	3.75
9	200406	60.8	3.75
10	200407	60.6	3.75
11	200408	60.3	3.5
12	200409	60.2	3.5
13	200410	60	3.5
14	200411	59.7	3.25
15	200412	59.5	3.25
16	200501	59.3	3.25
17	200502	59.5	3.25
18	200503	59.7	3.25
19	200504	60	3.25
20	200505	60.3	3.25

그림 8-25 시점별 부동산 매매지수와 기준금리 데이터

데이터를 구글 콜랩에 업로드하겠습니다. [그림 8-26]의 코드를 수행하여 업로드합니다.

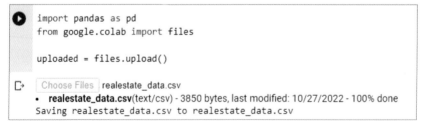

```
import pandas as pd
from google.colab import files

uploaded = files.upload()
```

Choose Files realestate_data.csv
- **realestate_data.csv**(text/csv) - 3850 bytes, last modified: 10/27/2022 - 100% done
Saving realestate_data.csv to realestate_data.csv

그림 8-26 데이터 업로드

그리고 다음 [그림 8-27]과 같이 업로드한 CSV 데이터를 로드합니다. 필요한 데이터는 '부동산 매매지수'와 '기준금리'이므로 이 컬럼들만 usecols 옵션을 통해 로드한 후 데이터프레임에 대입합니다.

```
import io
df = pd.read_csv(io.StringIO(uploaded['realestate_data.csv'].decode('cp949')), usecols=['부동산 매매지수', '기준금리'])
print(df)

     부동산 매매지수  기준금리
0        61.5  3.75
1        61.0  3.75
2        60.7  3.75
3        60.7  3.75
4        60.8  3.75
..        ...   ...
221     104.8  1.50
222     104.8  1.75
223     104.8  1.75
224     104.8  2.25
225     104.5  2.50

[226 rows x 2 columns]
```

그림 8-27 데이터 로드

최종적으로 [그림 8-28]의 코드를 수행하여 피어슨 상관 분석을 합니다. 그 결과 절댓값은 약 0.7568로 높은 선형 상관관계를 보이며, 부호는 마이너스로 음의 상관도를 보입니다. 다시 말하면 금리가 오를 때 부동산 매매지수는 내려가는 음의 상관성을 보이는 것입니다. 이는 금리가 오르면 대출금에 대한 부담이 크기 때문에 부동산 매매가격이 내려가는 경향을 보이는 것으로 해석할 수 있습니다. 앞서 언급했지만 부동산 매매가격에 금리만 영향을 미치는 것은 아닙니다. 정확하게 분석하기 위해서는 다양한 경제 변수를 포함해야 합니다.

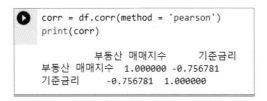

```
corr = df.corr(method = 'pearson')
print(corr)

             부동산 매매지수      기준금리
부동산 매매지수   1.000000 -0.756781
기준금리      -0.756781  1.000000
```

그림 8-28 부동산 매매지수와 기준금리의 상관 분석 결과

엑셀로 데이터에 대한 상관 분석을 진행하면 결과는 다음 [그림 8-29]와 같습니다. 피어슨 상관 분석은 엑셀로 진행해도 동일한 결과가 나옵니다.

	부동산 매매지수	기준금리
부동산 매매지수	1	
기준금리	-0.756780725	1

그림 8-29 부동산 매매지수와 기준금리의 상관 분석 결과

8.2.2 연습문제(엑셀 분석, 파이썬 분석)

예제 8-2

[그림 8-25] 데이터를 기반으로 2010년 이전과 2010년 이후(2010년 포함)로 나누어 엑셀과 파이썬을 통한 피어슨 상관 분석을 해보세요.

풀이 8-2

엑셀로 상관 분석할 때는 다음 그림처럼 데이터를 2010년 이전과 이후의 기간으로 나눕니다.

년월	부동산 매매지수	기준금리	년월	부동산 매매지수	기준금리
200311	61.5	3.75	201001	78.4	2
200312	61	3.75	201002	78.6	2
200401	60.7	3.75	201003	78.7	2
200402	60.7	3.75	201004	78.9	2
200403	60.8	3.75	201005	78.9	2
200404	60.9	3.75	201006	78.9	2
200405	60.9	3.75	201007	78.8	2.25
200406	60.8	3.75	201008	78.7	2.25
200407	60.6	3.75	201009	78.7	2.25
200408	60.3	3.5	201010	78.9	2.25
200409	60.2	3.5	201011	79.1	2.5
200410	60	3.5	201012	79.4	2.5
200411	59.7	3.25	201101	79.7	2.75
200412	59.5	3.25	201102	80.3	2.75
200501	59.3	3.25	201103	81	3
200502	59.5	3.25	201104	81.9	3
200503	59.7	3.25	201105	82	3
200504	60	3.25	201106	82.4	3.25
200505	60.3	3.25	201107	82.7	3.25
200506	60.8	3.25	201108	83.2	3.25
200507	61.2	3.25	201109	83.6	3.25
200508	61.5	3.25	201110	83.9	3.25
200509	61.6	3.25	201111	84.2	3.25
200510	61.6	3.5	201112	84.3	3.25

상관 분석 수행 결과는 다음과 같습니다. 2010년 이전과 이후 모두 상관계수의 부호는 음수입니다. 그러나 2010년 이전에는 절댓값이 약 -0.0363으로 0에 가까운 매우 약한 상관도를 보이며, 2010년 이후에는 약 -0.6469로 강한 상관도를 보입니다.

2010년 이전		
	부동산 매매지수	기준금리
부동산 매매지수	1	
기준금리	-0.036340623	1
2010년 이후		
	부동산 매매지수	기준금리
부동산 매매지수	1	
기준금리	-0.646904989	1

이번에는 파이썬을 통해 상관 분석을 해보겠습니다. 다음과 같이 데이터 파일을 업로드합니다.

```
import pandas as pd
from google.colab import files

uploaded = files.upload()
```
```
Choose Files  realestate_data.csv
• realestate_data.csv(text/csv) - 3850 bytes, last modified: 10/27/2022 - 100% done
Saving realestate_data.csv to realestate_data.csv
```

앞선 [예제 8-1]과 같이 기간별 데이터를 구분하기 위해 컬럼에 '년월'을 포함합니다.

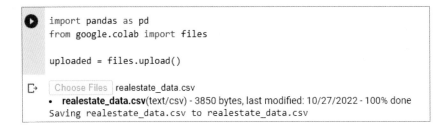

```
import io
df = pd.read_csv(io.StringIO(uploaded['realestate_data.csv'].decode('cp949')), usecols=['년월', '부동산 매매지수', '기준금리'])
print(df)

        년월  부동산 매매지수  기준금리
0    200311      61.5  3.75
1    200312      61.0  3.75
2    200401      60.7  3.75
3    200402      60.7  3.75
4    200403      60.8  3.75
..      ...       ...   ...
221  202204     104.8  1.50
222  202205     104.8  1.75
223  202206     104.8  1.75
224  202207     104.8  2.25
225  202208     104.5  2.50

[226 rows x 3 columns]
```

다음의 코드와 같이 2010년 이전과 이후 데이터를 저장하기 위한 리스트를 각 before2010, after2010으로 선언합니다. 그리고 '년월' 컬럼 값이 201001보다 작으면 before2010 리스트에 부동산 매매지수와 기준금리를 추가하고, 그렇지 않으면 after2010 리스트에 추가합니다.

이렇게 추가된 데이터를 데이터프레임으로 변경하면서 각 데이터의 컬럼명을 각 '부동산 매매 지수'와 '기준금리'로 선언합니다.

```
before2010 = []
after2010 = []

for i in range(0, len(df)):
  if df.loc[i][0] < 201001:
    before2010.append([df.loc[i][1], df.loc[i][2]])
  else:
    after2010.append([df.loc[i][1], df.loc[i][2]])

beforeDf = pd.DataFrame(before2010, columns = ['부동산 매매지수', '기준금리'])
afterDf = pd.DataFrame(after2010, columns = ['부동산 매매지수', '기준금리'])
```

마지막으로 다음 그림의 코드와 같이 corr( ) 함수를 사용하여 각 데이터프레임의 상관 분석을 합니다. 결괏값은 엑셀로 진행했던 것과 동일합니다.

```
corr1 = beforeDf.corr(method = 'pearson')
print("Before 2010\n" + str(corr1))

corr2 = afterDf.corr(method = 'pearson')
print("\nAfter 2010\n" + str(corr2))
```

```
Before 2010
            부동산 매매지수      기준금리
부동산 매매지수   1.000000  -0.036341
기준금리        -0.036341  1.000000

After 2010
            부동산 매매지수      기준금리
부동산 매매지수   1.000000  -0.646905
기준금리        -0.646905  1.000000
```

8.3 집이 비어 있을 땐 허수아비라도 설치해야 할까?

우리나라는 1960~1970년대 산업화 이후 고령화, 핵가족화 그리고 최근에는 인구 증가가 둔화되면서 빈집이 증가하고 있습니다. 사회적으로 빈집에 대한 다양한 문제가 발생하고 있어 여러 연구가 진행되고 있습니다. 최근에는 빈집과 범죄 발생에 관한 연구도 진행되고 있습니다. 이번 절에는 빈집과 범죄발생률의 상관관계를 분석해보겠습니다.

8.3.1 범죄율과 빈집의 상관관계 분석

어떤 사건이 발생함에 있어 단 하나의 원인만 가지고 서로의 상관성을 유추하기는 어렵습니다. 그리고 상관 분석은 원인과 결과를 판단하는 분석은 아니기 때문에 기존 실습과 동일한 분석 방법은 아닙니다. 다만, 상관 분석은 두 변수의 증감에 따른 패턴을 간단하고 빠르게 확인할 수 있다는 장점이 있습니다.

범죄율과 빈집의 상관관계를 분석하기 위해 관련 데이터를 수집해보겠습니다. 우선 구글에서 '빈집 시도 csv'라는 키워드로 검색하면 다음 [그림 8-30]과 같은 결과를 확인할 수 있습니다. 'KOSIS'와 연결된 웹 페이지를 클릭해보세요.

그림 8-30 빈집비율 데이터

해당 페이지로 접속하면 다음 [그림 8-31]과 같이 시도별/연도별 범죄율 관련 통계가 나옵니다. 시간적 범위를 넓게 설정하여 다운받으세요.

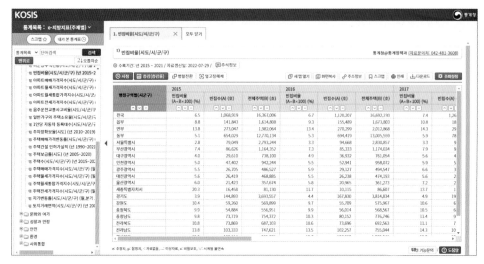

그림 8-31 시도별/연도별 빈집 데이터[7]

이번에는 범죄율 관련 데이터를 확보해야 합니다. 구글에서 '범죄율 시도' 키워드로 검색한 결과는 [그림 8-32]와 같습니다. 그 중에서 'KOSIS'와 연결된 웹 페이지를 클릭해보세요.

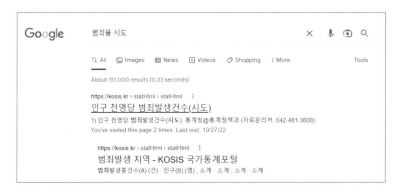

그림 8-32 시도별 범죄율 데이터

해당 페이지로 접속하면 [그림 8-33]과 같이 시도별/연도별 빈집 관련 통계가 나옵니다. 시간적 범위를 넓게 설정하여 다운받으세요.

---

7 출처: https://kosis.kr/statHtml/statHtml.do?orgId=101&tblId=DT_1YL202005&conn_path=I2
  이 책의 깃허브에서 '빈집비율_시도_시_군_구.csv' 파일을 사용할 수 있습니다.

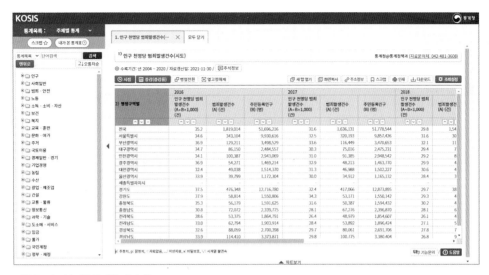

그림 8-33 시도별 범죄율 데이터[8]

이렇게 수집된 데이터를 분석하기 위해 데이터를 두 컬럼으로 정리해야 합니다. 서울특별시부터 제주특별자치도까지 17개의 시도별 빈집비율과 천명당 범죄발생건수를 수집합니다. 해마다 17행씩 늘어나므로 10년 기준이면 170행이 될 것입니다. 세종특별자치시의 경우 결측치가 있는 행은 제외했습니다. 이 데이터는 'house_crime_data.csv'로 저장한 후 진행했습니다.

	A	B
1	빈집비율(%)	천명당 범죄발생건수
2	2.8	35.6
3	7.4	40.0
4	4.0	39.8
5	5.0	34.1
6	5.5	41.6
7	5.6	32.7
8	6.0	38.0
9	3.9	34.4
10	10.4	36.7
11	9.9	33.9
12	9.8	32.1
13	10.8	30.7
14	13.8	34.9
15	10.9	34.0
16	8.7	35.3
17	9.5	54.2
18	3.3	34.6

그림 8-34 전처리한 빈집비율과 천명당 범죄발생건수 데이터

----

8 출처: https://kosis.kr/statHtml/statHtml.do?orgId=101&tblId=DT_1YL3001&conn_path=I2
이 책의 깃허브에서 '인구_천명당_범죄발생건수_시도.csv' 파일을 사용할 수 있습니다.

이 데이터를 사용하여 상관관계를 분석해보겠습니다. [그림 8-35]와 같이 전처리한 데이터를 업로드합니다.

```
import pandas as pd
from google.colab import files

uploaded = files.upload()
```
```
Choose Files  house_crime_data.csv
• house_crime_data.csv(text/csv) - 1056 bytes, last modified: 10/27/2022 - 100% done
Saving house_crime_data.csv to house_crime_data.csv
```

그림 8-35 데이터 업로드

그리고 [그림 8-36]과 같이 '빈집비율(%)'와 '천명당 범죄발생건수' 컬럼만 로드하여 데이터프레임으로 저장합니다.

```
import io
df = pd.read_csv(io.StringIO(uploaded['house_crime_data.csv'].decode('cp949')), usecols=['빈집비율(%)', '천명당 범죄발생건수'])
print(df)

    빈집비율(%)  천명당 범죄발생건수
0       2.8         35.6
1       7.4         40.0
2       4.0         39.8
3       5.0         34.1
4       5.5         41.6
..      ...          ...
93     12.9         26.3
94     15.2         27.8
95     12.8         27.9
96     11.6         29.3
97     14.2         40.2

[98 rows x 2 columns]
```

그림 8-36 데이터 로드

마지막으로 [그림 8-37]과 같이 피어슨 상관관계 분석을 합니다. 그 결과 두 변수의 선형 상관도는 약 −0.1521로서 매우 약한 음의 상관도를 보입니다.

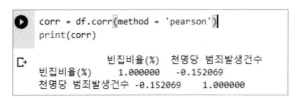

```
corr = df.corr(method = 'pearson')
print(corr)

                 빈집비율(%)  천명당 범죄발생건수
빈집비율(%)         1.000000    -0.152069
천명당 범죄발생건수    -0.152069     1.000000
```

그림 8-37 빈집비율과 천명당 범죄발생건수의 상관 분석

앞서 진행한 빈집과 범죄발생률의 상관관계 분석에는 한계가 있습니다. **첫째,** 이 데이터는 시도별 단위로 지역의 범위가 매우 넓습니다. 같은 '도'라고 할지라도 빈집의 비율이 높은 지역이 있고 낮은 지역이 있는데 하나로 묶인 것입니다. **둘째,** 빈집에 대한 수치도 모호합니다. 도시가 막 발전하기 시작한 지역의 빈집과 오래돼서 낙후되고 주민들이 이탈한 곳의 빈집은 그 성격이 다르기 때문입니다. **셋째,** 앞서 상관 분석에 대해 설명한 것처럼 상관 분석으로 인과관계를 따질 수 있는 것은 아닙니다. 범죄발생률에 다양한 요인을 변수로 고려해야 합니다. 따라서 빈집비율과 범죄율 관계에 대한 분석은 기존 연구처럼 간단히 두 변수 간의 선형 상관도를 통해 확인해보는 데 의의가 있습니다.

8.3.2 연습문제

예제 8-3

[그림 8-34] 데이터를 기반으로 빈집비율이 10% 미만인 지역과 이상인 지역으로 나눈 후 파이썬을 사용하여 피어슨 상관 분석을 해보세요.

풀이 8-3

파이썬을 통해 상관 분석을 해보겠습니다. 다음 그림과 같이 데이터 파일을 업로드합니다.

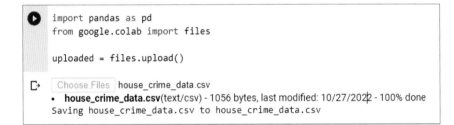

다음 코드와 같이 파일을 로드하여 데이터프레임 형태로 저장합니다.

```
import io
df = pd.read_csv(io.StringIO(uploaded['house_crime_data.csv'].decode('cp949')), usecols=['빈집비율(%)', '천명당 범죄발생건수'])
print(df)
```

```
    빈집비율(%)  천명당 범죄발생건수
0       2.8         35.6
1       7.4         40.0
2       4.0         39.8
3       5.0         34.1
4       5.5         41.6
..      ...          ...
93     12.9         26.3
94     15.2         27.8
95     12.8         27.9
96     11.6         29.3
97     14.2         40.2

[98 rows x 2 columns]
```

로드한 데이터의 빈집비율이 10.0% 미만인 데이터셋과 이상인 데이터셋으로 나누기 위해 under10과 over10이라는 이름으로 리스트를 선언합니다. for 반복문이 데이터프레임의 끝까지 수행되면서 0번째 컬럼인 빈집비율의 수치가 10.0보다 작으면 under10 리스트에 데이터를 추가하고, 그렇지 않으면 over10 리스트에 추가합니다. 그리고 이 리스트를 데이터프레임으로 변환하고, 컬럼명을 '빈집비율(%)'과 '천명당 범죄발생건수'로 추가합니다.

```
under10 = []
over10 = []

for i in range(0, len(df)):
  if df.loc[i][0] < 10.0:
    under10.append([df.loc[i][0], df.loc[i][1]])
  else:
    over10.append([df.loc[i][0], df.loc[i][1]])

beforeDf = pd.DataFrame(under10, columns = ['빈집비율(%)', '천명당 범죄발생건수'])
afterDf = pd.DataFrame(over10, columns = ['빈집비율(%)', '천명당 범죄발생건수'])
```

마지막으로 각 데이터프레임으로 다음 코드와 같이 상관 분석을 수행합니다. 그 결과 앞서 전체 데이터를 통해 상관 분석을 수행한 것과 절댓값의 차이는 크지 않으나 부호는 음수에서 양수로 변했습니다. 하지만 이 값도 1보다는 0에 가깝기 때문에 매우 약한 선형 상관도를 보입니다.

```
corr1 = beforeDf.corr(method = 'pearson')
print("Under 10\n" + str(corr1))

corr2 = afterDf.corr(method = 'pearson')
print("\nOver 10\n" + str(corr2))
```

```
Under 10
                    빈집비율(%)   천명당 범죄발생건수
빈집비율(%)           1.000000      0.128336
천명당 범죄발생건수   0.128336      1.000000

Over 10
                    빈집비율(%)   천명당 범죄발생건수
빈집비율(%)           1.000000      0.015595
천명당 범죄발생건수   0.015595      1.000000
```

Google Colab on Smartphone

예제 8-4

어느 중학교 배드민턴 동아리 남학생 10명의 키와 몸무게는 다음 표와 같습니다. 키와 몸무게의 상관관계를 분석해보세요.

키(cm)	몸무게(kg)	키(cm)	몸무게(kg)
168.5	58	171	65
174	60.6	174.4	67
182	78	178.3	74
171.2	65.1	165	56
167	54	187	92.3

풀이 8-4

다음 그림의 코드와 같이 키와 몸무게를 저장할 수 있는 2차원 리스트를 선언합니다. 각 원소는 1차원 리스트로 ['키', '몸무게']로 구성된 원소입니다. 2차원 리스트를 데이터프레임으로 변환하고, 각 컬럼명을 **키**, **몸무게**로 선언합니다. 그리고 corr( ) 함수를 호출하여 피어슨 상관 분석을 수행합니다.

학생 10명에 대한 '키'와 '몸무게'의 상관 분석 결괏값은 약 0.9614입니다. 이는 키가 증가하면 몸무게도 같이 증가하는 것을 의미하고 그 선형 상관도는 매우 강함을 알 수 있습니다.

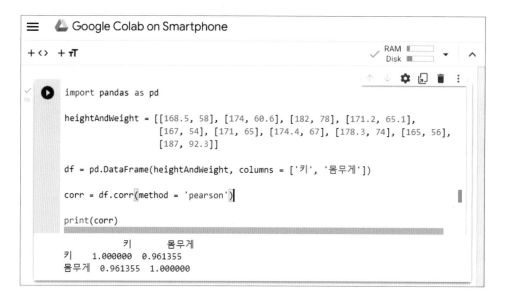

## CHAPTER 9

아니 땐 굴뚝에 연기 날까
_회귀 분석

8장에서는 두 변수 간의 연관성을 살펴보는 상관관계 분석을 실습했습니다. 9장에서는 원인과 결과에 대해서 분석하고 각 요인이 결과에 얼마나 영향을 미치는지 알아보는 **회귀 분석**^{regression} ^{analysis}을 알아봅시다.

회귀 분석은 둘 이상 변수의 관계를 나타냅니다. 변수는 원인이나 요인인 **독립변수**^{independent} ^{variable}와 결과인 **종속변수**^{dependent variable}로 나뉩니다. 독립변수는 하나 또는 그 이상이 될 수 있고, 종속변수는 단 하나만 존재합니다. 독립변수가 하나면 단순 회귀 분석이고, 둘 이상이면 다중 회귀 분석입니다. 예를 들어 공공자전거 이용자 수에 영향을 미치는 요인을 분석한다고 가정해봅시다. 여기서 종속변수는 결과를 나타내는 공공자전거 이용자 수입니다. 그리고 독립변수는 공공자전거 이용자 수에 영향을 미치는 요인으로 날씨, 요일, 시간대 등이 될 수 있습니다. 각 요인이 결과에 어느 정도 영향을 미치는지에 대한 수치를 **계수**^{coefficient}로 파악할 수 있습니다.

회귀 분석을 학습하면 인공지능을 이해하는 데 도움이 됩니다. 인공지능은 말 그대로 인공적인 지능을 의미하며, 연산하는 구조는 정해져 있지만 연산에 대한 정확한 과정은 알 수 없습니다. 그러나 회귀 분석은 연산의 상세한 과정을 모두 파악할 수 있고, 인공지능과 관련된 공통적인 용어도 살펴볼 수 있습니다. 따라서 인공지능을 학습하기에 앞서 회귀 분석을 먼저 학습하는 것은 인공지능을 이해하는 데 도움이 됩니다.

9.1 모든 일에는 다 이유가 있다

'아니 땐 굴뚝에 연기 날까'라는 속담이 있습니다. 장작을 때야 굴뚝에 연기가 난다는 것으로 세상 일에는 반드시 원인과 결과가 존재한다는 것입니다. 어떤 사건이 발생하면 회귀 분석을 통해 원인과 그 결과의 정도를 파악할 수 있습니다. 이번 절에서는 회귀 분석과 관련된 여러 용어를 학습하고 간단한 예제를 실습해보겠습니다.

9.1.1 회귀 분석 소개(선형 회귀, 로지스틱 회귀)

회귀 분석은 **선형 회귀 분석**linear regression analysis과 **로지스틱 회귀 분석**logistic regression analysis 크게 두 가지로 나뉩니다. 선형 회귀는 종속변수 Y와 한 개 이상의 독립변수 X의 선형 상관관계를 모델링하는 기법입니다.[1] 로지스틱 회귀는 결과에 해당하는 종속변수가 0과 1 중 어디에 속할 것인가를 모델링하는 기법입니다. 로지스틱 회귀는 어떤 결과를 두 가지로 나눌 수 있는 이진 분류binary classification를 할 때 많이 사용됩니다.

회귀 분석도 상관관계 분석처럼 파이썬뿐만 아니라 엑셀에서도 할 수 있습니다. 하지만 선형 회귀 분석은 엑셀에서 기본적으로 지원하지만, 로지스틱 회귀 분석은 외장 모듈을 설치해야 합니다. 여기서는 선형 회귀 분석과 로지스틱 회귀 분석을 파이썬으로 진행하고, 엑셀에서는 선형 회귀 분석만 진행합니다.

[표 9-1]은 대졸 신입사원의 직장 만족도에 영향을 미치는 요인에 대한 임의의 설문조사입니다. 종속변수는 직장 만족도(CS)이며 독립변수는 연봉(SA), 근무시간(WH), 통근시간(CT)입니다. 이를 선형 회귀로 나타내면 다음 수식과 같으며, 이를 **데이터 분석 모델**이라고 합니다. β_0는 Y 절편값이며, ε는 오차항으로 모집단에서 예측값과 실젯값의 차이를 의미합니다.

$$CS_i = \beta_0 + \beta_1 SA_i + \beta_2 WH_i + \beta_3 CT_i + \varepsilon$$

표 9-1 직장 만족도 데이터[2]

연봉(만원)	주당 근무시간(시)	통근시간(분)	직장 만족도
3300	40	120	2
3250	42	120	2

....

1 종속변수: 한 개만 존재하며 결과가 되는 변수
　독립변수: 한 개 이상 존재하며 원인이 되는 변수
2 이 책의 깃허브에서 'company_satisfaction.csv' 파일을 사용할 수 있습니다.

2900	40	20	3
3400	40	50	3
4200	48	45	4
3550	40	60	3
2700	40	40	4
3200	42	40	3
2800	42	70	1
3300	40	80	2
3650	40	80	3
3600	43	40	3
3900	45	40	4
4400	50	60	3
4200	48	70	4
4100	46	80	5
3800	44	100	3
3850	45	120	3
3750	42	60	4
3650	40	60	3
3500	48	30	3
3300	47	30	2
3200	40	30	3
3000	42	40	2
3100	41	30	2
3050	41	40	2
3400	43	40	2
3450	45	40	2
4200	46	80	5
3100	40	100	2

데이터를 기반으로 엑셀과 파이썬을 사용하여 선형 회귀 분석을 해보겠습니다. 엑셀로 선형 회귀 분석을 하기 위한 환경 설정은 [그림 8-10]부터 [그림 8-13]까지의 내용을 참고해주세요. 환경 설정 후 엑셀 메뉴의 데이터에서 [데이터 분석] 버튼을 누르세요. 다음 [그림 9-1]에서 '회귀 분석'을 선택하고 [확인] 버튼을 누릅니다.

그림 9-1 통계 데이터 분석

[그림 9-2] 회귀 분석 설정에서 종속변수에 해당하는 Y는 '직장 만족도' 컬럼을 선택하고, X는 나머지 3개의 컬럼을 선택합니다. 첫 행은 컬럼명이므로 '이름표'를 체크한 후 [확인] 버튼을 누릅니다.

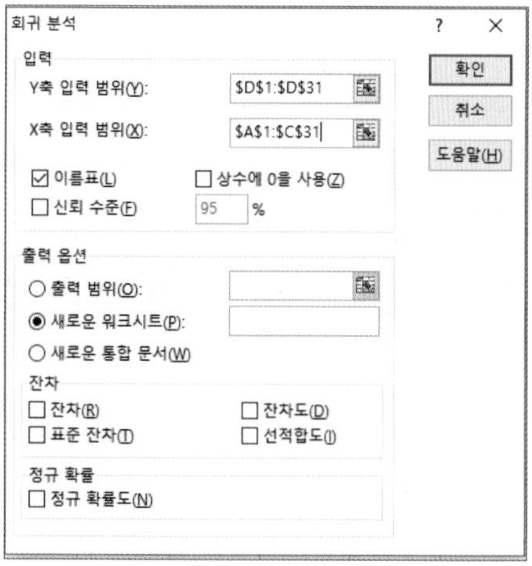

그림 9-2 회귀 분석 설정

[그림 9-3]은 선형 회귀 분석을 수행한 결과입니다. 이는 순차적으로 다음과 같이 해석합니다.

첫째, '결정계수'가 최소 0.4 이상인지 확인합니다. 독립변수가 한 개일 때는 결정계수(R^2)를 확인하면 되지만, 독립변수가 두 개 이상일 때는 조정된 결정계수(Adjusted R^2)를 확인해야 합니다. 현재 다루는 데이터 분석 모델은 다중 회귀 분석이므로 조정된 결정계수를 확인해야 합니다. 조정된 결정계수는 본 회귀식으로 설명될 수 있는 전체 데이터 대비 비율을 의미하는 설명력[3]입니다. 설명력의 값은 0~1이며, [그림 9-3]의 결과는 약 0.6667로 66.67%의 설명력이 있는 회귀 분석 모델로 볼 수 있습니다. 학계나 산업계에 따라 설명력의 허용 범위가 다르지만 0.6 이상이면 설명력이 있다고 판단하며, 최소 0.4 이상은 되어야 설명력을 인정합니다.

둘째, 각 독립변수의 'P-값'이 0.05 미만인지 확인합니다. P-값은 '유의 수준'을 의미합니다. 유의 수준은 조건이 틀렸다고 판단하는 확률로써 귀무 가설의 가결 여부를 결정하는 데 사용됩니다. P-값의 기준은 0.05 미만이 일반적이며 0.01이나 0.001인 경우도 있습니다. 0.05가 기준일 경우, 0.05 미만이면 해당 독립변수는 유의하다고 판단하며, 그 이상이면 유의하지 않다고 판단합니다. [그림 9-3]의 결과는 세 독립변수의 P-값은 모두 0.05보다 작으므로 모두 유의한 변수입니다.

셋째, 각 독립변수의 '계수'를 확인하여 영향도를 비교합니다. 연봉의 계수는 0.002426입니다. 이 값은 연봉이 1만큼 올라가면 직장 만족도는 0.002426만큼 올라간다는 의미입니다. 주당 근무시간의 계수는 −0.11321입니다. 이는 주당 근무시간이 1만큼 올라가면 직장 만족도는 0.11321만큼 내려간다는 의미입니다. 마지막으로 통근시간의 계수는 −0.00857입니다. 이는 통근시간이 1만큼 올라가면 직장 만족도는 0.00857만큼 내려간다는 의미입니다.

요약 출력

회귀분석 통계량	
다중 상관계수	0.837385
결정계수	0.701213
조정된 결정계수	0.666738
표준 오차	0.553924
관측수	30

분산 분석

	자유도	제곱합	제곱 평균	F 비	유의한 F
회귀	3	18.72239	6.240795	20.3395	5.38E-07
잔차	26	7.977614	0.306831		
계	29	26.7			

	계수	표준 오차	t 통계량	P-값	하위 95%	상위 95%	하위 95.0%	상위 95.0%
Y 절편	-0.27033	1.491334	-0.18127	0.857563	-3.33581	2.79515	-3.33581	2.79515
연봉(만원)	0.002426	0.000345	7.041384	1.78E-07	0.001718	0.003135	0.001718	0.003135
주당 근무시간(시)	-0.11321	0.046425	-2.43863	0.021881	-0.20864	-0.01779	-0.20864	-0.01779
통근시간(분)	-0.00857	0.003733	-2.29449	0.030087	-0.01624	-0.00089	-0.01624	-0.00089

그림 9-3 회귀 분석 결과[4]

....

3 선형 회귀 분석은 변수들을 직선 하나로 표현할 수 있는 식을 만듭니다. 선형 회귀 분석에 사용된 데이터들이 이 직선을 통해 설명되는 비율을 '설명력'이라고 합니다. 예를 들어 결정계수 또는 조정된 결정계수가 1이면 모든 데이터들이 직선 하나를 통해 표현이 가능한 것이며, 0이라면 단 하나의 데이터도 직선에 표현할 수 없는 것입니다.

4 잔차는 측정값과 예측값의 차이이고, 자유도는 통계적 추정을 할 때 표본자료 중 모집단에 대한 정보를 주는 독립적인 자료의 수입니다. 또한 F비는 회귀식의 유의성 검정에 사용되는 값입니다. 통계적으로 유의하려면 F 비 값이 0.05 미만이어야 합니다.

세부적으로 확인해야 할 부분은 더 많지만, 앞서 확인한 세 가지를 기반으로도 해석은 가능합니다. 이렇게 확보한 결과를 기반으로 회귀식을 다시 작성하면 다음과 같습니다.

$$CS_i = -0.27033 + 0.002426 \times SA_i - 0.11321 \times WH_i - 0.00857 \times CT_i + \varepsilon$$

이번에는 앞선 데이터를 사용하여 파이썬으로 선형 회귀 분석을 해보겠습니다. 먼저 [그림 9-4]와 같이 선형 회귀 분석을 수행할 데이터 파일을 업로드합니다.

```
import pandas as pd
from google.colab import files

uploaded = files.upload()
```

그림 9-4 파일 업로드

[그림 9-5]와 같이 해당 CSV 파일을 로드합니다. 선형 회귀 분석 모듈에서 컬럼명에 띄어쓰기가 있으면 오류가 발생합니다. 컬럼명에 띄어쓰기를 없애고 명명할 수 있도록 rename() 함수의 columns 인수를 사용합니다. '연봉(만원)'과 같이 이름이 긴 컬럼명은 '연봉'으로 간단히 명명했고, '주당 근무시간(시)'과 같이 띄어쓰기가 포함된 컬럼명은 '주당근무시간'으로 띄어쓰기를 없앴습니다.

```
import io

df = pd.read_csv(io.StringIO(uploaded['company_satisfaction.csv'].decode('cp949')), usecols=['연봉(만원)', '주당 근무시간(시)', '통근시간(분)', '직장 만족도'])

df = df.rename(columns={'연봉(만원)':'연봉', '주당 근무시간(시)':'주당근무시간', '통근시간(분)':'통근시간', '직장 만족도':'직장만족도'})
print(df)

      연봉  주당근무시간  통근시간  직장만족도
0   3300     40   120      2
1   3250     42   120      2
2   2900     40    20      3
3   3400     40    50      3
4   4200     48    45      4
5   3550     40    60      3
6   3700     40    40      4
7   3200     42    40      3
8   2800     42    70      1
9   3300     40    80      2
10  3650     40    80      3
11  3600     43    40      3
12  3900     45    40      4
13  4400     50    60      3
14  4200     48    70      4
15  4100     46    80      5
16  3800     44   100      3
17  3850     45   120      3
18  3750     42    60      4
19  3650     40    60      3
20  3500     48    30      3
21  3300     47    30      2
22  3200     40    30      3
23  3000     42    40      2
24  3100     41    30      2
25  3050     41    40      2
26  3400     43    40      2
27  3450     45    40      2
28  4200     46    80      5
29  3100     40   100      2
```

그림 9-5 파일 로드

[그림 9-6]처럼 선형 회귀 분석을 하기 위해 다양한 통계 분석을 할 수 있는 statsmodels 라이브러리를 import합니다. 그리고 데이터 분석 모델을 수식으로 나타냅니다. 수식을 작성하는 포맷은 다음과 같습니다.

종속변수~독립변수1 + 독립변수2 + 독립변수3 + ⋯ + 독립변수N

모델 구성 후 fit( ) 함수[5]를 호출하여 분석을 진행합니다. 마지막으로 summary( ) 함수를 통해 분석 결과를 출력합니다.

다음 내용은 [그림 9-3]과 같이 엑셀로 분석한 것과 동일합니다. 조정된 결정계수, 각 독립변수의 계수, P-값을 확인해봅시다.

```
import numpy as np
import statsmodels.api as sm
import statsmodels.formula.api as smf
import pandas as pd

model = smf.ols(formula = '직장만족도 ~ 연봉 + 통근시간 + 주당근무시간', data = df)
result = model.fit()
print(result.summary())
                            OLS Regression Results
==============================================================================
Dep. Variable:                 직장만족도   R-squared:                       0.701
Model:                           OLS   Adj. R-squared:                  0.667
Method:                Least Squares   F-statistic:                     20.34
Date:               Mon, 31 Oct 2022   Prob (F-statistic):           5.38e-07
Time:                       05:19:01   Log-Likelihood:                -22.700
No. Observations:                 30   AIC:                             53.40
Df Residuals:                     26   BIC:                             59.00
Df Model:                          3
Covariance Type:           nonrobust
==============================================================================
                 coef    std err          t      P>|t|      [0.025      0.975]
------------------------------------------------------------------------------
Intercept      -0.2703      1.491     -0.181      0.858      -3.336       2.795
연봉             0.0024      0.000      7.041      0.000       0.002       0.003
통근시간         -0.0086      0.004     -2.294      0.030      -0.016      -0.001
주당근무시간      -0.1132      0.046     -2.439      0.022      -0.209      -0.018
==============================================================================
Omnibus:                       1.244   Durbin-Watson:                   2.115
Prob(Omnibus):                 0.537   Jarque-Bera (JB):                0.411
Skew:                          0.224   Prob(JB):                        0.814
Kurtosis:                      3.356   Cond. No.                     5.24e+04
==============================================================================

Notes:
[1] Standard Errors assume that the covariance matrix of the errors is correctly specified.
[2] The condition number is large, 5.24e+04. This might indicate that there are
strong multicollinearity or other numerical problems.
```

그림 9-6 선형 회귀 분석 결과

----

5 fit( ) 함수는 해당 회귀 분석 모형을 수행한 결과를 반환합니다.

마지막으로 확인해야 할 사항은 독립변수 간 강한 상관관계가 나타나는 '다중공선성'입니다. **다중공선성**은 독립변수가 다른 독립변수와의 상관도가 높아 독립적이지 않다는 의미입니다. 예를 들어 학업 성취도가 종속변수라 할 때 일평균 공부 시간을 독립변수 A, 일평균 게임 시간을 독립변수 B라고 하겠습니다. 두 변수는 서로 독립적으로 보이지만 하루는 24시간이므로 공부 시간이 늘어나면 게임 시간을 줄고, 게임 시간이 늘어나면 공부 시간이 줄어듭니다. 따라서 두 독립변수는 강한 상관관계가 있으므로 다중공선성이 있다고 합니다. 이럴 때는 다중공선성이 존재하는 변수 중 하나는 모형에서 제외해야 합니다.

다중공선성은 **VIF**$^{variance\ inflation\ factor}$를 통해 진단할 수 있습니다. VIF를 구하는 수식은 다음과 같습니다.

$$VIF = \frac{1}{1 - R^2}$$

R^2는 해당 독립변수와 종속변수 각 하나씩만 가지고 단순 회귀 분석을 수행하여 얻어진 **결정계수**입니다. R^2 값이 VIF를 결정합니다. R^2가 높아 설명력이 높은 독립변수가 있다면 분모가 작아져 VIF 값이 커질 것이고, 반대로 R^2가 낮아 설명력이 낮은 독립변수가 있다면 분모가 커져 VIF 값이 작아질 것입니다. 예를 들어 R^2가 0.9인 독립변수가 있다면 분모는 0.1이고 VIF는 10입니다. R^2가 0.1인 독립변수가 있다면 분모는 0.9이고 VIF는 약 1.1입니다. 따라서 R^2가 0에 가깝다면 해당 독립변수는 다른 독립변수와 상관성이 거의 없다는 것이고, 1에 가깝다면 다른 독립변수와 상관성이 크므로 다중공선성이 커집니다. 일반적으로 다중공선성이 높다고 판단하는 기준은 VIF 값이 10을 초과할 때입니다.

[그림 9-7]은 각 독립변수의 VIF 값을 산출한 결과입니다. VIF 값을 산출하기 위해 `variance_inflation_factor` 라이브러리를 import합니다. 그리고 `for` 문을 수행해서 산출한 결과를 출력합니다. 독립변수 '연봉'과 '주당근무시간'의 VIF 값은 10을 훨씬 초과하므로 다중공선성이 크다고 볼 수 있습니다.

```
from statsmodels.stats.outliers_influence import variance_inflation_factor

X = df[['연봉', '통근시간', '주당근무시간']]

vif = pd.DataFrame()
vif['VIF_Factor'] = [variance_inflation_factor(X.values, i)
  for i in range(X.shape[1])]
vif['Variable'] = X.columns

print(vif)
```
```
   VIF_Factor Variable
0  142.676508       연봉
1    5.755503     통근시간
2  132.404284   주당근무시간
```

그림 9-7 VIF 산출 결과[6]

이번에는 로지스틱 회귀 분석을 수행해보겠습니다. 로지스틱 회귀는 앞서 설명한 바와 같이 종속변수가 0과 1 중 어디에 속하는지 모델링하는 기법입니다.

[표 9-1] 데이터를 약간 수정하겠습니다. 종속변수가 0 또는 1을 가질 수 있도록 '직장 만족도'가 3보다 작으면 0, 3 이상이면 1로 모두 변경합니다. 그리고 다음 그림과 같이 파일을 업로드합니다.

```
import pandas as pd
from google.colab import files

uploaded = files.upload()
```

그림 9-8 파일 업로드

파일을 로드하면서 데이터프레임 형식으로 저장합니다(그림 9-9). 그리고 컬럼명을 간단하게 변경합니다.

---

6 일반적으로 VIP 값이 10이 넘으면 독립변수와 종속변수의 다중공선성이 크므로 모형을 인정받기 어렵습니다.

```
import io
df = pd.read_csv(io.StringIO(uploaded['company_satisfaction_logistic.csv'].decode('cp949')), usecols=['연봉(만원)', '주당 근무시간(시)', '통근시간(분)', '직장 만족도'])
df = df.rename(columns={'연봉(만원)':'연봉', '주당 근무시간(시)':'주당근무시간', '통근시간(분)':'통근시간', '직장 만족도':'직장만족도'})
print(df)
```

```
     연봉  주당근무시간  통근시간  직장만족도
0   3300     40   120      0
1   3250     42   120      0
2   2900     40    20      1
3   3400     40    50      1
4   4200     48    45      1
5   3550     40    60      1
6   3700     40    40      1
7   3200     42    40      1
8   2800     42    70      0
9   3300     40    80      0
10  3650     40    80      1
11  3600     43    40      1
12  3900     45    40      1
13  4400     50    60      1
14  4200     48    70      1
15  4100     46    80      1
16  3800     44   100      1
17  3850     45   120      1
18  3750     42    60      1
19  3650     40    60      1
20  3500     48    30      1
21  3300     47    30      0
22  3200     40    30      1
23  3000     42    40      0
24  3100     41    30      0
25  3050     41    40      0
26  3400     43    40      0
27  3450     45    40      0
28  4200     46    80      1
29  3100     40   100      0
```

그림 9-9 파일 로드

로지스틱 회귀 분석 결과를 해석하는 방법은 선형 회귀 분석과 큰 차이가 없습니다. [그림 9-10]과 같이 로지스틱 회귀 분석의 결과를 해석하면 다음과 같습니다. **첫째,** 결정계수는 0.5467로 약 54.67%의 설명력이 있습니다. **둘째,** 각 독립변수의 유의 수준은 '통근시간' 변수가 0.052로 0.05를 초과하고, 다른 두 변수는 0.05 미만입니다. 따라서 '연봉'과 '주당근무시간' 변수는 유의하다고 볼 수 있습니다. **셋째,** 계수는 연봉이 1만큼 올라가면 직장만족도는 0.0105 만큼 올라가고 주당 근무시간이 1만큼 증가하면 직장만족도는 0.7512만큼 떨어집니다. 통근 시간 변수는 유의 수준이 0.05 초과로 유의하지 않기 때문에 해석에서 제외합니다.

```
import statsmodels.api as sm

logit = sm.Logit(y, x)
result = logit.fit()
result.summary()
```

```
Optimization terminated successfully.
         Current function value: 0.297913
         Iterations 8
                       Logit Regression Results
Dep. Variable:        직장만족도   No. Observations:    30
        Model:          Logit      Df Residuals:    27
       Method:            MLE         Df Model:     2
         Date:  Mon, 31 Oct 2022  Pseudo R-squ.:  0.5467
         Time:       06:36:02   Log-Likelihood: -8.9374
    converged:           True        LL-Null:   -19.715
Covariance Type:    nonrobust     LLR p-value:  2.087e-05
                 coef   std err      z   P>|z|  [0.025  0.975]
         연봉   0.0105    0.004   2.542  0.011   0.002   0.019
    주당근무시간  -0.7512    0.297  -2.529  0.011  -1.333  -0.169
       통근시간  -0.0551    0.028  -1.947  0.052  -0.110   0.000
```

그림 9-10 테스트 데이터와 검증 데이터의 분리

더미변수^{dummy variable}에 대해 알아봅시다. 회귀 분석이든 인공지능이든 데이터 분석에서 변수는 숫자형이어야 합니다. 이러한 변수는 키, 몸무게, 온도 등과 같이 숫자형이면서 연속성을 띄고 있습니다. 숫자형이 아닌 변수는 어떻게 해야 할까요? 예를 들어 직업이 변수라면 이를 이분화하여 학생/직장인으로 나눌 수 있습니다. 이 경우 학생은 1, 직장인은 0으로 이분화합니다. 이렇게 1 또는 0의 값을 가지는 변수를 더미변수라고 합니다. 더미변수는 세 가지 이상으로 다중 분류될 수 있습니다. 예를 들어 직업을 학생/직장인/무직으로 나누겠습니다. 변수는 카테고리 개수보다 하나 적게 설정합니다. 학생과 직장인에 해당하지 않으면 무직으로 합니다. 그래서 학생이면 10, 직장인이면 01, 무직이면 00으로 나누는 것입니다. 그 값은 서로 바뀌어도 문제될 것은 없습니다.

앞선 예제와 같이 직업이 두 가지일 때 변수는 한 개입니다. 그리고 직업이 세 가지일 때 변수는 두 개입니다. 이렇게 더미변수는 나타낼 수 있는 범주의 개수가 N이면, 변수의 개수는 N-1개가 됩니다.[7]

9.1.2 연습문제(엑셀 분석, 파이썬 분석)

예제 9-1

서울시 교통정보 시스템 'TOPIS'에서 '도로별/일자별 통행속도' 파일을 다운받아 출퇴근 시간대(6시~19시)의 평균 통행속도를 엑셀과 파이썬으로 선형 회귀 분석을 해보세요. 이때 종속 변수는 시간대별 평균 속도(SPD)이며 독립변수는 시간(HR), 평일 여부 더미변수(WKD)입니다. 회귀 분석 모델은 다음과 같습니다.

$$SPD_i = \beta_0 + \beta_1 HR_i + \beta_2 WKD_i + \varepsilon$$

HINT_

서울시 교통정보: https://topis.seoul.go.kr

풀이 9-1

다음 그림과 같이 TOPIS 웹 페이지에서 '도로별 일자별 통행속도' 데이터 중 하나를 다운받습니다.

---

[7] 더미변수의 값이 두 가지이면 이분법, 두 가지를 초과하면 다분법 형태입니다. 유의한 더미변수를 너무 많이 사용하면 모형의 결과에 긍정적인 영향을 줄 수 있습니다. 따라서 산업계나 학계에서는 너무 많은 더미변수의 사용을 지양합니다.

TOPIS 웹 페이지에서 가장 최근인 데이터 파일을 다운받아서(2022년 10월 데이터를 사용) 평일과 주말 그리고 6시부터 19시까지의 평균 통행속도를 정리하면 다음 그림과 같습니다.[8]

speed	hour	isWeekday
31.14928	6	1
28.87463	7	1
26.36266	8	1
23.93902	9	1
23.97024	10	1
24.14476	11	1
24.49719	12	1
25.05654	13	1
24.88118	14	1
24.22882	15	1
23.63143	16	1
22.8109	17	1
21.82844	18	1
21.21059	19	1
31.9986	6	0
30.85957	7	0
30.39079	8	0
29.27124	9	0
27.55495	10	0
25.87717	11	0
25.09195	12	0
24.74662	13	0
24.23326	14	0
24.12959	15	0
24.09152	16	0
24.04972	17	0
23.60078	18	0
23.69761	19	0

----

8 출처: https://topis.seoul.go.kr/refRoom/openRefRoom_1.do
   이 책의 깃허브에서 'speed.csv' 파일을 사용할 수 있습니다.

엑셀로 선형 회귀 분석을 수행한 결과는 다음과 같습니다. 조정된 결정계수(설명력)는 약 0.7809로 매우 높습니다. 그리고 독립변수들의 P-값인 유의 수준은 모두 0.05보다 작으므로 유의한 변수로 판단할 수 있습니다. HR과 WKD의 계수는 각 약 −0.5937, 약 −1.6434로 시간이 늦어지거나 평일일수록 통행속도가 작아짐을 알 수 있습니다.

요약 출력							
회귀분석 통계량							
다중 상관계수	0.892798869						
결정계수	0.79708982						
조정된 결정계수	0.780857006						
표준 오차	1.351118208						
관측수	28						
분산 분석							
	자유도	제곱합	제곱 평균	F 비	유의한 F		
회귀	2	179.2793	89.63965	49.10361	2.19E-09		
잔차	25	45.63801	1.82552				
계	27	224.9173					
	계수	표준 오차	t 통계량	P-값	하위 95%	상위 95%	하위 95.0%	상위 95.0%
Y 절편	33.82067282	0.870224	38.86432	7.05E-24	32.02841	35.61293	32.02841	35.61293
hour	-0.593691695	0.063341	-9.37289	1.17E-09	-0.72415	-0.46324	-0.72415	-0.46324
isWeekday	-1.643407624	0.510675	-3.21811	0.003555	-2.69516	-0.59165	-2.69516	-0.59165

결과를 회귀식으로 나타내면 다음과 같습니다.

$$SPD_i = 33.8207 - 0.5937 \times HR_i - 1.6434 \times WKD_i + \varepsilon$$

엑셀로 진행한 선형 회귀 분석을 파이썬으로 해보겠습니다. 먼저 CSV 파일을 업로드합니다.

```
import pandas as pd
from google.colab import files

uploaded = files.upload()
```

다음 코드를 수행하여 이 파일을 데이터프레임 객체인 df로 로드합니다.

```
import io

df = pd.read_csv(io.StringIO(uploaded['speed.csv'].decode('cp949')))

print(df)

        speed  hour  isWeekday
0   31.149276     6          1
1   28.874627     7          1
2   26.362655     8          1
3   23.939021     9          1
4   23.970243    10          1
5   24.144755    11          1
6   24.497189    12          1
7   25.056538    13          1
8   24.881179    14          1
9   24.228815    15          1
10  23.631427    16          1
11  22.810905    17          1
12  21.828442    18          1
13  21.210594    19          1
14  31.998600     6          0
15  30.859569     7          0
16  30.390791     8          0
17  29.271244     9          0
18  27.554950    10          0
19  25.877168    11          0
20  25.091949    12          0
21  24.746618    13          0
22  24.233261    14          0
23  24.129591    15          0
24  24.091522    16          0
25  24.049718    17          0
26  23.600780    18          0
27  23.697612    19          0
```

다음과 같이 CSV의 컬럼명을 변수로 하여 `speed ~ hour + isWeekday` 모델을 `smf.ols()` 함수의 `formula` 인수로 넣고, `data`는 `df`를 대입하여 모델을 구성합니다. 그리고 `model.fit()` 함수를 호출하여 선형 회귀 분석을 합니다. 수행 결과는 `summary()` 함수의 반환값을 `print()` 함수로 출력합니다.

선형 회귀 분석의 수행 결과는 다음 그림과 같고, 결괏값은 앞서 엑셀로 실습한 결과와 동일합니다.

```
import numpy as np
import statsmodels.api as sm
import statsmodels.formula.api as smf
import pandas as pd

model = smf.ols(formula = 'speed ~ hour + isWeekday', data = df)
result = model.fit()
print(result.summary())
```

```
                            OLS Regression Results
==============================================================================
Dep. Variable:                  speed   R-squared:                       0.797
Model:                            OLS   Adj. R-squared:                  0.781
Method:                 Least Squares   F-statistic:                     49.10
Date:                Thu, 10 Nov 2022   Prob (F-statistic):           2.19e-09
Time:                        02:01:26   Log-Likelihood:                -46.570
No. Observations:                  28   AIC:                             99.14
Df Residuals:                      25   BIC:                             103.1
Df Model:                           2
Covariance Type:            nonrobust
==============================================================================
                 coef    std err          t      P>|t|      [0.025      0.975]
------------------------------------------------------------------------------
Intercept      33.8207      0.870     38.864      0.000      32.028      35.613
hour           -0.5937      0.063     -9.373      0.000      -0.724      -0.463
isWeekday      -1.6434      0.511     -3.218      0.004      -2.695      -0.592
==============================================================================
Omnibus:                        0.959   Durbin-Watson:                   0.437
Prob(Omnibus):                  0.619   Jarque-Bera (JB):                0.967
Skew:                          -0.360   Prob(JB):                        0.617
Kurtosis:                       2.443   Cond. No.                         45.9
==============================================================================

Notes:
[1] Standard Errors assume that the covariance matrix of the errors is correctly specified.
```

다중공선성을 확인하기 위하여 VIF 값을 확인합니다. 각 변수의 VIF 값은 다음 그림의 결괏값을 살펴보면 HR 변수는 약 6.4969, WKD 변수는 약 1.9151입니다. 두 변수 모두 10 미만의 VIF 값을 가지므로 다중공선성이 없습니다.

```
from statsmodels.stats.outliers_influence import variance_inflation_factor

vif = pd.DataFrame()
vif["VIF Factor"] = [variance_inflation_factor(df.values, i) for i in range(1, df.shape[1])]
vif["features"] = df.columns[1:]
print(vif)

   VIF Factor   features
0    6.496933       hour
1    1.915085  isWeekday
```

9.2 집 앞에 어린이집이 생기면 집값에 어떤 영향을 미칠까?

회귀 분석은 독립변수가 종속변수에 미치는 영향력의 크기를 파악하는 것입니다. 지금도 선형 회귀 분석은 R, SAS, SPSS 등과 같은 통계 산출 프로그램 등을 통해 인문, 사회과학 전공자가 많이 사용하고 있습니다. 예를 들면 의료비를 종속변수로 두고 연령, 지역, 성별, 흡연 여부, 부양가족 수 등을 독립변수로 설정하여 분석할 수 있습니다. 일반적으로 나이가 들수록 젊을 때보다는 병원 방문 횟수가 늘어날 것이고, 흡연을 하면 폐질환을 비롯해 각종 질병에 노출될 가능성이 더 높을 것입니다. 이러한 추측을 정확히 수치상으로 판단하여 결론을 낼 수 있는 것이 선형 회귀 분석입니다.

이번 절에서는 어린이집과 같은 시설이 집값에 어떤 영향을 주는지 알아보겠습니다.

9.2.1 선형 회귀 분석 소개

집값에 영향을 미치는 요인은 전용면적, 연식, 브랜드 등 너무나 다양합니다. 또한 같은 서울시라도 아파트, 빌라, 주택 등에 따라 다르고 강남, 강북 등 지역에 따라 매우 다양합니다.

다음 [표 9-2]의 데이터는 특정 시점에 서울시 아파트 매매 실거래가를 기준으로 작성했습니다.

표 9-2 아파트 정보 데이터[9]

매매가격(만 원)	어린이집 거리(m)	준공년도(년)	전용면적(m2)
70900	2200	1999	59.04
72000	2200	1999	59.86
72800	2200	1999	59.86
73000	2200	1999	59.04
73000	2200	1999	59.86
74300	2200	1999	59.86
75000	2200	1999	59.86
75700	2200	1999	59.04
77500	2200	1999	59.86
78500	2200	1999	59.86

....

9 이 책의 깃허브에서 'apartment_sales.csv' 파일을 사용할 수 있습니다.

80000	2200	1999	59.04
81500	2200	1999	59.04
81500	2200	1999	59.04
86500	2200	1999	84.72
87000	2200	1999	84.72
88000	2200	1999	84.72
88650	2200	1999	84.72
88800	2200	1999	84.72
89000	2200	1999	84.72
93000	2200	1999	84.72
66000	2100	1987	59.99
78000	2100	1998	56.04
83000	2100	1987	65.34
90000	2100	1987	65.34
185000	2100	1998	84.86
185000	2100	1998	114.78
206000	2100	1998	114.78
215000	2100	1998	114.78
215000	2100	1998	114.78
216000	2100	1998	114.78

[표 9-2] 데이터를 기반으로 구성한 회귀 분석 모델은 다음과 같습니다. 종속변수는 매매가격(SP)이며, 독립변수는 어린이집까지의 거리(DD), 준공년도(BY), 전용면적(SZ)입니다.

$$SP_i = \beta_0 + \beta_1 DD_i + \beta_2 BY_i + \beta_3 SZ_i + \varepsilon$$

[표 9-2]의 데이터를 기반으로 엑셀에서 회귀 분석을 수행한 결과는 [그림 9-11]과 같습니다. **첫째**, '조정된 결정계수'는 0.915226으로 매우 강한 설명력을 보입니다. **둘째**, 세 독립변수의 'P-값'은 모두 0.05 미만으로 유의한 변수입니다. **셋째**, 각 독립변수의 '계수'를 확인합니다. 어린이집까지의 거리가 1m 멀어지면, 아파트 매매가격은 670.728만 원 낮아집니다. 전용면적이 1m² 증가할 때마다 아파트 매매가격은 1285.359만 원 높아집니다. 그리고 준공년도가 1년 증가할 때마다 아파트 매매가격이 5135.204만 원 높아집니다.

요약 출력					
회귀분석 통계량					
다중 상관계수	0.961247				
결정계수	0.923995				
조정된 결정계수	0.915226				
표준 오차	14865.12				
관측수	30				
분산 분석					
	자유도	제곱합	제곱 평균	F 비	유의한 F
회귀	3	6.98E+10	2.33E+10	105.3614	1.14E-14
잔차	26	5.75E+09	2.21E+08		
계	29	7.56E+10			

	계수	표준 오차	t 통계량	P-값	하위 95%	상위 95%	하위 95.0%	상위 95.0%
Y 절편	-8797149	2125098	-4.13964	0.000325	-1.3E+07	-4428948	-1.3E+07	-4428948
daycared	-670.728	99.64469	-6.73119	3.84E-07	-875.55	-465.905	-875.55	-465.905
size	1285.359	189.674	6.776674	3.42E-07	895.4782	1675.239	895.4782	1675.239
builtyear	5135.204	1145.275	4.483819	0.000131	2781.058	7489.351	2781.058	7489.351

그림 9-11 선형 회귀 분석 결과

9.2.2 연습문제(국가별 연간 자동차 판매량 분석하기)

예제 9-2

자동차는 최소 수천만 원에 달하는 고가의 재화입니다. 그리고 단순 구입만 하면 되는 것이 아니라 유류비, 보험료, 세금, 수리비 등 각종 유지비가 매월 평균 수십만 원 이상이 듭니다. 이렇듯 중소형 자동차는 우리나라를 기준으로 신입사원 1년 연봉으로도 구입이 가능할 수 있지만, 개발도상국의 경우에는 수십 년의 연봉으로도 구입하기 어려울 수 있습니다.

단순하게 생각해보면, 국가별로 자동차 판매량과 관련하여 영향을 미치는 가장 큰 요인은 해당 국가의 총 인구수와 국민 소득 수준일 것입니다. 다음 표는 2020년의 국가별 자동차 판매량, 총 인구 그리고 1인당 국민 총소득을 정리한 것입니다.[10]

10 이 책의 깃허브에서 'carSales.csv' 파일을 사용할 수 있습니다.

	연간 자동차 판매량	총 인구(명)	1인당 국민 총소득($)
대한민국	1,905,972	51,836,239	32,930
중국	25,311,069	1,411,100,000	10,530
인도	2,938,653	1,380,004,385	1,910
인도네시아	532,077	273,523,621	3,870
이스라엘	268,220	9,291,000	42,610
일본	4,598,611	126,261,000	40,810
필리핀	244,178	109,581,085	3,430
칠레	258,835	19,116,209	13,120
브라질	2,058,437	212,559,409	7,800
아르헨티나	333,845	45,376,763	9,080
독일	3,268,222	83,160,871	47,520
프랑스	2,100,058	67,379,908	39,500
스페인	1,030,470	47,363,419	54,290
이탈리아	1,564,670	59,449,527	32,380
영국	1,964,772	67,081,000	39,970
스위스	275,366	8,636,561	82,620
스웨덴	330,215	10,353,442	54,290
뉴질랜드	115,435	5,090,200	41,480
이집트	219,732	102,334,403	3,000
모로코	133,308	36,910,558	3,020

[풀이 9-2]

표의 데이터를 기반으로 회귀 분석 모델을 구성하면 다음과 같습니다. 종속변수는 연간 자동차 판매량(VCS)이며, 독립변수는 총 인구수(PP)와 1인당 국민 총소득(GNI)입니다.

$$VCS_i = \beta_0 + \beta_1 PP_i + \beta_2 GNI_i + \varepsilon$$

모델을 기반으로 엑셀에서 선형 회귀 분석을 수행하면 다음 그림과 같습니다. 조정된 결정계수는 약 0.5048로 0.6 이상의 높은 설명력은 아니지만, 0.4 이상이므로 학계나 산업계에 따라 허용될 수 있는 수준입니다. 두 독립변수의 P-값을 확인하면 총 인구는 0.05보다 작아 유의하지만, 1인당 국민 총소득은 유의하지 않음을 알 수 있습니다. 총 인구의 계수는 약 0.0107로 인구가 1명 증가하면 자동차의 연간 판매량도 약 0.0107대 증가하는 것으로 나타났습니다. 물론 연간 자동차 판매량에 영향을 미치는 요인이 두 독립변수만은 아닐 겁니다. 이 분석은 간단하게 확인해볼 수 있는 결과입니다.

요약 출력							
회귀분석 통계량							
다중 상관계수	0.746262						
결정계수	0.556907						
조정된 결정계수	0.504779						
표준 오차	3882224						
관측수	20						
분산 분석							
	자유도	제곱합	제곱 평균	F 비	유의한 F		
회귀	2	3.22E+14	1.61E+14	10.68334	0.000989		
잔차	17	2.56E+14	1.51E+13				
계	19	5.78E+14					
	계수	표준 오차	t 통계량	P-값	하위 95%	상위 95%	하위 95.0% 상위 95.0%
Y 절편	-866075	1697103	-0.51033	0.616385	-4446649	2714498	-4446649 2714498
총 인구(명)	0.010675	0.002358	4.527778	0.000298	0.005701	0.015649	0.005701 0.015649
1인당 국민 총소득($)	40.75053	42.3101	0.96314	0.348979	-48.516	130.017	-48.516 130.017

이번에는 파이썬으로 선형 회귀 분석을 해보겠습니다. 먼저 파일을 업로드합니다.

```
import pandas as pd
from google.colab import files

uploaded = files.upload()
```

다음 코드와 같이 데이터가 저장된 CSV 파일을 로드합니다. 앞선 예제와 같이 파이썬을 통해 선형 회귀 분석을 수행하기 위해서 컬럼명을 수정해야 합니다. rename() 함수를 사용하여 띄어쓰기가 있거나 숫자로 시작하는 컬럼명을 변경했습니다. 그리고 데이터의 자료형은 정수형이나 실수형 등의 숫자형이어야 합니다. 자료형을 확인하기 위해 dtypes를 호출하여 print() 함수를 통해 출력합니다. 그 결과 모든 컬럼은 object 자료형임을 알 수 있습니다. 이를 숫자형으로 바꾸겠습니다.

```
import io

df = pd.read_csv(io.StringIO(uploaded['carSales.csv'].decode('cp949')), usecols=['연간 자동차 판매량', '총 인구(명)', '1인당 국민 총소득($)'])

df = df.rename(columns={'연간 자동차 판매량':'연간자동차판매량', '총 인구(명)':'인구', '1인당 국민 총소득($)':'일인당국민소득'})

print(df)
print(df.dtypes)
```

```
         연간자동차판매량          인구  일인당국민소득
0        1,905,972    51,836,239   32,930
1       25,311,069  1,411,100,000   10,530
2        2,938,653  1,380,004,385    1,910
3          532,077    273,523,621    3,870
4          532,077      9,291,000   42,610
5        4,598,611    126,261,000   40,810
6          244,178    109,581,085    3,430
7          258,835     19,116,209   13,120
8        2,058,437    212,559,409    7,800
9          333,845     45,376,763    9,080
10       3,268,222     83,160,871   47,520
11       2,100,058     67,379,908   39,500
12       1,030,470     47,363,419   54,290
13       1,564,670     59,449,527   32,380
14       1,964,772     67,081,000   39,970
15         275,366      8,636,561   82,620
16         330,215     10,353,442   54,290
17         115,435      5,090,200   41,480
18         219,732    102,334,403    3,000
19         133,308     36,910,558    3,020
연간자동차판매량    object
인구             object
일인당국민소득        object
dtype: object
```

다음은 앞선 그림에서 로드한 데이터프레임의 각 컬럼을 정수형으로 변경하는 코드입니다. 각 컬럼을 정수형으로 변경하기 위해서 세 자리마다 찍혀 있는 콤마는 for 문을 통해 제거합니다. 그리고 판다스의 to_numeric() 함수를 통해 해당 컬럼을 숫자형으로 형 변환을 진행합니다. dtypes로 확인한 결과 모든 컬럼이 int로 바뀌었음을 알 수 있습니다.

```
for i in range(0, len(df)):
  for j in range(0, len(df.loc[i])):
    df.loc[i][j] = int(str(df.loc[i][j]).replace(",", ""))

df['연간자동차판매량'] = pd.to_numeric(df['연간자동차판매량'])
df['인구'] = pd.to_numeric(df['인구'])
df['일인당국민소득'] = pd.to_numeric(df['일인당국민소득'])

print(df)
print(df.dtypes)
```

```
      연간자동차판매량          인구  일인당국민소득
0        1905972    51836239   32930
1       25311069  1411100000   10530
2        2938653  1380004385    1910
3         532077   273523621    3870
4         532077     9291000   42610
5        4598611   126261000   40810
6         244178   109581085    3430
7         258835    19116209   13120
8        2058437   212559409    7800
9         333845    45376763    9080
10       3268222    83160871   47520
11       2100058    67379908   39500
12       1030470    47363419   54290
13       1564670    59449527   32380
14       1964772    67081000   39970
15        275366     8636561   82620
16        330215    10353442   54290
17        115435     5090200   41480
18        219732   102334403    3000
19        133308    36910558    3020
연간자동차판매량    int64
인구             int64
일인당국민소득        int64
dtype: object
```

선형 회귀 분석의 결괏값은 다음과 같이 엑셀로 수행한 결과와 동일합니다.

```python
import numpy as np
import statsmodels.api as sm
import statsmodels.formula.api as smf
import pandas as pd

model = smf.ols(formula = '연간자동차판매량 ~ 인구 + 일인당국민소득', data = df)
result = model.fit()
print(result.summary())
```

```
                            OLS Regression Results
==============================================================================
Dep. Variable:              연간자동차판매량   R-squared:                       0.557
Model:                            OLS   Adj. R-squared:                  0.505
Method:                 Least Squares   F-statistic:                     10.68
Date:                Thu, 03 Nov 2022   Prob (F-statistic):           0.000989
Time:                        23:05:26   Log-Likelihood:                -330.19
No. Observations:                  20   AIC:                             666.4
Df Residuals:                      17   BIC:                             669.4
Df Model:                           2
Covariance Type:            nonrobust
==============================================================================
                 coef    std err          t      P>|t|      [0.025      0.975]
------------------------------------------------------------------------------
Intercept    -8.661e+05    1.7e+06     -0.510      0.616   -4.45e+06    2.71e+06
인구             0.0107      0.002      4.528      0.000       0.006       0.016
일인당국민소득     40.7505     42.310      0.963      0.349     -48.516     130.017
==============================================================================
Omnibus:                       11.516   Durbin-Watson:                   2.678
Prob(Omnibus):                  0.003   Jarque-Bera (JB):               24.918
Skew:                          -0.124   Prob(JB):                     3.88e-06
Kurtosis:                       8.463   Cond. No.                     8.83e+08
==============================================================================

Notes:
[1] Standard Errors assume that the covariance matrix of the errors is correctly specified.
[2] The condition number is large, 8.83e+08. This might indicate that there are
strong multicollinearity or other numerical problems.
```

마지막으로 다중공선성을 확인하기 위해 VIF 값을 산출합니다. 다음과 같이 VIF 값을 산출한
결과 모든 독립변수가 약 1에 가까운 수준으로 다중공선성은 없습니다.

```python
from statsmodels.stats.outliers_influence import variance_inflation_factor

vif = pd.DataFrame()
vif["VIF Factor"] = [variance_inflation_factor(df.values, i) for i in range(1, df.shape[1])]
vif["features"] = df.columns[1:]
print(vif)
```

```
   VIF Factor features
0    2.585141       인구
1    1.071941   일인당국민소득
```

9.3 내일은 비가 올까요?

앞서 설명한 것처럼 로지스틱 회귀 분석은 종속변수가 1 또는 0을 가지는 모델입니다. '1이다, 0이다'를 판단하는 것이 아니라 '1일 가능성이 얼마다'라는 것을 판단합니다. 예를 들어 식습관, 흡연 유무, 음주 유무 및 음주량, 운동량 등의 독립변수에 따라 특정 암이 발생할 확률을 종속변수로 설정하여 로지스틱 회귀 분석 모델을 구성할 수 있습니다. 통신사 고객의 요금제, 단말기 교체 주기, 가입 유지 기간 등을 독립변수로 하고, 가입 유지 여부 확률을 종속변수로 한 로지스틱 회귀 분석 모델도 구성할 수 있습니다.

9.3.1 로지스틱 회귀 분석 소개

로지스틱 회귀 분석 모델의 종속변수는 1 또는 0으로 이분화할 수 있어야 합니다. 그리고 종속변수의 예측 결과가 0.5보다 크면 발생 가능성이 크고, 0.5보다 작으면 발생 가능성이 적은 것입니다.

로지스틱 회귀 분석을 선형 회귀 분석과 그래프로 비교하면 [그림 9-12]와 같습니다. 선형 회귀 분석은 독립변수와 종속변수 사이의 선형적인 관계를 나타내고, 로지스틱 회귀 분석은 선형이 아닌 'S자' 형태의 곡선을 나타냅니다.

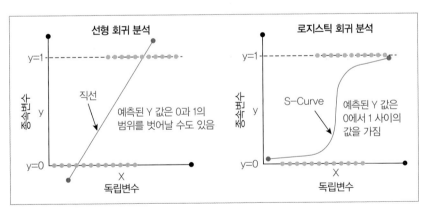

그림 9-12 선형 회귀 분석과 로지스틱 회귀 분석

로지스틱 회귀 분석에는 오즈비$^{odds\ ratio}$와 로짓^{logit}이라는 개념이 있습니다. **오즈비**는 발생할 확률이 발생하지 않을 확률에 비해 몇 배 높은지 설명하는 개념이며, **로짓**은 오즈비에 로그를 씌운 것입니다.

환자군 연구에서 사용하는 요인 노출과 질병 발생의 관계는 [표 9-3]과 같습니다. 여기서는 위험 요인과 질병 발생 간의 연관성을 파악합니다.

표 9-3 질병 발생 여부

요인 노출\질병 발생	예	아니오	합계
예	a	b	$a + b$
아니오	c	d	$c + d$
합계	$a + c$	$b + d$	$n = a + b + c + d$

오즈비는 '요인에 노출된 집단에서 환자가 나올 오즈'를 '요인에 노출되지 않은 집단에서 환자가 나올 오즈'로 나눈 것입니다. 이를 식으로 나타내면 다음과 같습니다.

$$\text{Odds Ratio} = \frac{\frac{a}{b}}{\frac{c}{d}} = \frac{ad}{bc}$$

로짓은 앞서 계산된 오즈비에 로그를 씌운 것으로 다음과 같습니다.

$$\text{Logit} = \log(\text{Odds Ratio})$$

지금부터는 로지스틱 회귀 분석의 예제를 통해 실습해보겠습니다. [그림 9-13]은 타이타닉에 승선한 승객의 생존 여부를 모아둔 데이터입니다. 이 데이터에는 성별, 나이 등이 포함되어 있습니다. 데이터를 기반으로 종속변수는 승객의 생존 여부(survived), 독립변수는 성별(sex), 나이(age), 1등석 탑승 여부(pClass), 2등석 탑승 여부(pClass)로 모델을 구성하세요. 그리고 이 모델을 기반으로 '남자면서, 나이가 20살, 3등석 이하에 탑승한 승객의 생존 여부'를 예측해보세요.

```
import seaborn as sns
import pandas as pd
import numpy as np
import statsmodels.api as sm
import matplotlib.pyplot as plt
from sklearn import metrics
from sklearn.model_selection import train_test_split
from sklearn.linear_model import LogisticRegression
from sklearn.metrics import classification_report
from sklearn.metrics import confusion_matrix
from sklearn.metrics import accuracy_score, roc_auc_score, roc_curve

passengers = sns.load_dataset('titanic')
print(passengers.shape)
print(passengers.head())
```

```
(891, 15)
   survived  pclass     sex   age  sibsp  parch     fare embarked  class
0         0       3    male  22.0      1      0   7.2500        S  Third
1         1       1  female  38.0      1      0  71.2833        C  First
2         1       3  female  26.0      0      0   7.9250        S  Third
3         1       1  female  35.0      1      0  53.1000        S  First
4         0       3    male  35.0      0      0   8.0500        S  Third

     who  adult_male deck  embark_town alive  alone
0    man        True  NaN  Southampton    no  False
1  woman       False    C    Cherbourg   yes  False
2  woman       False  NaN  Southampton   yes   True
3  woman       False    C  Southampton   yes  False
4    man        True  NaN  Southampton    no   True
```

그림 9-13 타이타닉 승객 생존 여부 데이터

다음 [그림 9-14]와 같이 데이터 전처리 작업을 진행합니다. 성별은 male, female의 문자열로 되어 있으니 이를 더미변수인 정수형으로 변경합니다. replace() 함수를 사용하여 쉽게 변경하고, {'문자열 A':0, '문자열 B':1}과 같이 구성하여 인수에 대입합니다. 나이는 결측치가 있다면 평균값으로 대입하기 위하여 fillna() 함수를 사용합니다. 1등석, 2등석 탑승 여부에 대한 더미변수는 pClass 컬럼의 값이 1이라면 FirstClass 컬럼의 값을 1로 하고, 2라면 SecondClass 컬럼의 값을 1로 설정합니다. 이렇게 네 개의 독립변수는 features에 대입하고, survived 변수는 survival에 대입합니다.

```
passengers['sex'] = passengers['sex'].replace({'male':0, 'female':1})
passengers['age'].fillna(value = passengers['age'].mean(), inplace = True)
passengers['FirstClass'] = passengers['pclass'].apply(lambda x : 1 if x == 1 else 0)
passengers['SecondClass'] = passengers['pclass'].apply(lambda x : 1 if x == 2 else 0)
features = passengers[['sex', 'age', 'FirstClass', 'SecondClass']]
survival = passengers['survived']

print(features)
print(survival)
```

```
     sex        age  FirstClass  SecondClass
0      0  22.000000           0            0
1      1  38.000000           1            0
2      1  26.000000           0            0
3      1  35.000000           1            0
4      0  35.000000           0            0
..   ...        ...         ...          ...
886    0  27.000000           0            1
887    1  19.000000           1            0
888    1  29.699118           0            0
889    0  26.000000           1            0
890    0  32.000000           0            0

[891 rows x 4 columns]
0      0
1      1
2      1
3      1
4      0
      ..
886    0
887    1
888    0
889    1
890    0
Name: survived, Length: 891, dtype: int64
```

그림 9-14 데이터 전처리

전처리한 데이터는 [그림 9-15]와 같이 train_test_split() 함수를 사용하여 훈련 데이터와 검증 데이터로 분리합니다. 그리고 이 데이터들은 StandardScaler() 함수의 fit_transform()을 사용하여 정규화합니다. 이렇게 정규화된 데이터는 LogisticRegression() 모델을 설정하고, 훈련 데이터를 사용하여 모델을 구성합니다.

```
from sklearn.model_selection import train_test_split
from sklearn.preprocessing import StandardScaler
from sklearn.linear_model import LogisticRegression

train_features, test_features, train_labels, test_labels = train_test_split(features, survival)

scaler = StandardScaler()
train_features = scaler.fit_transform(train_features)
test_features = scaler.transform(test_features)\

model = LogisticRegression()
model.fit(train_features, train_labels)
```

그림 9-15 로지스틱 회귀 분석 모델의 구성

앞서 구성된 로지스틱 회귀 분석 모델을 사용하여 특정 상황을 예측하기 위해 [그림 9-16]과 같이 성별, 나이, 1등석 탑승 여부, 2등석 탑승 여부 객체를 하나 생성합니다. predict() 함수를 사용하여 예측하면 결괏값 0이 나옵니다. 이는 predict_proba() 함수를 통해 예측한 것과 같이 생존 확률은 약 '0.9998'이고 비생존 확률은 약 '0.0016'에서 비롯한 결과임을 알 수 있습니다.

```
person1 = np.array([0.0, 20.0, 0.0, 0.0])

print(model.predict([person1]))
print(model.predict_proba([person1]))
```
```
[0]
[[9.99843739e-01 1.56260738e-04]]
```

그림 9-16 로지스틱 회귀 분석 모델의 예측

9.3.2 연습문제(내가 취업을 할 수 있을까?)

예제 9-3

다음 표의 데이터를 기반으로 어학 점수와 교과 성적 평점을 독립변수로 설정하고, 취업 여부를 종속변수로 하여 모델을 구성하세요. 그리고 이 모델을 통해 어학 점수가 850점이면서 교과 성적 평점이 4.32점인 사람의 취업 가능성을 예측해보세요.

어학 점수(점)	교과 성적 평점(점)	취업 여부(1-취업, 0 -미취업)
520	3.61	0
600	3.67	1
800	4.0	1
640	3.19	1
520	2.93	0
605	3.02	0
820	3.05	1
695	4.3	1
595	2.74	0
700	3.21	1
625	3.56	1
895	3.0	1

풀이 9-3

데이터를 x와 y 리스트로 분리하여 다음 그림과 같이 대입합니다. 그리고 train_test_split
( ) 함수를 사용하여 훈련 데이터와 검증 데이터를 x_train, x_test, y_train, y_test로 각
각 분리합니다.

```
import pandas as pd
import numpy as np
import statsmodels.api as sm
import matplotlib.pyplot as plt
from sklearn import metrics
from sklearn.model_selection import train_test_split
from sklearn.linear_model import LogisticRegression
from sklearn.metrics import classification_report
from sklearn.metrics import confusion_matrix
from sklearn.metrics import accuracy_score, roc_auc_score, roc_curve

x = [[520, 3.61], [600, 3.67], [800, 4.0], [640, 3.19], [520, 2.93], [605, 3.02],
     [820, 3.05], [695, 4.3], [595, 2.74], [700, 3.21], [625, 3.56], [895, 3.0]]
y = [0, 1, 1, 1, 0, 0, 1, 1, 0, 1, 1, 1]

x_train, x_test, y_train, y_test = train_test_split(x, y, test_size = 0.3, random_state = 0)
```

Logit ( ) 함수에 훈련 데이터를 인수로 대입하여 로지스틱 회귀 분석 모델을 설정합니다. 그
리고 fit ( ) 함수를 통해 모델을 구성하고 summary ( ) 함수를 호출하여 결과를 출력합니다.

```
from sklearn.linear_model import LogisticRegression

model = sm.Logit(y_train, x_train)
results = model.fit()
print(results.summary())
```

```
Optimization terminated successfully.
        Current function value: 0.636573
        Iterations 5
                        Logit Regression Results
==============================================================================
Dep. Variable:                      y   No. Observations:                   8
Model:                          Logit   Df Residuals:                       6
Method:                           MLE   Df Model:                           1
Date:                Mon, 14 Nov 2022   Pseudo R-squ.:                 0.03777
Time:                        06:27:25   Log-Likelihood:                -5.0926
converged:                       True   LL-Null:                       -5.2925
Covariance Type:            nonrobust   LLR p-value:                    0.5272
==============================================================================
                 coef    std err          z      P>|z|      [0.025      0.975]
------------------------------------------------------------------------------
x1             0.0021      0.008      0.252      0.801      -0.014       0.018
x2            -0.1900      1.520     -0.125      0.901      -3.170       2.790
==============================================================================
```

앞서 구성한 로지스틱 회귀 분석 모델을 통해 다른 숫자를 예측해볼 수도 있습니다. 다음 그림과 같이 predict( ) 인수에 넣을 리스트의 첫 번째 원소로 어학 점수 850, 교과 성적 평점 4.32를 넣습니다. 그렇게 나온 예측 결과는 약 0.7201입니다. 이는 취업에 성공할 가능성이 약 72.01%라는 의미입니다.

```
from sklearn.metrics import classification_report

y_pred = results.predict([850, 4.32])
print(y_pred)
```

```
[0.72008253]
```

9.4 회귀 분석과 인공지능 예측 차이

앞서 학습한 회귀 분석 모델을 구성하여 회귀 분석을 할 수 있습니다. 이는 과거 발생 사실에 대해 유의 수준을 파악하여 요인을 분류하고, 요인의 영향도는 계수를 통해 파악할 수 있습니다. 인공지능 모델도 회귀 분석 모델과 같이 하나의 종속변수와 하나 이상의 독립변수를 설정하여 구성합니다. 인공지능은 블랙박스의 형태로 그 내부를 알기는 어렵고, 학습의 단위나 횟수 등을 조절할 수 있습니다. 이러한 인공지능 모델은 미래를 예측하는 데 사용되고 있습니다.[11]

앞서 학습한 것처럼 회귀 분석에서는 설명력, 유의 수준, 계수를 중점적으로 파악합니다. 그러나 인공지능 모델에서는 이러한 것들이 블랙박스 형태로 되어 있어 내부의 자세한 과정을 알 수 없습니다. 그래서 학습 단위나 횟수 등을 조절하여 해당 모델의 예측 정확도를 측정하는 데 초점을 둡니다.

인공지능에서 학습 단위는 **배치 사이즈**[batch size]이고, 학습 횟수는 **에포크**[epoch]입니다. 예를 들어 영어 단어 10개가 있다고 가정하겠습니다. 한 번에 1개씩 학습하여 10번 반복하는 것과 한 번에 10개를 통째로 학습하여 10번 반복하는 것은 기억력에 차이가 있습니다. 보통은 한 번에 학습하는 양이 적을수록 더 오래 기억에 남습니다. 하지만 학습 단위가 작을수록 학습 시간은 더 오래 걸립니다. 여기서 학습 단위가 배치 사이즈입니다. 앞서 언급한 동일한 조건에 10번의 반복 학습과 100번의 반복 학습도 차이가 있습니다. 더 많이 학습할수록 기억에 더 오래 남습니다. 물론 반복 횟수가 많아지면 시간은 더 오래 걸립니다. 여기서 학습 횟수가 에포크입니다.

회귀 분석에서는 주로 설명력을 나타내는 결정계수(R^2)를 통해 해당 모델을 평가합니다. 그러나 인공지능은 예측 정확도를 판단하며 그 기법으로 MAE, MSE, RMSE, MAPE를 사용합니다.

평균 절대 오차[mean absolute error](MAE)는 실젯값과 예측값 절대 오차의 평균입니다. 오차의 평균이므로 값이 작을수록 더 좋은 예측 성능을 나타냅니다.

$$MAE = \frac{\sum\limits_{i=1}^{n} |y_i - \widehat{y_i}|}{n}$$

---

11 인공지능으로 인과관계를 분석할 수는 없습니다. 현재까지 인공지능 모형으로 학습된 내용의 결괏값이 0만 있다고 해도, 모형에 새로운 값이 들어오면서 1의 결괏값을 낼 수도 있기 때문입니다.

평균 제곱 오차^{mean squared error}(MSE)는 실젯값과 예측값 차이를 제곱한 뒤 평균을 구한 값입니다. 값이 작을수록 더 좋은 예측 성능을 나타냅니다.

$$\text{MSE} = \frac{\sum_{i=1}^{n}(y_i - \widehat{y_i})^2}{n}$$

평균 제곱근 오차^{root mean squared error}(RMSE)는 MSE에 루트를 씌운 값입니다. 값이 작을수록 더 좋은 예측 성능을 나타냅니다.

$$\text{RMSE} = \sqrt{\frac{\sum_{i=1}^{n}(y_i - \widehat{y_i})^2}{n}}$$

평균 절대 비율 오차^{mean absolute percentage error}(MAPE)는 MAE를 퍼센트로 표현한 것입니다. 값이 작을수록 더 좋은 예측 성능을 나타냅니다.

$$\text{MAPE} = \frac{100}{n}\sum_{i=1}^{n}|\frac{y_i - \widehat{y_i}}{y_i}|$$

이외에도 모델의 성능 판단 방법론은 다양합니다. 앞서 설명한 MAE, MSE, RMSE는 절대 수치를 기반으로 계산한 것이며, MAPE는 퍼센트로 성능을 나타냅니다. 예를 들어 어떤 제품의 가격을 절대 수치를 기반으로 예측했더니 20이 나왔습니다. 제품의 가격을 알지 못하면 이 수치로 예측의 정확도가 높은지 낮은지 알기 어렵습니다. 그런데 제품의 실제 가격이 40이라면 20 또는 60으로 예측하고, 오차율을 퍼센트로 표현하니 50%가 되었습니다. 이는 예측 정확도의 오차가 매우 낮음을 알 수 있습니다. 따라서 인공지능 모델의 정확도를 표현할 때는 방법론을 상황에 따라 적절하게 선택해야 합니다.

인공지능은 사람의 두뇌와 같이 어떤 것을 학습하고, 학습한 기반으로 판단, 예측하는 기술입니다. 인공지능 모델을 구성할 때는 데이터를 먼저 준비해야 합니다. 데이터는 실측값을 기반으로 '학습 데이터'와 '검증 데이터'로 나눕니다. 만약, 데이터 전체를 기반으로 학습하고 전체를 기준으로 검증한다면 예측의 정확도가 너무 올라갈 것입니다. 이를 **과적합**^{overfitting}이라고 합니다. 반대로 학습 데이터가 너무 적다면 예측의 정확도가 너무 낮아질 것입니다. 이를 **과소적합**^{underfiiting}이라고 합니다. 그래서 파라미터를 설정할 때 이러한 부분을 고려한 후 최적의 값을 찾는 것이 중요합니다.

9.4.1 선형 회귀 분석과 ANN, DNN 비교

이번 절에서는 인공지능의 대표적이고 기본적인 방법론을 실습해보겠습니다. **인공 신경망**[artificial neural network](ANN)은 인간의 신경망을 수학적 형태로 모방한 것입니다. **심층 신경망**[deep neural network](DNN)은 ANN에 비해 은닉층[hidden layer]을 늘린 형태입니다.

ANN은 사람의 신경망 구조와 원리를 모방하여 만든 알고리즘이고, DNN은 ANN과 비슷한 개념이지만 은닉층을 2개 이상 가진 모델입니다. 두 모델은 최적의 학습 단위(배치 사이즈)와 횟수(에포크)를 찾기 어렵다는 단점이 있습니다. 데이터 종류나 형태마다 그 값이 바뀔 수 있기 때문입니다. 그리고 은닉층이 많으면 학습 시간이 오래 걸린다는 단점도 있습니다. 그래서 ANN, DNN은 보통 데이터에서 지식을 추출하여 학습합니다.

[그림 9-16]은 ANN 기본 예제 코드입니다. 독립변수로 dx, 종속변수로 dy를 선언합니다. 독립변수는 각 원소마다 3개의 내부 원소를 가진 리스트입니다. 예를 들면 [1, 2, 3] 이라는 독립변수는 종속변수 10과 매칭이 되고, [2, 4, 6]은 20과 매칭됩니다.

keras[12]의 Sequential() 이라는 인공 신경망을 생성합니다. 여기에 입력 계층과 출력 계층을 각각 선언합니다. 입력 계층은 Flatten() 함수를 사용하고, 입력값 크기는 input_shape = ()로 구성하며, 독립변수의 개수는 3개이므로 3으로 설정합니다. 출력 계층은 Dense() 함수를 사용하고, 출력값의 크기인 1이 되도록 설정합니다.

이렇게 구성한 모델은 compile() 함수를 통해 학습률과 오차 측정 방법을 설정합니다. 여기서 learning_rate 옵션은 한 번 학습할 때의 학습량으로 최댓값은 1.0입니다. 오차를 판단하는 기준은 mse로 설정합니다. 그리고 fit() 함수의 인수 에포크는 1000으로 설정합니다. 이렇게 1000회를 학습한 모델은 predict() 함수를 통해 [4, 8, 12]의 결괏값을 예측합니다. 수행 결괏값은 예측값과 근접한 약 39.99가 나왔습니다.

---

12 케라스(keras)는 구글 엔지니어 프랑소아 숄레(Francois Chollet)에 의해 개발되고 유지, 보수되고 있는 파이썬 딥러닝 라이브러리입니다.

```
import tensorflow as tf
import tensorflow.keras as keras
import numpy as np

dx = np.array([[1, 2, 3], [2, 4, 6], [3, 6, 9]])
dy = np.array([10, 20, 30])

model = keras.Sequential()

model.add(keras.layers.Flatten(input_shape=(3,)))
model.add(keras.layers.Dense(1, activation = 'linear'))

model.compile(optimizer = keras.optimizers.SGD(learning_rate = 0.01), loss = 'mse')
model.summary()

model.fit(dx, dy, epochs = 1000, verbose = False)

result = model.predict(np.array([[4, 8, 12]]))
print(result)
```

```
Model: "sequential_1"
_____
 Layer (type)              Output Shape            Param #
=================================================================
 flatten_1 (Flatten)       (None, 3)               0

 dense_1 (Dense)           (None, 1)               4


=================================================================
Total params: 4
Trainable params: 4
Non-trainable params: 0
_____
1/1 [==============================] - 0s 45ms/step
[[39.989697]]
```

그림 9-17 ANN 코드

[그림 9-17]은 ANN으로 간단한 인공 신경망 코드입니다. ANN에서 DNN으로 나아가기 위해서는 다음 [그림 9-18]과 같이 활성화 함수에 대해서 알아야 합니다. 활성화 함수는 은닉층의 계층 간 입출력할 때 특정 함수를 통과시킨 후, 다음 계층으로 전달하는 역할을 합니다. [그림 9-17]에서는 간단한 선형 활성화 함수 linear를 사용했습니다. 이후에 설명할 DNN 관련 코드에서는 은닉층이 여러 개 존재하므로 이러한 활성화 함수 여러 개를 조합해야 합니다. 신경망에서는 노드에 들어오는 입력값을 활성화 함수를 통과시킨 후 다음 층으로 전달합니다. 활성화 함수는 출력의 형태를 변화시켜 모델의 성능을 향상시킵니다. 대표적인 활성화 함수는 6가지가 있습니다(그림 9-18).

첫 번째, **시그모이드**[sigmoid]는 출력값이 0에서 1 사이이며 이진 분류 문제에서 많이 사용합니다. 두 번째, tanh는 출력값이 −1에서 1 사이이며 시그모이드 함수에 비해 출력 범위가 두 배입니다. 세 번째, ReLU는 출력값이 0에서 무한대이며 입력값이 음수면 0이고 양수면 그대로 출력됩니다. 일반적으로 많이 사용하는 함수이나, 입력값이 음수이면 0이 되는 한계가 있고 이를 죽어가는 ReLU(Dying ReLU)라고 합니다. 네 번째, Leaky ReLU와 여섯 번째, ELU는 입력값이 음수일 때 0이 되는 문제점을 해결한 함수입니다. 마지막 다섯 번째, Maxout은 죽어가는 ReLU 문제를 해결하고 ReLU의 장점을 가진 함수입니다. 하지만 계산의 양이 많고 복잡하다는 단점이 있습니다.

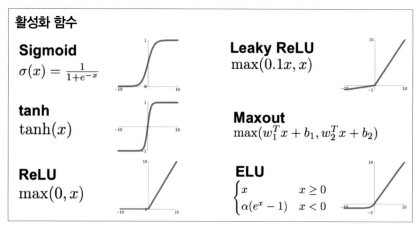

그림 9-18 활성화 함수 종류[13]

[그림 9-19]는 DNN 코드입니다. [그림 9-17]의 데이터를 그대로 사용했습니다. 코드 구성은 비슷하지만, 모델을 구성할 때 Dense[14]를 통해 은닉층을 추가하고 활성화 함수도 추가했습니다.

---

13 출처: https://medium.com/@shrutijadon/survey-on-activation-functions-for-deep-learning-9689331ba092
14 Dense 클래스는 뉴런의 입력과 출력을 연결해줍니다.

```
import tensorflow as tf
import numpy as np

dx = np.array([[1, 2, 3], [2, 4, 6], [3, 6, 9]])
dy = np.array([10, 20, 30])

model = tf.keras.models.Sequential([
  tf.keras.layers.Flatten(input_shape=(3, )),
  tf.keras.layers.Dense(2, activation='relu'),
  tf.keras.layers.Dense(1, activation='elu')
])

model.compile(optimizer='adam', loss='mse', metrics=['accuracy'])

model.fit(dx, dy, epochs = 1000, verbose = False)

result = model.predict(np.array([[4, 8, 12]]))
print(result)

1/1 [==============================] - 0s 52ms/step
[[38.921658]]
```

그림 9-19 DNN 코드

9.4.2 연습문제(집값 예측하기)

예제 9-4

주어진 코드를 참고하여 보스턴 집값을 예측하는 DNN 기반 코드를 작성해보세요. 에포크는
25, 배치 사이즈는 32로 설정하세요. 그리고 해당 데이터의 검증 데이터 중 첫 번째 행의 예측
값과 실젯값도 출력해보세요.

HINT_

보스턴 집값 데이터: https://www.kaggle.com/code/prasadperera/the-boston-housing-dataset/
notebook

```
from tensorflow.keras.datasets import boston_housing

(train_x, train_y), (test_x, test_y) = boston_housing.load_data()
mean = train_x.mean(axis=0)
std = train_x.std(axis=0)
train_x = (train_x - mean) / std
test_x = (test_x - mean) / std
```

```
Downloading data from https://storage.googleapis.com/tensorflow/tf-keras-datasets/boston_housing.npz
57026/57026 [==============================] - 0s 0us/step
```

풀이 9-4

모델을 구성할 때 은닉층을 여러 개 구성합니다. 활성화 함수는 모두 relu로 설정하고, 모델을 수행할 때 에포크는 25, 배치 사이즈는 32로 설정합니다.

```
from tensorflow.keras.models import Sequential
from tensorflow.keras.layers import Dense
model = Sequential([
    Dense(units = 52, activation ='relu', input_shape=(13,)),
    Dense(39, activation ='relu'),
    Dense(26, activation ='relu'),
    Dense(1, activation ='relu'),
])

model.summary()
model.compile(optimizer='adam', loss='mse', metrics = 'mae')
model.fit(train_x, train_y, epochs = 25, batch_size = 32, validation_split = 0.25, verbose = False)
```

```
Model: "sequential_38"
_____
 Layer (type)                Output Shape              Param #
=================================================================
 dense_82 (Dense)            (None, 52)                728

 dense_83 (Dense)            (None, 39)                2067

 dense_84 (Dense)            (None, 26)                1040

 dense_85 (Dense)            (None, 1)                 27

=================================================================
Total params: 3,862
Trainable params: 3,862
Non-trainable params: 0
```

앞서 수행한 코드를 통해 모델이 학습을 완료하면 다음 그림과 같이 predict() 함수로 test_x[0] 행을 가져와 실제 Y 값과 예측된 Y 값을 출력합니다. 그 결과 실젯값은 7.2, 예측값은 약 10.82이 나왔습니다. 이 값은 에포크와 배치 사이즈, 은닉층 설정 변화를 통해 개선해나갈 수 있습니다.

```
actualX = np.array([test_x[0]])

predictedY = model.predict(actualX)

print("Actual Y : " + str(test_y[0]))
print("Predicted Y : " + str(predictedY[0][0]))
```
```
1/1 [==============================] - 0s 95ms/step
Actual Y : 7.2
Predicted Y : 10.823662
```

Google Colab on Smartphone

예제 9-5

[그림 9-18]의 예제를 살짝 변형했습니다. 다음 데이터를 사용하여 DNN 모델을 학습시키고 [4, 8, 12, 16]의 예측값을 출력해보세요. 에포크는 1000, 배치 사이즈는 1로 설정합니다.

```
dx = np.array([[1, 2, 3, 4], [2, 4, 6, 8], [3, 6, 9, 12]])
dy = np.array([10, 20, 30])
```

풀이 9-5

다음 그림과 같이 문제에서 주어진 데이터를 기반으로 DNN 모델을 구성합니다. 에포크는 1000, 배치 사이즈는 1로 설정하여 모델을 학습합니다. 그리고 [4, 8, 12, 16]을 가진 배열을 인수로 하여 predict() 함수를 통해 결과를 예측합니다. 예측 결과는 그림과 같이 약 39.1530으로 나왔습니다.

```
import tensorflow as tf
import numpy as np

dx = np.array([[1, 2, 3, 4], [2, 4, 6, 8], [3, 6, 9, 12]])
dy = np.array([10, 20, 30])

model = tf.keras.models.Sequential([
  tf.keras.layers.Flatten(input_shape=(4, )),
  tf.keras.layers.Dense(2, activation='relu'),
  tf.keras.layers.Dense(1, activation='elu')
])

model.compile(optimizer='adam', loss='mse', metrics=['accuracy'])

model.fit(dx, dy, epochs = 1000, batch_size = 1, verbose = False)

result = model.predict(np.array([[4, 8, 12, 16]]))
print(result)

1/1 [==============================] - 0s 53ms/step
[[39.152954]]
```

앞만 보는 것이 아니라 뒤도 살펴봐야 한다
_시계열 분석

9장에서는 과거의 사실 관계를 분석하는 회귀 분석과 미래를 예측하는 인공지능을 살펴봤습니다. 10장에서는 과거의 순차적 데이터를 기반으로 미래를 판단하고 예측하는 시계열 분석 기법을 알아봅시다. 전통적인 방법론은 **ARIMA**^{autoregressive integrated moving average}로, 과거의 기록을 기반으로 주가 전망이나 수요 예측에 사용됩니다. ARIMA 모델은 과거의 관측치와 오차값을 기반으로 현재의 시계열값을 설명하는 **ARMA**^{autoregressive moving average} 모델을 일반화한 것입니다. ARMA 모델이 안정적인 시계열^{stationary time series}에만 적용 가능한 것에 비해 ARIMA 모델은 다소 비안정적인 시계열^{non-stationary time series}에도 적용이 가능합니다.

10.1 과거는 미래에 영향을 줄까?

A 기업의 주가가 [표 10-1]과 [그림 10-1] 같은 흐름을 보였다고 가정하겠습니다. 이 기업의 10일 간 주식 종가는 2022년 1월 7일과 2022년 1월 12일에 잠시 반등을 한 것을 제외하고는 우하향을 보이고 있습니다.

표 10-1 A사의 날짜별 주가

날짜	종가
2022.01.03	23,700
2022.01.04	23,400

2022.01.05	23,000
2022.01.06	22,900
2022.01.07	23,200
2022.01.10	22,700
2022.01.11	22,400
2022.01.12	22,500
2022.01.13	22,000
2022.01.14	21,700

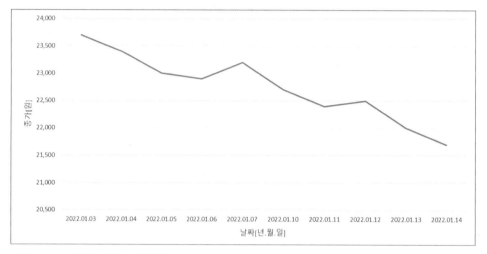

그림 10-1 A 기업의 날짜별 주가 추이

예를 들어 [표 10-1]의 내용을 학습했다고 가정하고 2월 어느 날 이 기업의 주가가 23,400원, 그 다음날은 23,000원이었다고 해봅시다. 그러면 그 다음날 예상되는 가격은 기존에 학습했던 데이터를 기반으로 22,900원 정도로 예측할 것입니다. 이렇게 시계열 데이터 분석은 과거의 패턴을 기반으로 미래를 예측하는 기법입니다.

10.1.1 ARIMA 소개

ARIMA는 전통적인 시계열 분석 방법론입니다. ARIMA에서 AR^{autoregressive}은 자기상관성[1]을 시계열 모델로 구성한다는 것이고, 이는 이전의 관측값이 이후의 관측값에도 영향을 준다는 뜻입니다. MA$^{moving-average}$는 예측 오차를 이용하여 미래를 예측한다는 뜻입니다.

AR(p) 모델$^{autoregressive\ model}$(자기회귀 모델)은 시계열의 현재값 y_t를 과거값 p개의 선형 결합으로 미래를 예측합니다. MA(q) 모델$^{moving-average\ model}$(이동 평균 모델)은 시계열 y_t를 현시점의 오차와 q개의 과거 오차의 선형 결합으로 미래를 예측합니다. ARMA(p, q) 모델은 AR(p) 모델과 MA(q) 모델을 결합한 것으로 시계열 y_t를 p개의 과거값과 현시점 오차, q개의 과거 오차의 선형 결합으로 미래를 예측합니다. 그렇다면 ARIMA 모델은 기존 ARMA 모델과 어떠한 차이가 있을까요? ARIMA(p,d,q) 모델은 원 시계열 y_t의 d차 차분 계열에 대해 ARMA(p,q) 모델을 적용한 것으로, 비정상성을 가진 시계열에 사용할 수 있는 모델입니다. 실습을 통해 ARIMA 분석을 해봅시다.

앞서 [표 10-1]의 데이터를 'stock.csv'로 저장한 후 다음과 같이 파일을 업로드합니다.

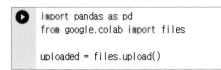

```
import pandas as pd
from google.colab import files

uploaded = files.upload()
```

그림 10-2 파일 업로드

[그림 10-3]을 참고하여 파일을 로드합니다. 이렇게 로드한 데이터를 데이터프레임에 다음과 같은 결괏값을 볼 수 있습니다.

---

1 자기상관성(autocorrelation)은 어떠한 확률 변수가 주어졌을 때 서로 다른 두 시점에서 관측치 사이에 나타나는 상관성을 뜻한다. 쉽게 말해 시계열 분석에서의 자기상관성은 시간으로 연속된 일련의 관측치들 간에 상관관계가 존재하고, 특정 시점의 변화가 다음 관측치에 큰 영향력을 행사하는 경우를 말한다. 고전적 선형 회귀 모형은 오차항이 상관관계를 갖지 않는다는 가정을 하기 때문에 자기상관성이 있는 경우는 통상적인 t-검정법이나 F-검정법의 결과가 유효하지 않다.

```
import io

df = pd.read_csv(io.StringIO(uploaded['stock.csv'].decode('cp949')), usecols=['날짜', '종가'])

print(df)

          날짜      종가
0  2022.01.03  23,700
1  2022.01.04  23,400
2  2022.01.05  23,000
3  2022.01.06  22,900
4  2022.01.07  23,200
5  2022.01.10  22,700
6  2022.01.11  22,400
7  2022.01.12  22,500
8  2022.01.13  22,000
9  2022.01.14  21,700
```

그림 10-3 파일 로드

[그림 10-4]는 데이터 전처리 과정입니다. '날짜' 컬럼은 date로 변경하고, '종가' 컬럼은 price로 변경합니다. date 컬럼은 '년.월.일' 포맷이 아닌 '년-월-일'의 포맷으로 변경하고, price 컬럼은 쉼표를 제거합니다. 이렇게 모인 데이터를 data 리스트에 각 인덱스마다 [date, price]를 한 세트씩 추가합니다.

```
import pandas as pd
from statsmodels.tsa.arima_model import ARIMA

data = []

for i in range(0, len(df)):
  date = str(df.loc[i][0]).replace(".", "-")
  stockPrice = int(str(df.loc[i][1]).replace(",", ""))
  data.append([date, stockPrice])

df2 = pd.DataFrame(data, columns=['date', 'price'])
df2 = df2.set_index('date')
print(df2.info())

<class 'pandas.core.frame.DataFrame'>
Index: 10 entries, 2022-01-03 to 2022-01-14
Data columns (total 1 columns):
 #   Column  Non-Null Count  Dtype
---  ------  --------------  -----
 0   price   10 non-null     int64
dtypes: int64(1)
memory usage: 160.0+ bytes
None
```

그림 10-4 데이터 전처리

[그림 10-5]와 같이 ARIMA 모델을 구성할 때 p, q, d는 각각 0, 1, 2로 order 변수에 저장했습니다. ARIMA() 함수에 해당 데이터셋과 order를 인수로 넣어 model을 구성합니다. 그리고

`fit()` 함수를 호출하여 학습시킵니다. 그리고 `summary()` 함수 결괏값을 `print()` 함수로 출력하여 분석 결과를 확인합니다.

```
order = (0, 1, 2)
model = ARIMA(df2, order)
fit = model.fit()

print(fit.summary())
```

```
                           ARIMA Model Results
==============================================================================
Dep. Variable:                 D.price   No. Observations:                    9
Model:                  ARIMA(0, 1, 2)   Log Likelihood                 -60.336
Method:                        css-mle   S.D. of innovations            163.420
Date:                 Mon, 07 Nov 2022   AIC                            128.672
Time:                         07:46:43   BIC                            129.461
Sample:                      01-04-2022   HQIC                           126.969
                           - 01-14-2022
==============================================================================
                 coef    std err          z      P>|z|      [0.025      0.975]
------------------------------------------------------------------------------
const        -201.8183     31.156     -6.478      0.000    -262.882    -140.754
ma.L1.D.price  -0.0005      0.574     -0.001      0.999      -1.126       1.125
ma.L2.D.price  -0.9995      0.574     -1.740      0.082      -2.125       0.126
                                    Roots
==============================================================================
                  Real          Imaginary           Modulus         Frequency
------------------------------------------------------------------------------
MA.1            1.0000            +0.0000j            1.0000            0.0000
MA.2           -1.0005            +0.0000j            1.0005            0.5000
```

그림 10-5 ARIMA 분석 결과

미래도 예측해볼 수 있습니다. [그림 10-6]과 같이 [표 10-1] 맨 마지막 값인 9번 인덱스 값부터 13번 인덱스까지 예측할 수 있습니다.

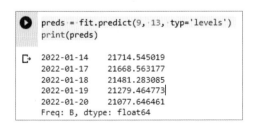

```
preds = fit.predict(9, 13, typ='levels')
print(preds)
```

```
2022-01-14    21714.545019
2022-01-17    21668.563177
2022-01-18    21481.283085
2022-01-19    21279.464773
2022-01-20    21077.646461
Freq: B, dtype: float64
```

그림 10-6 ARIMA 예측

10.1.2 연습문제

예제 10-1

공공데이터포털인 'e-나라지표'에서 월별 원/달러 환율 시계열 데이터를 다운받아 ARIMA 분석을 해보세요. 그리고 향후 5개월 치 예측도 수행해보세요.

풀이 10-1

다음 그림과 같이 구글에서 'e-나라지표 환율' 키워드로 검색합니다. 그리고 'e-나라지표'에서 제공하는 환율 데이터를 클릭합니다.

'e-나라지표' 웹 페이지에서 주기를 월 단위로 변경한 후 기간을 가능한 넓게 하여 데이터를 다운받습니다.[2]

---

2 출처: https://www.index.go.kr/unity/potal/main/EachDtlPageDetail.do?idx_cd=1068
이 책의 깃허브에서 '환율.xlsx' 파일을 사용할 수 있습니다.

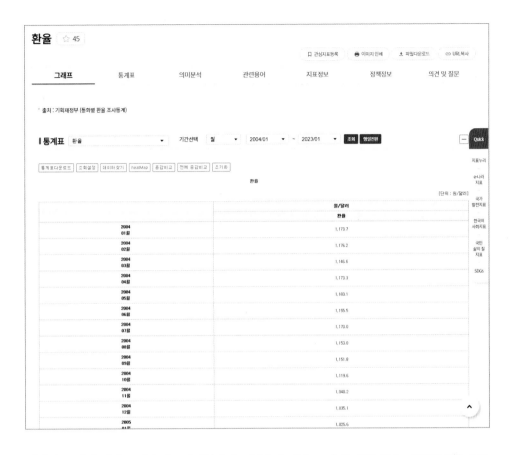

데이터를 엑셀 형태로 다운받으면 원/달러, 엔/달러, 원/100엔에 대한 환율, 절상률(%)이 모두 포함되어 있습니다. 이 예제에는 월별 '원달러환율' 추이를 기반으로 ARIMA 분석을 합니다. 따라서 다음 그림과 같이 컬럼을 두 개로 나눕니다. 첫 번째 컬럼은 '년월', 두 번째 컬럼은 '원달러환율'로 하여 데이터를 전처리합니다. 그리고 이 파일은 CSV 형태로 저장합니다.

년월	원달러환율
200401	1,173.70
200402	1,176.20
200403	1,146.60
200404	1,173.30
200405	1,160.10
200406	1,155.50
200407	1,170.00
200408	1,153.00
200409	1,151.80
200410	1,119.60
200411	1,048.20
200412	1,035.10
200501	1,025.60
200502	1,006.00
200503	1,015.50
200504	1,002.80
200505	1,007.70
200506	1,025.40
200507	1,026.80
200508	1,038.50
200509	1,041.10
200510	1,040.20
200511	1,033.50
200512	1,011.60
200601	964.6

지금부터는 파이썬으로 ARIMA 분석을 하겠습니다. 다음과 같이 앞서 전처리한 '환율.csv' 파일 업로드를 준비합니다.

```
import pandas as pd
from google.colab import files

uploaded = files.upload()
```

그리고 다음을 참고하여 파일을 로드합니다.

```
import io

df = pd.read_csv(io.StringIO(uploaded['환율.csv'].decode('cp949')), usecols=['년월', '원달러환율']

print(df)

        년월     원달러환율
0    200401  1,173.70
1    200402  1,176.20
2    200403  1,146.60
3    200404  1,173.30
4    200405  1,160.10
..      ...       ...
224  202209  1,430.20
225  202210  1,424.30
226  202211  1,318.80
227  202212  1,264.50
228  202301  1,227.40

[229 rows x 2 columns]
```

이렇게 로드한 파일에 대해 전처리를 해야 합니다. 첫 번째 컬럼인 날짜 데이터는 문자열^{string}로 가져오고, 원달러환율인 두 번째 컬럼에 대해서는 쉼표를 없애고 실수형으로 가져와서 데이터 프레임에 저장해야 합니다.

```
import pandas as pd
from statsmodels.tsa.arima_model import ARIMA

data = []

for i in range(0, len(df)):
  date = str(df.loc[i][0])
  currency = float(str(df.loc[i][1]).replace(",", ""))
  data.append([date, currency])

df2 = pd.DataFrame(data, columns=['date', 'currency'])
df2 = df2.set_index('date')
print(df2.info())

<class 'pandas.core.frame.DataFrame'>
Index: 226 entries, 200401 to 202210
Data columns (total 1 columns):
 #   Column    Non-Null Count  Dtype
---  ------    --------------  -----
 0   currency  226 non-null    float64
dtypes: float64(1)
memory usage: 3.5+ KB
None
```

원달러환율을 종속변수로 하여 총 225개의 값을 ARIMA 분석으로 확인한 결과는 다음과 같습니다. ARIMA를 사용하여 시계열 데이터를 예측할 때 주의할 점은 '정상성'과 '계절성'이 없는지 확인해야 합니다. **정상성**^{stationarity}은 '일정한 성질'을 뜻하며, 정상성을 보이는 시계열은 관측된 시간에 무관합니다. 쉽게 말해 추세가 없는 시계열입니다. **계절성**^{seasonality}은 '일정한 빈도로 반복되는 패턴'을 뜻하며, 관측치와 이전 계절의 관측치 사이 추세를 제거해야 합니다. 정상성과 계절성을 확인하는 이유는 분석 대상 데이터가 관측된 시간이나 계절에 의해 영향을 받지 않는다는 것을 확인하기 위함입니다. 즉, 분석 대상 데이터 자체의 패턴을 통해 예측이 이루어져야 하기 때문에 외부 요인으로 작용하는 추세를 제거할 수 있을 때까지 차분을 진행하는 겁니다. 예제에서 사용한 모델 ARIMA(2,1,2)는 원 데이터를 을 1번, AR을 2번, MA를 2번 차분했을 때 정상성과 계절성의 영향을 받지 않기 때문에 선택했습니다.

```python
order = (2, 1, 2)
model = ARIMA(df2, order)
fit = model.fit()

print(fit.summary())
```

```
                               ARIMA Model Results
==============================================================================
Dep. Variable:            D.currency   No. Observations:              225
Model:                 ARIMA(2, 1, 2)   Log Likelihood            -1135.304
Method:                        css-mle   S.D. of innovations         37.586
Date:                 Mon, 07 Nov 2022   AIC                       2282.607
Time:                         10:00:44   BIC                       2303.104
Sample:                              1   HQIC                      2290.880

==============================================================================
                    coef    std err          z      P>|z|      [0.025      0.975]
------------------------------------------------------------------------------
const             1.1294      2.244      0.503      0.615      -3.268       5.527
ar.L1.D.currency -0.8898      0.301     -2.953      0.003      -1.480      -0.299
ar.L2.D.currency -0.5011      0.279     -1.798      0.072      -1.048       0.045
ma.L1.D.currency  0.8108      0.329      2.467      0.014       0.167       1.455
ma.L2.D.currency  0.3289      0.306      1.075      0.282      -0.271       0.929
                                     Roots
==============================================================================
                  Real          Imaginary           Modulus         Frequency
------------------------------------------------------------------------------
AR.1           -0.8878           -1.0988j            1.4126           -0.3582
AR.2           -0.8878           +1.0988j            1.4126            0.3582
MA.1           -1.2327           -1.2333j            1.7437           -0.3750
MA.2           -1.2327           +1.2333j            1.7437            0.3750
------------------------------------------------------------------------------
```

총 225개의 데이터 훈련값을 기준으로 사용한 ARIMA 모델이 예측한 향후 5개의 예측값은 다음과 같습니다. 즉, 이번에 분석한 ARIMA(2,1,2) 모델에서 예측한 226번째 월의 원달러환율은 약 1432원, 228번째 월의 원달러환율은 약 1428원입니다. 환율에 영향을 미치는 인자는 여러 가지가 있겠지만, 이번 예제에서는 여러 인자를 제외하고 단순히 월별 원달러환율 시계열 데이터를 통해 예측한 값입니다.

```
preds = fit.predict(226, 230, typ='levels')
print(preds)

225    1420.142497
226    1431.955571
227    1426.227859
228    1428.105015
229    1432.005404
dtype: float64
```

10.2 ARIMA와 인공지능 기반 시계열 예측의 차이

일반적으로 단기 예측을 할 때 ARIMA 분석은 인공지능 기반의 RNN, LSTM, GRU 등의 시계열 예측 방법론보다 더 적합합니다. 인공지능 기반의 시계열 예측은 변동성이 크고, 새로운 조건에 적응하는 데 ARIMA보다 더 적합합니다.

그래서 전통적인 시계열 분석 방법론과 인공지능 기반 RNN, LSTM, GRU의 시계열 예측 방법론 중 어떤 것이 더 적합한지는 데이터 성격이나 종류에 따라 다릅니다. 이번 절에서는 인공지능 기반 시계열 예측 방법론인 RNN, LSTM, GRU를 설명하고 전통적인 방법론 ARIMA와 비교해보겠습니다.

10.2.1 RNN, LSTM, GRU 비교

인공지능 기반의 시계열 분석 방법론은 **순환 신경망**recurrent neural network(RNN), **장단기 메모리**long short-term memory(LSTM), **게이트 순환 유닛**gated recurrent unit(GRU)이 있습니다. RNN은 입력과 출력을 순서대로 처리하는 모델입니다.

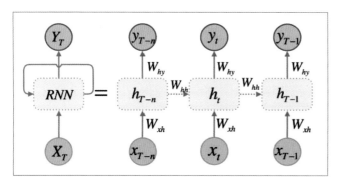

그림 10-7 RNN 구조[3]

RNN 모델은 짧은 기간의 시계열 데이터에 유리합니다. 기간이 길어지면 학습 능력이 현저히 저하되는데, 이를 '장기 의존성 문제'라고 합니다. 이러한 문제를 해결하기 위해 RNN에서 개선된 형태인 LSTM 모델이 등장했습니다(그림 10-8).

LSTM 모델은 장기 의존성 문제를 해결하기 위하여 셀 상태^cell state라는 구조를 추가했습니다. 이 구조는 데이터를 계산하는 위치에 입력^input, 망각^forget, 출력^output 3가지의 게이트를 가집니다. 게이트가 오차를 줄여 장기 의존성 문제를 해결하는 데 도움을 줍니다.[4]

망각 게이트는 과거의 정보를 버릴지 결정하고, **입력 게이트**는 새로운 정보가 셀 상태에 저장될지 결정합니다. 그리고 **출력 게이트**는 현 시점의 상태를 바탕으로 어느 부분을 출력할 지 결정하고, **업데이트 게이트**는 망각 게이트와 입력 게이트에서 출력된 값을 셀 상태로 업데이트합니다.

---

3 y는 결괏값, h는 은닉층, x는 입력값입니다. 첫 번째 입력값 x는 h에서의 연산을 통해 출력값 y를 내보냅니다. 그 다음 시점에서는 이전의 h를 가져와서 y 값에 영향을 준 결괏값을 내보냅니다. 그 다음 시점도 직전 시점의 h를 가져와서 y 값에 영향을 준 결괏값을 내보냅니다. 이러한 순환 구조가 RNN입니다.

4 입력 게이트는 입력 데이터를 기억하는 역할, 망각 게이트는 불필요한 정보를 삭제하는 역할, 출력 게이트는 현 시점의 은닉층 값으로 출력할 양을 결정하는 역할을 합니다.

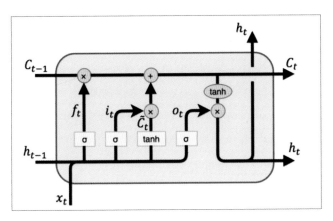

그림 10-8 LSTM 구조

[그림 10-9]의 GRU 모델도 RNN의 장기 의존성 문제를 해결하기 위해 고안된 모델입니다. GRU 모델은 LSTM과 큰 차이는 없으나 업데이트 게이트와 리셋 게이트만 존재하며, 출력 게이트가 없습니다. 이 모델에 구성된 파라미터의 개수가 LSTM보다 상대적으로 적고, 구조가 간단하여 사용하기 쉽습니다.

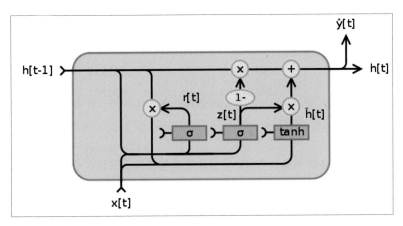

그림 10-9 GRU 구조

모든 사건에는 여러 원인이 있습니다. 부동산 매매가격을 시계열 분석으로 예측할 때 t−1 시점의 가격이 t 시점의 가격에 큰 영향을 주기도 하고 그 외에도 시중금리, 통화량, 소비자 물가지수consumer price index (CPI) 같은 다양한 원인이 영향을 줄 수도 있습니다.

시계열 분석 구조는 [그림 10-10]과 같은 유형으로 나뉩니다. 앞선 예제의 변수 부동산 매매가격, 시중금리, CPI 지수, 통화량으로 설명하겠습니다. **첫째,** 'one to one'은 하나의 변수로 하나의 변수만을 예측합니다. 예를 들어 t-2 시점 부동산 매매가격을 기준으로 t-1, t 시점의 부동산 매매가격을 예측합니다. **둘째,** 'one to many'는 하나의 변수로 여러 변수를 예측합니다. 예를 들어 t-2 시점 부동산 매매가격을 기준으로 t-1, t 시점의 부동산 매매가격, 시중금리, CPI 지수를 예측합니다. **셋째,** 'many to one'은 여러 변수를 이용해 최종 한 개의 변수를 예측합니다. 예를 들어 t-2 시점의 부동산 매매가격, 시중금리, CPI 지수를 기준으로 t-1의 해당 값들도 예측하고, t 시점의 부동산 매매가격을 예측합니다. **넷째,** 'many to many'는 여러 개의 변수로 여러 개의 변수를 예측합니다. t-2 시점의 부동산 매매가격, 시중금리, CPI 지수를 기준으로 t-1, t 시점의 변수를 예측할 수 있습니다. [그림 10-10]과 같이 many to many의 구조는 2가지로 나뉩니다. 첫째는 입력이 모두 끝난 후 결과를 보는 방식입니다. 예를 들어 기계 번역을 수행할 때 문장을 끝까지 입력한 후에 전체를 번역하는 것이 실시간으로 번역하는 것보다 정확도가 더 높습니다. 다른 하나는 입력에 대해 즉각적으로 결과를 보는 방식입니다.

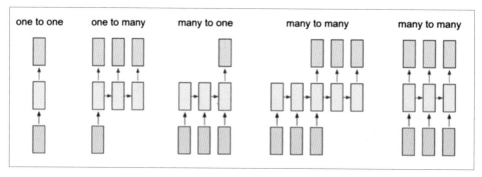

그림 10-10 시계열 분석 구조의 유형

딥러닝 기반 시계열 예측 방법론인 RNN, LSTM, GRU를 사용할 때 기본적으로 알아야 할 용어가 있습니다. 예를 들어 '1, 2, 3, 4, 5, 6, 7, 8, 9, 10'의 시계열 데이터가 있다고 가정해 봅시다. 이때 몇 개의 시차를 두고 예측할지 정해야 하는데, 이를 **window size**라고 합니다. window size가 3이라면 4, 5, 6과 같이 3개의 시차를 기준으로 그 다음에 올 것을 예측하고, window size가 2라면 6, 7과 같이 2개의 시차를 기준으로 그 다음에 올 것을 예측합니다.

[예제 10-1]의 월별 원달러환율 데이터를 사용하여 파이썬에서 RNN, LSTM, GRU 모델 기반의 시계열 예측을 해보겠습니다. [그림 10-11]과 같이 파일의 업로드를 준비합니다.

```
import pandas as pd
from google.colab import files

uploaded = files.upload()
```

그림 10-11 파일 업로드

그리고 [그림 10-12]와 같이 파일을 로드합니다.

```
import io

df = pd.read_csv(io.StringIO(uploaded['환율.csv'].decode('cp949')))

print(df)

        년월      원달러환율
0    200401    1,173.70
1    200402    1,176.20
2    200403    1,146.60
3    200404    1,173.30
4    200405    1,160.10
..      ...        ...
224  202209    1,430.20
225  202210    1,424.30
226  202211    1,318.80
227  202212    1,264.50
228  202301    1,227.40

[229 rows x 2 columns]
```

그림 10-12 파일 로드

시계열 예측에서는 window size를 설정해야 합니다. 이번 예제에서는 window size를 6으로 설정하겠습니다. window size를 6으로 수행하기 위해 데이터를 전처리하여 6개의 컬럼씩 묶어야 합니다. 이러한 전처리 과정을 편하게 수행하기 위해 판다스의 함수를 사용합니다. 함수를 사용하려면 '년월' 컬럼을 '년-월' 포맷으로 다음과 같이 수정해야 합니다(그림 10-13).

```
import pandas as pd
from statsmodels.tsa.arima_model import ARIMA

data = []

for i in range(0, len(df)):
  date = str(df.loc[i][0])
  date = date[:4] + "-" + date[4:]
  currency = float(str(df.loc[i][1]).replace(",", ""))
  data.append([date, currency])

df2 = pd.DataFrame(data, columns=['date', 'currency'])
df2 = df2.set_index('date')
print(df2.info())

<class 'pandas.core.frame.DataFrame'>
Index: 226 entries, 2004-01 to 2022-10
Data columns (total 1 columns):
 #   Column    Non-Null Count  Dtype
---  ------    --------------  -----
 0   currency  226 non-null    float64
dtypes: float64(1)
memory usage: 3.5+ KB
None
```

그림 10-13 데이터 전처리 1

일차적으로 전처리한 데이터는 정규화 과정이 필요합니다. 모든 데이터가 한쪽에 편중되지 않도록 다음 [그림 10-14]와 같이 fit_transform() 함수를 사용하여 정규화합니다.

```
from sklearn.preprocessing import MinMaxScaler

scaler = MinMaxScaler()
df2['currency'] = scaler.fit_transform(df2)
df2.head()
print(df2)

         currency
date
2004-01  0.431075
2004-02  0.435023
2004-03  0.388284
2004-04  0.430444
2004-05  0.409601
...           ...
2022-06  0.627980
2022-07  0.629086
2022-08  0.689878
2022-09  0.836097
2022-10  0.826780

[226 rows x 1 columns]
```

그림 10-14 데이터 정규화

정규화 후 시계열 예측 모델의 window size를 6으로 설정하겠습니다. y 값의 t-0 시점부터 t-5 시점까지 데이터를 한 행에 모읍니다. pandas 라이브러리 shift() 함수의 인수를 정수로 넣어 사용하면 쉽게 한 행으로 모을 수 있습니다. [그림 10-15]와 같이 t-0부터 shift() 함수의 인수를 넣어 행을 하나씩 이어 붙입니다.

```python
df_shifted = df2.copy()
df_shifted['y_t+1'] = df_shifted['currency'].shift(-1)
df_shifted['y_t-5'] = df_shifted['currency'].shift(5)
df_shifted['y_t-4'] = df_shifted['currency'].shift(4)
df_shifted['y_t-3'] = df_shifted['currency'].shift(3)
df_shifted['y_t-2'] = df_shifted['currency'].shift(2)
df_shifted['y_t-1'] = df_shifted['currency'].shift(1)
df_shifted['y_t-0'] = df_shifted['currency'].shift(0)
df_shifted.dropna(inplace=True)
print(df_shifted)
```

```
            currency      y_t+1      y_t-5      y_t-4      y_t-3      y_t-2      y_t-1  \
date
2004-06     0.402337   0.425233   0.431075   0.435023   0.388284   0.430444   0.409601
2004-07     0.425233   0.398389   0.435023   0.388284   0.430444   0.409601   0.402337
2004-08     0.398389   0.396495   0.388284   0.430444   0.409601   0.402337   0.425233
2004-09     0.396495   0.345650   0.430444   0.409601   0.402337   0.425233   0.398389
2004-10     0.345650   0.232907   0.409601   0.402337   0.425233   0.398389   0.396495
...              ...        ...        ...        ...        ...        ...        ...
2022-05     0.531344   0.627980   0.454919   0.481288   0.476236   0.491710   0.560872
2022-06     0.627980   0.629086   0.481288   0.476236   0.491710   0.560872   0.531344
2022-07     0.629086   0.689878   0.476236   0.491710   0.560872   0.531344   0.627980
2022-08     0.689878   0.836097   0.491710   0.560872   0.531344   0.627980   0.629086
2022-09     0.836097   0.826780   0.560872   0.531344   0.627980   0.629086   0.689878

               y_t-0
date
2004-06     0.402337
2004-07     0.425233
2004-08     0.398389
2004-09     0.396495
2004-10     0.345650
...              ...
2022-05     0.531344
2022-06     0.627980
2022-07     0.629086
2022-08     0.689878
2022-09     0.836097

[220 rows x 8 columns]
```

그림 10-15 데이터 전처리 2

인공지능 모델을 구성할 때는 데이터를 훈련 데이터와 검증 데이터로 분리해야 합니다. [그림 10-16]과 같이 훈련 데이터와 검증 데이터를 구분할 기준 시점을 설정합니다.

```
validation_start = '2014-01'
test_start = '2014-06'

train = df_shifted[df_shifted.index < validation_start]
val = df_shifted[(df_shifted.index >= validation_start) &
                 (df_shifted.index < test_start)]
test = df_shifted[df_shifted.index >= test_start]

X_train = train.loc[:, 'y_t-5':'y_t-0']
y_train = train['y_t+1']

X_val = val.loc[:, 'y_t-5':'y_t-0']
y_val = val['y_t+1']

X_test = test.loc[:, 'y_t-5':'y_t-0']
y_test = test['y_t+1']

print(X_train.shape, y_train.shape)
print(X_val.shape, y_val.shape)
print(X_test.shape, y_test.shape)

X_train = X_train.values.reshape(115, 6, 1)
X_val = X_val.values.reshape(5, 6, 1)
X_test = X_test.values.reshape(100, 6, 1)
```
```
(115, 6) (115,)
(5, 6) (5,)
(100, 6) (100,)
```

그림 10-16 훈련 데이터와 검증 데이터 분리

이렇게 분리한 데이터를 기반으로 [그림 10-17]과 같이 SimpleRNN 모델을 구성합니다. SimpleRNN( ) 함수의 첫 번째 인수는 유닛의 개수, 두 번째 인수는 입력값(input_shape)의 크기입니다. [그림 10-17] 실습에서 입력 사이즈는 (6, 1), 에포크는 10으로 설정했습니다.

```
from tensorflow.keras import Sequential
from tensorflow.keras.layers import Dense, GRU, SimpleRNN, LSTM

model = Sequential()
model.add(SimpleRNN(32, input_shape=(6, 1)))
model.add(Dense(1))

model.compile(loss='mse', optimizer='Adam')
history = model.fit(X_train, y_train, validation_data = (X_val, y_val), epochs = 10)
```

```
Epoch 1/10
4/4 [==============================] - 1s 109ms/step - loss: 0.0250 - val_loss: 0.0033
Epoch 2/10
4/4 [==============================] - 0s 14ms/step - loss: 0.0164 - val_loss: 0.0059
Epoch 3/10
4/4 [==============================] - 0s 20ms/step - loss: 0.0105 - val_loss: 0.0021
Epoch 4/10
4/4 [==============================] - 0s 16ms/step - loss: 0.0070 - val_loss: 0.0075
Epoch 5/10
4/4 [==============================] - 0s 15ms/step - loss: 0.0087 - val_loss: 0.0039
Epoch 6/10
4/4 [==============================] - 0s 14ms/step - loss: 0.0055 - val_loss: 0.0013
Epoch 7/10
4/4 [==============================] - 0s 16ms/step - loss: 0.0059 - val_loss: 0.0013
Epoch 8/10
4/4 [==============================] - 0s 15ms/step - loss: 0.0058 - val_loss: 0.0017
Epoch 9/10
4/4 [==============================] - 0s 19ms/step - loss: 0.0050 - val_loss: 0.0033
Epoch 10/10
4/4 [==============================] - 0s 15ms/step - loss: 0.0053 - val_loss: 0.0030
```

그림 10-17 SimpleRNN 모델의 구성

[그림 10-17]에서 구성한 모델을 기반으로 다음과 같이 predict() 함수를 통해 결과를 예측합니다.

```
result = test[['y_t+1']]
result['predict'] = model.predict(X_test)
inverse_result = scaler.inverse_transform(result)
print(inverse_result)
```

```
4/4 [==============================] - 1s 5ms/step
[[0.20085268 0.20437019]
 [0.17890415 0.21281457]
 [0.24396021 0.17269515]
 [0.26496131 0.25147569]
 [0.32717511 0.25385007]
 [0.31359545 0.34171721]
 [0.30443708 0.31867614]
 [0.31217432 0.37406564]
 [0.32970156 0.35321167]]
```

그림 10-18 예측 결과 1

앞서 예측한 값과 실젯값을 그래프로 그리면 다음과 같습니다.

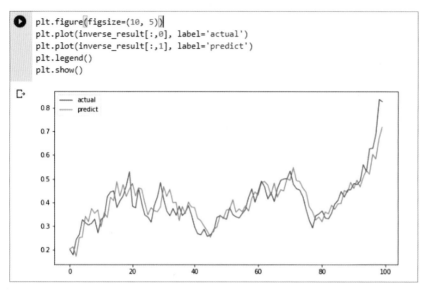

```python
plt.figure(figsize=(10, 5))
plt.plot(inverse_result[:,0], label='actual')
plt.plot(inverse_result[:,1], label='predict')
plt.legend()
plt.show()
```

그림 10-19 예측 결과 2

10.2.2 연습문제(시중금리 예측하기)

예제 10-2

시중금리는 기준금리에 영향을 받습니다. 그리고 2022년 기준 미국의 국내총생산gross domestic product (GDP)은 약 25조 달러로 세계 1위입니다. 따라서 전 세계 국가는 미국과 무역 수출입에 영향을 받고, 이는 금리가 통화량에 영향을 준다고 볼 수 있습니다.

이번 예제에서는 대한민국 시중금리와 미국 시중금리를 각각 'one to one'으로 시계열 예측을 수행합니다. LSTM으로 시계열 예측을 하고, window size는 '3'으로 설정합니다. 가장 최근 3개년 데이터를 통해 다음 년도의 값을 예측해보세요.

풀이 10-2

'국제금리 csv' 키워드로 검색하면 'KOSIS'의 데이터를 찾을 수 있습니다.

다음과 같이 KOSIS 웹 페이지에서 대한민국과 미국의 시중금리를 조회한 후 다운로드합니다.[5]

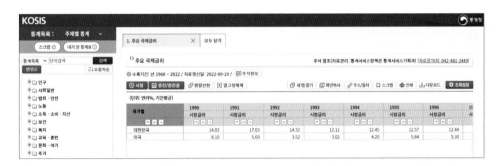

웹 페이지에서 다운로드한 파일을 연도별/국가별로 다음 그림과 같이 정리합니다.

---

5 출처: https://kosis.kr/statHtml/statHtml.do?orgId=101&tblId=DT_2KAA716
   이 책의 깃허브에서 '주요_국제금리.csv' 파일을 사용할 수 있습니다.

국가별	대한민국	미국
2003	4	1.13
2004	3.65	1.35
2005	3.33	3.21
2006	4.19	4.96
2007	4.77	5.02
2008	4.78	1.93
2009	1.98	0.16
2010	2.16	0.18
2011	3.09	0.1
2012	3.08	0.14
2013	2.59	0.11
2014	2.34	0.09
2015	1.65	0.13
2016	1.34	0.4
2017	1.26	1
2018	1.52	1.83
2019	1.59	2.16
2020	0.7	0.38
2021	0.61	0.08

다음과 같이 다운받은 CSV 파일을 업로드합니다.

```
import pandas as pd
from google.colab import files

uploaded = files.upload()
```

다음 코드를 실행하여 업로드한 CSV 파일을 데이터프레임 객체 형태로 만들고 '대한민국' 컬럼과 '미국' 컬럼만 로드합니다.

```
import io

df = pd.read_csv(io.StringIO(uploaded['주요_국제금리.csv'].decode('cp949')), usecols=['대한민국', '미국'])

print(df)
```
```
     대한민국   미국
0    4.00  1.13
1    3.65  1.35
2    3.33  3.21
3    4.19  4.96
4    4.77  5.02
5    4.78  1.93
6    1.98  0.16
7    2.16  0.18
8    3.09  0.10
9    3.08  0.14
10   2.59  0.11
11   2.34  0.09
12   1.65  0.13
13   1.34  0.40
14   1.26  1.00
15   1.52  1.83
16   1.59  2.16
17   0.70  0.38
18   0.61  0.08
```

window size에 맞게 데이터 전처리 작업을 하기 위해서 대한민국과 미국의 시중금리 데이터를 irKorea 리스트와 irAmerica 리스트에 각각 대입합니다.

```python
irKorea = []
irAmerica = []

for i in range(0, len(df)):
  irKorea.append(float(df.loc[i][0]))
  irAmerica.append(float(df.loc[i][1]))
```

이번 예제에서 window size는 '3'입니다. 우선, 대한민국의 시중금리를 기준으로 시계열 예측을 수행합니다. irKorea 리스트를 활용하여 x의 원소를 3개씩 묶은 xData 리스트와 y를 1개씩 담은 yData 리스트를 준비합니다. 그리고 LSTM 모델을 준비하여 에포크는 100, 배치 사이즈는 1로 설정합니다. 이 데이터를 기반으로 fit() 함수를 실행하여 모델을 학습시킵니다.

```python
from numpy import array
from keras.models import Sequential
from keras.layers import Dense, LSTM

xData = []
yData = []
for i in range(0, len(irKorea) - 3):
  xData.append([irKorea[i], irKorea[i + 1], irKorea[i + 2]])

for i in range(3, len(irKorea)):
  yData.append(irKorea[i])

x = array(xData)
y = array(yData)

x = x.reshape((x.shape[0], x.shape[1], 1))

model = Sequential()
model.add(LSTM(10, activation = 'relu', input_shape=(3, 1)))
model.add(Dense(5))
model.add(Dense(1))
model.summary()

model.compile(optimizer='adam', loss='mse')
model.fit(x, y, epochs=100, batch_size=1)
```

다음 코드와 같이 대한민국의 최근 3년 금리인 1.59, 0.70, 0.61을 입력합니다. 그리고 앞서 학습된 모델의 predict() 함수를 사용하여 결과를 예측하니 0.7644259가 나왔습니다.

```
x_input = array([1.59, 0.70, 0.61])
x_input = x_input.reshape((1,3,1))

yhat = model.predict(x_input)
print(yhat)

1/1 [==============================] - 0s 282ms/step
[[0.7644259]]
```

이번에는 미국 시중금리를 기준으로 시계열 예측을 수행하겠습니다. 다음 코드와 같이 irAmerica 리스트를 활용하여 x의 원소를 3개씩 묶고, y를 1개씩 담은 xData 리스트와 yData 리스트를 준비합니다. 그리고 LSTM 모델을 준비하여 에포크는 100, 배치 사이즈는 1로 설정합니다. 이 데이터를 기반으로 fit( ) 함수를 실행하여 모델을 학습시킵니다.

```
from numpy import array
from keras.models import Sequential
from keras.layers import Dense, LSTM

xData = []
yData = []
for i in range(0, len(irKorea) - 3):
  xData.append([irAmerica[i], irAmerica[i + 1], irAmerica[i + 2]])

for i in range(3, len(irAmerica)):
  yData.append(irAmerica[i])

x = array(xData)
y = array(yData)

x = x.reshape((x.shape[0], x.shape[1], 1))

model = Sequential()
model.add(LSTM(10, activation = 'relu', input_shape=(3, 1)))
model.add(Dense(5))
model.add(Dense(1))
model.summary()

model.compile(optimizer='adam', loss='mse')
model.fit(x, y, epochs=100, batch_size=1)
```

다음 코드와 같이 미국의 최근 3년 금리인 2.16, 0.38, 0.08을 입력합니다. 그리고 앞서 학습된 모델의 predict( ) 함수를 사용하여 결과를 예측하니 0.39875665가 나왔습니다.

```
x_input = array([2.16, 0.38, 0.08])
x_input = x_input.reshape((1,3,1))

yhat = model.predict(x_input)
print(yhat)

1/1 [==============================] - 0s 24ms/step
[[0.39875665]]
```

대한민국과 미국의 시중금리를 one to one 유형과 LSTM 모델을 기반으로 예측한 결과 가장 최근 1년의 시중금리보다는 그 다음 해의 금리가 더 오를 것이라고 예측했습니다. one to one보다는 many to one 등으로 관련 있는 변수들을 더 넣고 에포크, 배치 사이즈, window size 등을 다양하게 설정하여 정확도를 높일 수 있습니다.

10.3 이 아파트를 지금 팔아야 할까? 보유해야 할까?

금융투자협회가 발표한 '2022 주요국 가계 금융자산 비교' 자료에 따르면 2021년 말 기준 한국 가계 금융자산 구성에서 비금융자산의 비중은 64.4%였으며, 나머지는 35.6%가 금융자산이었습니다. 이는 미국의 비금융자산 28.5%, 금융자산 71.5%나 일본의 비금융자산 37.0%, 금융자산 63.0%와는 크게 달랐습니다.

우리나라는 65세 이상 고령자가 받을 수 있는 연금 수령액이 북미, 유럽 등 선진국에 비해 상대적으로 적습니다. 실제로 북미 국가에서는 청년에게 세금과 공적 연금에 부담을 많이 주는 만큼 노후에 연금으로 생활할 수 있도록 보장해주고 있습니다. 그러나 우리나라는 공적 연금이 활성화된 게 오래되지 않았고, 수령액이 소액이며, 상대적으로 불안정한 재무구조를 가지고 있습니다. 그래서 우리나라 사람들은 안정 자산으로 생각되는 부동산을 소유하거나 투자를 통해 생활을 이어가려는 경향을 보입니다.

부동산 가격도 항상 오르는 것은 아닙니다. [그림 10-20]과 같이 부동산 가격은 길게 보면 우상향입니다. 물가 상승과 같이 아파트를 짓는 데 필요한 원자재 비용과 인건비는 꾸준히 오르고 있습니다. 그래서 부동산 매매가격은 10년, 12년 또는 20년 주기로 상승과 하락을 반복합니다. 초반 몇 년간 오르더라도 안정기와 하락기를 겪으면서 이러한 주기가 지속되는 것입니다.

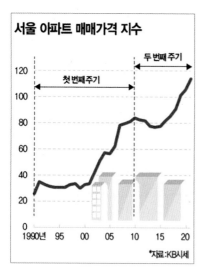

그림 10-20 서울 아파트 매매가격지수

이번 절에서는 부동산 매매가격지수 데이터를 학습시킵니다. 그리고 미래의 지수를 전통적인 시계열 분석 방법론인 ARIMA, RNN, LSTM, GRU 기반으로 인공지능 시계열 예측을 해보겠습니다.

10.3.1 부동산 가격지수 시계열 분석/예측(ARIMA vs RNN)

이번 절에서는 아파트 매매가격지수 데이터를 기반으로 시계열 예측을 수행해보겠습니다. [그림 10-21]과 같이 '아파트 매매지수' 키워드로 검색해보세요. 그리고 'KOSIS'에서 검색된 결과를 클릭하세요.

그림 10-21 아파트 매매가격지수 검색

[그림 10-22]와 같이 KOSIS '아파트 매매 실거래가격지수' 통계를 볼 수 있습니다. 기간은 가능한 길게 하고, 전국 단위로 설정하여 해당 통계를 다운받습니다.

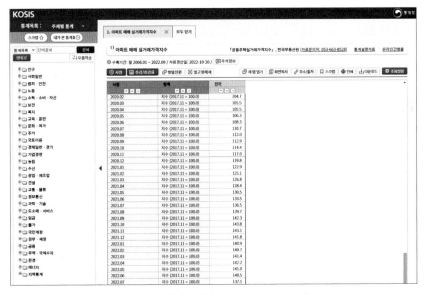

그림 10-22 KOSIS 아파트 매매 실거래가격지수[6]

---

6 출처: https://kosis.kr/statHtml/statHtml.do?orgId=408&tblId=DT_KAB_11672_S1
   이 책의 깃허브에서 '아파트_매매_실거래가격지수.csv' 파일을 사용할 수 있습니다.

다운받은 파일은 [그림 10-23]처럼 월별 시점과 지수 컬럼으로 나누어 정리합니다.

yearMonth	index
200601	60
200602	60.5
200603	61.2
200604	61.6
200605	62
200606	62.4
200607	62.6
200608	63.4
200609	64.6
200610	67.2
200611	69.8
200612	70.8
200701	72
200702	71.9
200703	72.2
200704	72.1
200705	71.5
200706	72
200707	72.6
200708	73.2
200709	73.6
200710	74

그림 10-23 전처리된 시점별 아파트 매매 실거래가격지수

이제부터 이 데이터를 기반으로 ARIMA 분석을 해보겠습니다. [그림 10-24] 코드를 통해 CSV 데이터 파일을 업로드합니다.

```
import pandas as pd
from google.colab import files

uploaded = files.upload()
```

그림 10-24 파일 업로드

이 파일을 로드하기 위해 [그림 10-25] 코드를 수행합니다.

```
  import io

  df = pd.read_csv(io.StringIO(uploaded['아파트_매매_실거래가격지수.csv'].decode('cp949')),
           usecols=['시점', '전국'])

  print(df)

        시점     전국
  0    2006.01    60.0
  1    2006.02    60.5
  2    2006.03    61.2
  3    2006.04    61.6
  4    2006.05    62.0
  ..      ...     ...
  198  2022.07   136.3
  199  2022.08   133.7
  200  2022.09   130.9
  201  2022.10   126.6
  202  2022.11   121.3

  [203 rows x 2 columns]
```

그림 10-25 파일 로드

데이터 전처리 작업이 필요합니다. 파일로 된 데이터는 모두 문자열로 인식되기 때문에 적절한 형 변환을 해야 합니다. 두 번째 문자열은 실수형으로 변경하여 데이터프레임을 구성합니다 (그림 10-26).

```
  import pandas as pd
  from statsmodels.tsa.arima_model import ARIMA

  data = []

  for i in range(0, len(df)):
    yearMonth = str(int(df.loc[i][0]))
    print(yearMonth)
    index = float(str(df.loc[i][1]))
    print(index)
    data.append([yearMonth, index])

  df2 = pd.DataFrame(data, columns=['yearMonth', 'index'])
  df2 = df2.set_index('yearMonth')
  print(df2.info())

  200601
  60.0
  200602
  60.5
  200603
  61.2
  200604
  61.6
```

그림 10-26 데이터 전처리

전처리가 완료된 데이터를 기반으로 [그림 10-27] 코드를 실행하여 ARIMA 분석을 수행합니다. summary() 함수의 반환값을 print() 함수를 통해 출력하면 ARIMA 분석 결과를 확인할 수 있습니다.

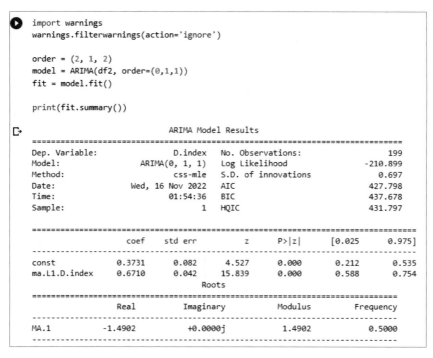

```
import warnings
warnings.filterwarnings(action='ignore')

order = (2, 1, 2)
model = ARIMA(df2, order=(0,1,1))
fit = model.fit()

print(fit.summary())
```

```
                            ARIMA Model Results
==============================================================================
Dep. Variable:                 D.index   No. Observations:                  199
Model:                   ARIMA(0, 1, 1)   Log Likelihood                -210.899
Method:                        css-mle   S.D. of innovations              0.697
Date:                 Wed, 16 Nov 2022   AIC                            427.798
Time:                         01:54:36   BIC                            437.678
Sample:                              1   HQIC                           431.797

==============================================================================
                 coef    std err          z      P>|z|      [0.025      0.975]
------------------------------------------------------------------------------
const          0.3731      0.082      4.527      0.000       0.212       0.535
ma.L1.D.index  0.6710      0.042     15.839      0.000       0.588       0.754
                                    Roots
==============================================================================
                  Real          Imaginary           Modulus         Frequency
------------------------------------------------------------------------------
MA.1           -1.4902           +0.0000j            1.4902            0.5000
------------------------------------------------------------------------------
```

그림 10-27 ARIMA 분석 결과

다음 [그림 10-28] 코드와 같이 데이터프레임인 **df2**의 마지막 5번째 전부터 10번째 이후까지 예측을 수행합니다. 그 결과 지수는 약 142에서 약 130에 머무릅니다.

```
preds = fit.predict(len(df2) - 5, len(df2) + 10, typ='levels')
print(preds)

194    142.016722
195    142.696132
196    140.234957
197    141.051000
198    134.821831
199    134.657179
200    135.030323
201    135.403466
202    135.776610
203    136.149753
204    136.522897
205    136.896040
206    137.269184
207    137.642327
208    138.015471
209    138.388614
dtype: float64
```

그림 10-28 ARIMA 분석 결과 예측

이제 RNN 방식으로 예측해보겠습니다. 파일을 업로드하고 전처리하는 [그림 10-24]부터 [그림 10-26]까지의 과정은 동일합니다. RNN 기반 인공지능 예측을 위해서 [그림 10-29] 와 같이 `fit_transform()` 함수를 사용하여 정규화합니다.

```
from sklearn.preprocessing import MinMaxScaler

scaler = MinMaxScaler()
df2['index'] = scaler.fit_transform(df2)
df2.head()
print(df2)

              index
yearMonth
200601     0.000000
200602     0.005967
200603     0.014320
200604     0.019093
200605     0.023866
...             ...
202204     0.980907
202205     0.966587
202206     0.960621
202207     0.920048
202208     0.889021

[200 rows x 1 columns]
```

그림 10-29 데이터 정규화

앞서 환율 시계열 예측을 수행했던 것처럼 window size를 6으로 설정하기 위해 [그림 10-30]과 같이 컬럼을 6개씩 묶는 전처리 작업을 수행합니다.

```
df_shifted = df2.copy()
df_shifted['y_t+1'] = df_shifted['index'].shift(-1)
df_shifted['y_t-5'] = df_shifted['index'].shift(5)
df_shifted['y_t-4'] = df_shifted['index'].shift(4)
df_shifted['y_t-3'] = df_shifted['index'].shift(3)
df_shifted['y_t-2'] = df_shifted['index'].shift(2)
df_shifted['y_t-1'] = df_shifted['index'].shift(1)
df_shifted['y_t-0'] = df_shifted['index'].shift(0)
df_shifted.dropna(inplace=True)
print(df_shifted)

              index     y_t+1     y_t-5     y_t-4     y_t-3     y_t-2  \
yearMonth
200606     0.028640  0.031026  0.000000  0.005967  0.014320  0.019093
200607     0.031026  0.040573  0.005967  0.014320  0.019093  0.023866
200608     0.040573  0.054893  0.014320  0.019093  0.023866  0.028640
200609     0.054893  0.085919  0.019093  0.023866  0.028640  0.031026
200610     0.085919  0.116945  0.023866  0.028640  0.031026  0.040573
...             ...       ...       ...       ...       ...       ...
202203     0.971360  0.980907  1.000000  0.991647  0.976134  0.965394
202204     0.980907  0.966587  0.991647  0.976134  0.965394  0.963007
202205     0.966587  0.960621  0.976134  0.965394  0.963007  0.971360
202206     0.960621  0.920048  0.965394  0.963007  0.971360  0.980907
202207     0.920048  0.889021  0.963007  0.971360  0.980907  0.966587

              y_t-1     y_t-0
yearMonth
200606     0.023866  0.028640
200607     0.028640  0.031026
200608     0.031026  0.040573
200609     0.040573  0.054893
200610     0.054893  0.085919
...             ...       ...
202203     0.963007  0.971360
202204     0.971360  0.980907
202205     0.980907  0.966587
202206     0.966587  0.960621
202207     0.960621  0.920048

[194 rows x 8 columns]
```

그림 10-30 데이터 전처리

인공지능 기반 시계열 예측은 데이터를 훈련용과 검증용으로 구분해야 합니다. 앞서 전처리된 데이터를 훈련 데이터와 검증 데이터로 나누기 위해 [그림 10–31]과 같이 X_train, y_train 과 X_val, y_val 그리고 X_test, y_test로 나눕니다.[7]

---

7 사이킷런(scikit-learn)에서 데이터는 대문자 X로 표시하고 레이블은 소문자 y로 표기합니다. 이는 수학에서 함수의 입력을 x, 출력을 y 로 나타내는 표준 공식 f(x)=y에서 유래된 것입니다. 수학의 표기 방식을 따르되 데이터는 2차원 배열(행렬)이므로 대문자 X를, 타깃은 1차원 배열(벡터)이므로 소문자 y를 사용합니다(출처: https://tensorflow.blog).

```
validation_start = '201401'
test_start = '201406'

train = df_shifted[df_shifted.index < validation_start]
val = df_shifted[(df_shifted.index >= validation_start) &
                 (df_shifted.index < test_start)]
test = df_shifted[df_shifted.index >= test_start]

X_train = train.loc[:, 'y_t-5':'y_t-0']
y_train = train['y_t+1']

X_val = val.loc[:, 'y_t-5':'y_t-0']
y_val = val['y_t+1']

X_test = test.loc[:, 'y_t-5':'y_t-0']
y_test = test['y_t+1']

print(X_train.shape, y_train.shape)
print(X_val.shape, y_val.shape)
print(X_test.shape, y_test.shape)

X_train = X_train.values.reshape(91, 6, 1)
X_val = X_val.values.reshape(5, 6, 1)
X_test = X_test.values.reshape(98, 6, 1)

(91, 6) (91,)
(5, 6) (5,)
(98, 6) (98,)
```

그림 10-31 훈련 데이터와 검증 데이터의 분리

이제 데이터 준비가 끝났습니다. [그림 10-32]와 같이 모델을 설정합니다. RNN 모델 구성은 [그림 10-17]과 동일하게 수행했습니다.

```
from tensorflow.keras import Sequential
from tensorflow.keras.layers import Dense, GRU, SimpleRNN, LSTM

model = Sequential()
model.add(SimpleRNN(32, input_shape=(6, 1)))
model.add(Dense(1))

model.compile(loss='mse', optimizer='Adam')
history = model.fit(X_train, y_train, validation_data = (X_val, y_val), epochs = 10)

Epoch 1/10
3/3 [==============================] - 2s 137ms/step - loss: 0.0224 - val_loss: 0.0015
Epoch 2/10
3/3 [==============================] - 0s 25ms/step - loss: 0.0029 - val_loss: 0.0095
Epoch 3/10
3/3 [==============================] - 0s 14ms/step - loss: 0.0098 - val_loss: 0.0049
Epoch 4/10
3/3 [==============================] - 0s 15ms/step - loss: 0.0040 - val_loss: 2.4115e-04
Epoch 5/10
3/3 [==============================] - 0s 15ms/step - loss: 9.0559e-04 - val_loss: 0.0060
Epoch 6/10
3/3 [==============================] - 0s 14ms/step - loss: 0.0030 - val_loss: 0.0080
Epoch 7/10
```

```
3/3 [==============================] - 0s 16ms/step - loss: 0.0028 - val_loss: 0.0035
Epoch 8/10
3/3 [==============================] - 0s 15ms/step - loss: 0.0010 - val_loss: 2.9620e-04
Epoch 9/10
3/3 [==============================] - 0s 14ms/step - loss: 8.3486e-04 - val_loss: 1.4186e-04
Epoch 10/10
3/3 [==============================] - 0s 15ms/step - loss: 0.0014 - val_loss: 1.3477e-04
```

그림 10-32 RNN 모델 설정 및 학습

예측된 결과는 [그림 10-33]과 같이 앞서 `fit_transform()` 함수를 통해 정규화된 상태이기 때문에 `inverse_transform()` 함수를 통해 역정규화한 후 실젯값과 비교합니다.

```
result = test[['y_t+1']]
result['predict'] = model.predict(X_test)
inverse_result = scaler.inverse_transform(result)
print(inverse_result)

4/4 [==============================] - 0s 3ms/step
[[0.32935561 0.34365067]
 [0.33651551 0.34744403]
 [0.34367542 0.35356584]
 [0.35083532 0.35571513]
 [0.35441527 0.35699791]
 [0.35680191 0.35899213]]
```

그림 10-33 RNN 모델 결과 예측

최종적으로 실젯값과 예측값을 간단히 비교할 수 있도록 시각화해봅시다(그림 10-34).

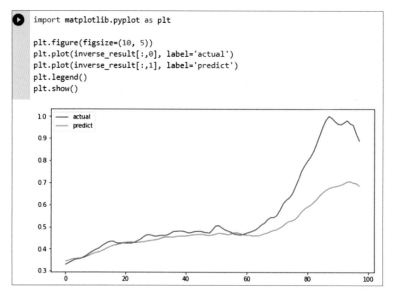

그림 10-34 RNN 시계열 예측 결과 시각화

10.3.2 연습문제(내가 산 주식은 언제 팔아야 할까?)

예제 10-3

야후 금융 사이트(`https://finance.yahoo.com`)에서 특정 주식 종목을 검색합니다.

[Historical Data] 메뉴를 클릭하고 [Download] 버튼을 누르면 다음 그림과 같이 해당 종목의 날짜별 가격 기록을 다운받을 수 있습니다.[8]

---

8 출처: `https://finance.yahoo.com/quote/GOOG/history?p=GOOG`
   이 책의 깃허브에서 'GOOG.csv' 파일을 사용할 수 있습니다.

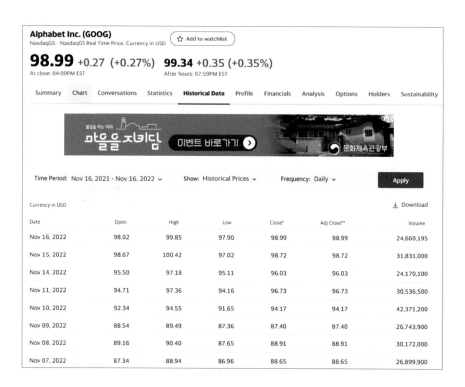

이렇게 다운받은 데이터의 종가(Close) 데이터를 가지고 RNN 시계열 예측을 수행해보세요.

Date	Open	High	Low	Close	Adj Close	Volume
2021-11-16	149.1705	149.8325	148.35	149.076	149.076	17254000
2021-11-17	149.229	149.626	148.563	149.062	149.062	15290000
2021-11-18	149.146	151.61	148.9985	150.709	150.709	26658000
2021-11-19	151	151.85	149.8875	149.9525	149.9525	19766000
2021-11-22	150.1418	150.7445	147.0055	147.0785	147.0785	24608000
2021-11-23	147.113	147.694	144.8895	146.757	146.757	18126000
2021-11-24	146.35	147	145.199	146.7175	146.7175	16464000
2021-11-26	145.0155	145.297	142.4855	142.806	142.806	16992000
2021-11-29	144.2985	146.862	144.2985	146.114	146.114	26276000
2021-11-30	145.4503	146.6285	142.066	142.452	142.452	41590000
2021-12-01	144.2125	146.4991	141.5	141.618	141.618	28476000
2021-12-02	141.824	144.675	140.982	143.7765	143.7765	21250000

데이터는 다음 그림과 같이 날짜(Data)와 종가(Close)만 남겨두고 정리합니다.

Date	Close
2021-11-16	149.076
2021-11-17	149.062
2021-11-18	150.709
2021-11-19	149.9525
2021-11-22	147.0785
2021-11-23	146.757
2021-11-24	146.7175
2021-11-26	142.806
2021-11-29	146.114
2021-11-30	142.452
2021-12-01	141.618
2021-12-02	143.7765
2021-12-03	142.5205

데이터 정리가 끝난 파일을 업로드합니다.

```
import pandas as pd
from google.colab import files

uploaded = files.upload()
```

다음 코드를 실행하여 업로드한 데이터를 로드합니다.

```
import io

df = pd.read_csv(io.StringIO(uploaded['GOOG.csv'].decode('cp949')),
                 usecols=['Date', 'Close'])

print(df)

            Date        Close
0     2018-02-05    52.790001
1     2018-02-06    54.029999
2     2018-02-07    52.429001
3     2018-02-08    50.076000
4     2018-02-09    51.889000
...          ...          ...
1253  2023-01-27   100.709999
1254  2023-01-30    97.949997
1255  2023-01-31    99.870003
1256  2023-02-01   101.430000
1257  2023-02-02   108.800003

[1258 rows x 2 columns]
```

데이터의 전처리가 필요합니다. 날짜 컬럼의 데이터에 하이픈(-)을 제거하고, 주가 컬럼의 데이터는 소수점형으로 설정합니다.

```python
import pandas as pd
from statsmodels.tsa.arima_model import ARIMA

data = []

for i in range(0, len(df)):
  date = str(df.loc[i][0]).replace("-", "")
  print(date)
  close = float(str(df.loc[i][1]))
  print(close)
  data.append([date, close])

df2 = pd.DataFrame(data, columns=['date', 'close'])
df2 = df2.set_index('date')
print(df2.info())
```

데이터의 종가(Close) 컬럼을 다음 코드와 같이 정규화합니다.

```python
from sklearn.preprocessing import MinMaxScaler

scaler = MinMaxScaler()
df2['close'] = scaler.fit_transform(df2)
df2.head()
print(df2)
```

그리고 window size는 6을 기준으로 학습하고 검증하기 위해 6개의 데이터씩 묶습니다.

```python
df_shifted = df2.copy()
df_shifted['y_t+1'] = df_shifted['close'].shift(-1)
df_shifted['y_t-5'] = df_shifted['close'].shift(5)
df_shifted['y_t-4'] = df_shifted['close'].shift(4)
df_shifted['y_t-3'] = df_shifted['close'].shift(3)
df_shifted['y_t-2'] = df_shifted['close'].shift(2)
df_shifted['y_t-1'] = df_shifted['close'].shift(1)
df_shifted['y_t-0'] = df_shifted['close'].shift(0)
df_shifted.dropna(inplace=True)
print(df_shifted)
```

```
             close      y_t+1     y_t-5     y_t-4     y_t-3     y_t-2  \
date
20211123  0.941207   0.940619  0.975706  0.975498  1.000000  0.988746
20211124  0.940619   0.882429  0.975498  1.000000  0.988746  0.945990
20211126  0.882429   0.931641  1.000000  0.988746  0.945990  0.941207
20211129  0.931641   0.877163  0.988746  0.945990  0.941207  0.940619
20211130  0.877163   0.864755  0.945990  0.941207  0.940619  0.882429
...            ...        ...       ...       ...       ...       ...
20221108  0.080632   0.058168  0.104286  0.053259  0.000000  0.047754
20221109  0.058168   0.158884  0.053259  0.000000  0.047754  0.076764
20221110  0.158884   0.196968  0.000000  0.047754  0.076764  0.080632
20221111  0.196968   0.186554  0.047754  0.076764  0.080632  0.058168
```

```
20221114  0.186554  0.226573  0.076764  0.080632  0.058168  0.158884

            y_t-1     y_t-0
date
20211123  0.945990  0.941207
20211124  0.941207  0.940619
20211126  0.940619  0.882429
20211129  0.882429  0.931641
20211130  0.931641  0.877163
...            ...       ...
20221108  0.076764  0.080632
20221109  0.080632  0.058168
20221110  0.058168  0.158884
20221111  0.158884  0.196968
20221114  0.196968  0.186554

[246 rows x 8 columns]
```

이렇게 전처리된 데이터를 X_train, y_train, X_val, y_val, X_test, y_test로 분류합니다.

```
validation_start = '20220501'
test_start = '20220803'

train = df_shifted[df_shifted.index < validation_start]
val = df_shifted[(df_shifted.index >= validation_start) &
                 (df_shifted.index < test_start)]
test = df_shifted[df_shifted.index >= test_start]

X_train = train.loc[:, 'y_t-5':'y_t-0']
y_train = train['y_t+1']

X_val = val.loc[:, 'y_t-5':'y_t-0']
y_val = val['y_t+1']

X_test = test.loc[:, 'y_t-5':'y_t-0']
y_test = test['y_t+1']

print(X_train.shape, y_train.shape)
print(X_val.shape, y_val.shape)
print(X_test.shape, y_test.shape)

X_train = X_train.values.reshape(109, 6, 1)
X_val = X_val.values.reshape(64, 6, 1)
X_test = X_test.values.reshape(73, 6, 1)

(109, 6) (109,)
(64, 6) (64,)
(73, 6) (73,)
```

앞서 확보된 데이터를 RNN 모델에 학습시킵니다.

```
from tensorflow.keras import Sequential
from tensorflow.keras.layers import Dense, GRU, SimpleRNN, LSTM

model = Sequential()
model.add(SimpleRNN(32, input_shape=(6, 1)))
model.add(Dense(1))

model.compile(loss='mse', optimizer='Adam')
history = model.fit(X_train, y_train, validation_data = (X_val, y_val), epochs = 100)
```

```
Epoch 49/100
4/4 [==============================] - 0s 11ms/step - loss: 0.0045 - val_loss: 0.0077
Epoch 50/100
4/4 [==============================] - 0s 11ms/step - loss: 0.0046 - val_loss: 0.0072
Epoch 51/100
4/4 [==============================] - 0s 11ms/step - loss: 0.0044 - val_loss: 0.0077
Epoch 52/100
4/4 [==============================] - 0s 18ms/step - loss: 0.0044 - val_loss: 0.0077
Epoch 53/100
4/4 [==============================] - 0s 11ms/step - loss: 0.0044 - val_loss: 0.0074
Epoch 54/100
4/4 [==============================] - 0s 10ms/step - loss: 0.0044 - val_loss: 0.0070
Epoch 55/100
4/4 [==============================] - 0s 10ms/step - loss: 0.0044 - val_loss: 0.0074
Epoch 56/100
4/4 [==============================] - 0s 10ms/step - loss: 0.0044 - val_loss: 0.0074
Epoch 57/100
4/4 [==============================] - 0s 10ms/step - loss: 0.0043 - val_loss: 0.0070
Epoch 58/100
4/4 [==============================] - 0s 11ms/step - loss: 0.0044 - val_loss: 0.0068
```

다음 코드를 실행하여 실제 y 값과 예측 y 값을 출력해봅니다.

```
result = test[['y_t+1']]
result['predict'] = model.predict(X_test)
inverse_result = scaler.inverse_transform(result)
print(inverse_result)
```

```
[108.68       108.29553375]
[107.480003   111.00876136]
[110.480003   110.80291608]
[109.419998   108.83462505]
[111.779999   110.5406163 ]
[111.870003   110.74340457]
[105.309998   112.70236832]
[105.870003   114.91576496]
[103.900002   109.36184089]
[103.629997   106.52422747]
[103.849998   104.19239277]
[101.830002   103.01949298]
```

실제 y 값과 예측된 y 값을 그래프로 나타내면 다음과 같습니다.

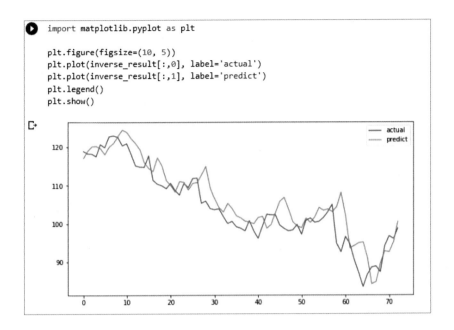

```
import matplotlib.pyplot as plt

plt.figure(figsize=(10, 5))
plt.plot(inverse_result[:,0], label='actual')
plt.plot(inverse_result[:,1], label='predict')
plt.legend()
plt.show()
```

Google Colab on Smartphone

예제 10-4

다음은 시계열 데이터입니다. x의 i번째 원소는 y의 i번째 원소와 매칭됩니다. 예를 들어 x가 [1, 2]일 때, y는 3입니다. 다음 데이터를 LSTM 모델에 학습시켜 [10, 11]의 예측값을 출력해보세요. 에포크는 1000, 배치 사이즈는 1로 설정합니다.

```
x = array([[1, 2], [2, 3], [3, 4], [4, 5], [5, 6], [6, 7], [7, 8]])
y = array([3, 4, 5, 6, 7, 8, 9])
```

풀이 10-4

다음 코드와 같이 문제에서 주어진 데이터를 기반으로 LSTM 모델을 구성합니다. 에포크는 1000, 배치 사이즈는 1로 설정하여 모델을 학습합니다. 그리고 [10, 11]을 가진 배열을 인수로 하여 predict() 함수를 통해 결과를 예측합니다. 예측 결과는 그림과 같이 약 12.1091입니다.

```
from numpy import array
from keras.models import Sequential
from keras.layers import Dense, LSTM

x = array([[1, 2], [2, 3], [3, 4], [4, 5], [5, 6], [6, 7], [7, 8]])
y = array([3, 4, 5, 6, 7, 8, 9])

x = x.reshape((x.shape[0], x.shape[1], 1))

model = Sequential()
model.add(LSTM(10, activation = 'relu', input_shape=(2, 1)))
model.add(Dense(5))
model.add(Dense(1))

model.summary()

model.compile(optimizer='adam', loss='mse')
model.fit(x, y, epochs = 1000, batch_size = 1, verbose = False)

x_input = array([10, 11])
x_input = x_input.reshape((1, 2, 1))

yhat = model.predict(x_input)
print(yhat)
```

```
Model: "sequential_1"

_____
 Layer (type)                Output Shape              Param #
=================================================================
 lstm_1 (LSTM)               (None, 10)                480

 dense_2 (Dense)             (None, 5)                 55

 dense_3 (Dense)             (None, 1)                 6

=================================================================
Total params: 541
Trainable params: 541
Non-trainable params: 0
_____
1/1 [==============================] - 0s 227ms/step
[[12.079363]]
```

INDEX

INDEX

INDEX

INDEX